KB074288

이젠 모범생이 아니라
모험생이 답이다!

이젠 모범생이 아니라
모험생이 답이다!

서근석 지음

자유문고

머리말

필자는 교육회사에 30여 년을 근무하면서 한국의 교육현실을 지근거리에서 살펴볼 수 있었다. 그리고 마지막 즈음에는 학교사업을 3년간 하면서 전국의 900여 학교 현장을 구석구석 접하기도 하였다. 우리 아이들이 처한 현실과 교육환경은 그야말로 안타까움 그 자체였다.

초등학생도 아침 8시에 집을 나와서 학교, 학원을 마치고 저녁에 귀가하면 학습지를 해야 한다. 9시가 넘어야 과정이 끝난다. 중·고등학생이 되면 더욱 심해진다. 중·고등학교의 수업량은 세계 어느 나라도 경쟁이 안 될 정도로 단연 1등이다. 그 고난의 대가로 청소년들의 문제가 사회 곳곳에서 터져 나오고 있다. 과도한 선행학습도 한 축을 담당하고 있다. 오로지 대학입시라는 과도한 교육열을 넘어 병적인 수준이다. 책 읽을 시간도 없어서 생각하는 힘이 없다. 사색을 안 하고 검색만 하다 보니 사회 곳곳에서 '욱' 하는 충동적 사건도 많다. '명문대=취업=성공'이라는 등식으로 혹독하게 10년이 넘게 훈련을 받는다. 자신의 적성과는 상관없이 오로지 명문대 입학과 취업만 생각한다.

우리의 교육열 과열 문제는 이제 교육방향의 관점에서 재고해야 한다. 잘못된 방향에서 열심히 하는 것은 타이타닉호의 갑판 위에서 식탁을 정리하는 것과 같다. 이제는 자녀들에게 '훌륭한 사람이 되라'고 하기보다는 '훌륭한 일을 하는 사람이 되라'고 가르쳐야 한다.

1부에서는 모범생들의 몰락에 대하여 다루었다. 명문대 졸업장으로 보장받을 수 있는 평생직장은 사라지고 더 이상 없다. 대학입시라는 틀에 맞추어 천재도 둔재로 만드는 우리의 교육시스템에 대하여 다시 생각하는 시간을 가졌으면 한다. 무조건 명문대학에 들어가고자 하는 청소년과 부모들에게 삶이라는 긴 마라톤에 대해서 객관적으로 살펴보게 하였다. 과연 행복한 삶은 무엇인가를 근본적으로 짚어보는 계기를 주고자 한 것이다.

2부에서는 성공하는 모험생들을 살펴보았다. 학벌과 장애를 뛰어넘어 자신의 삶을 주도적으로 살아가는 사람들을 다루었다. 또한 자녀의 성공을 위한 6가지 요소를 설명하였다. 지식은 얻을 수 있지만 지혜는 짜내는 것이다. 4차 산업혁명시대라는 아무도 모르는 시대를 맞이하여 삶의 흐름에 중심을 잡도록 안내하였다. 머리가 아무리 똑똑하고 학력이 높다 해도 모든 것은 일단 사람이 된 후에야 빛을 발할 수 있다.

3부에서는 모험생들이 갖추어야 할 8가지 요소들을 살펴보았다. 꿈, 재능, 창의력, 몰입, 장인정신, 끈기, 독서, 인성이 4차 산업혁명시대를 맞이하여 충만한 삶을 살아가게 하는 중요한 요소들이다. 앞으로는 인지적 요소보다 비인지적 요소들이 성공적인 삶을 위해 더욱 필요하다. 4차 산업혁명은 정답이 없는 시대이다. 매뉴얼대로만 움직이는 모범생들은 살아가기가 점점 어려워진다.

현재의 인기 직업에만 관심을 갖고 올인하는 것은 불행한 삶이 될 수도 있다. 대기업도 좋지만 중소기업에서 자신의 역량을 발휘할 수 있는 기회를 잡는 것이 더 중요하다. 공무원에 인생을 걸지 말고 창업과 글로벌 시장으로 나가야 한다. 글로벌 리더가 되기 위해서는 창의력, 평생학습, 인성이 중요하다. 다가올 사회에서는 똑똑함, 스펙보다는 협업, 공감, 예절과 같은 인성 역량이 중심요소이다. 지식으로는 인공지능을 따라갈 수 없다. 인간이 말과 달리기 경주를 해서는 이길 수 없다. 이기려면 말 위에 올라타야 한다. 인공지능을 컨트롤하는 능력이 중요하다.

젊은이들이 틀에 박힌 공식 하나를 더 외우기보다는 자신의 가슴이 뛰는 꿈을 먼저 품어야 한다. 그리고 꿈을 향해 열정으로 도전해야 한다. 그냥 미치면 바보가 되지만 꿈에 미치면 신화를 만들 수 있다. 앞으로의 10년은 아무도 예측하기 어려울 정도로 빠르게 우리를 향해 달려올 것이다. 중심을 잘 잡고 대처해 나가야 행복한 미래를 꿈꿀 수 있다.

2018년 10월 안성 성공원에서

선혜宣慧 서근석徐根錫

3부
모험생들이 갖추어야 하는 요소들

1
부

모범생들의 몰락

명문대 졸업장으로 보장 받을 수 있는 평생직장이 사라졌다

명문대를 졸업하면 취업이 되고 정년을 보장받는 것은 이제 과거의 패러다임이 되었다. 구조조정과 명예퇴직이 수시로 일어나고 있다. 직장인들을 상대로 한 퇴직의 칼바람이 매섭게 불고 있다. 비정규직이나 경영이 어려운 중소기업에만 국한된 것이 아니라 이익을 많이 내고 있는 대기업부터 은행, 공기업까지 사회 전반에서 일어나고 있는 현상이다.

'희망퇴직에 희망이 없고 명예퇴직에 명예는 없다.'

희망퇴직이든 명예퇴직이든 퇴직을 하면 기회보다 어려움이 더 많이 다가온다. 이제는 갓 마흔 살도 희망퇴직의 대상이다. 2018년 1월 KDB산업은행경제연구소에 따르면 지난해 국내은행의 당기순이익은 11조 2,000억 원이다. 2011년 이후 최대치를 기록하였다. 하지만 과거 외환위기나 글로벌 금융위기 등 특별히 어려운 상황에서만 실시하던 희망퇴직이 수시로 실시되고 있다. 이는 모바일 거래 등 새로운 환경으로 인해 사람이 하던 일이 줄어들고 있기 때문이다. 한국은행에 따르면 2017년 9월말 기준 모바일뱅킹 이용 금액은 하루 평균 4조 1,379억 원으로 3개월 새에 11.2%나 늘었다. 가입자 수가 500만 명에 육박하는 인터넷 전문은행의 성장세도 무섭다. 은행들이 공통적으로 중년 이상의 창구 인력을 줄이고 있다. 그리고 젊은 정보기술 인력을 뽑아 디지털 금융시대에 대응하려다 보니 구조조정을 단행하는 것이다.

2018년 시중은행별 희망퇴직 대상과 내용을 보면, 신한은행은 근속연수 15년, 만 40세 이상이고, 8~36개월 치의 특별퇴직금을 지급하였다. 2017년의 280여 명보다 2.8배나 많은 780여 명이 신청하였다. 국민은행은 2017년 초 2,800여 명이 희망퇴직을 하고 다시 임금피크 대상자 380여 명이 희망퇴직을 하였다. 2010년 3,244명이 희망퇴직을 한 이후 최대 규모다. 우리은행도 2017년 하반기 1,011명이 희망퇴직을 하였다. NH농협도 10년 이상 근무한 40세 이상을 대상으로 534명을 퇴직시켰다. 금융감독원 자료에 의하면 2015년 말 10만 8,651명이던 은행직원이 2017년 9월 10만 2,818명으로 줄어들었다.

조선업도 불황을 맞이하여 2016년 대우조선해양은 1,500명이 희망퇴직을 했으며, 2017년에도 250명 정도가 퇴직을 하였다. 현대중공업과 삼성중공업도 희망퇴직을 통하여 1,500명 이상 줄였다. 그 결과 울산시와 거제시는 다른 도시보다 경기가 좋은 곳이라고 인식되던 것도 과거의 일이 되어 버렸다. 거제시는 조선업으로 활성화되던 상권이 조선업의 불황으로 그늘이 드리워졌다.

기업경영성과 평가 사이트 CEO스코어에 따르면 30대 그룹이

2016년 희망퇴직이나 명예퇴직이란 이름으로 감축한 직원 수는 무려 1만 4,000여 명에 이른다.

매경포럼 '2015년 한국, 잔치는 끝났다'의 사례를 보자.

나는 올해 52세다. 작년 연말 퇴직하였다. 해외 명문대를 나와 외국계 기업에서 잘 나가다가 삼성 임원으로 스카우트 되었다. 그때는 삼성, LG, 현대차, 현대중공업 등이 진공청소기처럼 인재들을 빨아들였다. 로봇이니 풍력이니 바이오니, 신사업 구상들도 거창하였다. 이 분야에 나만한 스펙을 가진 사람이 별로 없으니 어디서든 연락이 오겠지 했는데 두 달이 지나도록 감감이다. 헤드헌터는 "요즘 구조조정이니 조직개편이니 알게 모르게 밀려나는 40대, 50대가 엄청나다."고 하였다. 스펙이 좋을수록, 직위가 높을수록 더 힘들다고 하였다. "최소한 6개월~1년은 각오하시라"는 말도 덧붙였다. 모르는 이들은 삼성 임원을 오래 했으니 최소한 먹고 살 걱정은 없겠다고 하지만 기러기 생활 8년째다. 쉰두 살부터 놀 생각을 하니 억장이 무너지고, 애들을 대학까지 졸업시켜 장가보낼 생각을 하면 눈앞이 캄캄하다.

또 다른 사례로 한겨레21의 '시작된 잿빛 양의 공포'(2015. 1. 2)에 실린 엄 모씨의 이야기다.

어제까지 평범한 중산층이었다. 이른바 명문대를 졸업해 해운회사에서 6년, 코엑스에서 23년을 근무하였다. 내 집도 있고, 두 아이의 학자금을 회사에서 대줬다. 큰 걱정 없이 살았다. 2010년 퇴직 뒤에는 달라졌다. 노후를 책임져 줄 벌이가 필요하였다. 아내(54)는 평소 꿈이던 커피숍을 해보자고 하였다. 아들(29)은 군대 제대 뒤 바리스타 자격증을 따고 탐앤탐스 매장에서 경험을 쌓았다. 서울 풍납동 아파트를 담보로 은행에서 1억 원을 대출받고 퇴직금을 보탰다. 10평 남짓한 커피숍을 차리는 데 권리금 1억 6,200만 원, 보증금 4,800만 원 등 총 2억 8,000만 원이 들었다. 건물 1층의 부동산 주인은 "재건축은 걱정하지 마라. 5년이고 10년이고 장사해도 된다."고 장담하였다. 2011년 7월, 라떼킹 강남역점이 문을 열었다. 그러나 꿈은 2년 만에 깨졌다. 2013년 6월 말, 건물주는 재건축을 이유로 가게를 비워 달라고 통보하였다. 엄씨가 거부하자 건물주는 명도소송을 냈다. 1년여의 법정다툼 끝에 법원은 2014년 9월 25일까지 가게를 건물주에게 넘기지 않으면 강제집행을 하겠다고 계고장을 보내왔다.

희망퇴직이나 명예퇴직으로 직장을 떠났거나 떠나야 할 그 대상자들은, 회사 밖은 그야말로 찬바람이 부는 지옥이라는 말이 실감날 것이다. 2015년도 우리나라 직장인들의 평균 퇴직연령은 52.8세이다. 이 연령은 점점 낮아지고 있으며, 기업별로 들여다보면 훨씬 심각하다. 퇴직뿐만 아니라 일정 연령 이후 임금을 감액하는 '임금피크제'나 '직급정년제'가 실시되기 때문이다. 고용노동부에 따르면 임금피크제를 도입한 300인 이상의 사업장은 2016년 전체의 46.8%에 달하고 있다. 2017년에는 절반을 넘을 것으로 예상하고 있다. 우리나라 40대와 50대 직장인 대부분은 아파트를 구입하기 위하여 은행 대출도 있을 것이고 자녀 교육으로 한창 자금이 들어갈 시기이기 때문에 충격은 생각보다 엄청나다. 현대경제연구소가 내놓은 '경제행복지수 보고서'에 따르면 우리나라 사람들은 연령대가 높을수록 경제적으로 더 불행하다고 느끼고 있다. 그 이유로 40대는 자녀교육과 노후준비 부족을, 50대는 자녀교육과 부모님 부양 등을 꼽았다.

2015년 서울 강남의 한 아파트에서 40대 가장이 아내와 두 딸을 살해한 충격적인 사건이 있었다. 명문대 졸업, 강남의 10억 원대 아파트를 보유하고 외제차를 모는 40대 가장이 일가족을 살해하고 동반자살을 시도한 사건이다. 부의 상대적 빈곤감이라는 심리적 요인의 중요한 단면을 보여준다.

2013년 우리나라 자살 사망자 수는 1만 4,427명으로 인구 10만 명당 29명이다. 남성이 1만 60명, 여성은 4,367명으로 남성이 여성의 2배가 넘는다. 이것은 남성이 명예퇴직이나 감원 등 사회적 압박으로 우울증을 겪게 되는 데서 오는 요인이 크다. 과거에는 50대 초반이 겪어야 할 일들인데 30대 후반 40대 초반으로 그 시기가 당겨졌다.

문제가 더 심각한 것은, 희망퇴직이 겉으로는 자발적인 선택이지만 대기발령이나 전보, 교육으로 압박하기 등 실제로는 거부하기 힘든 내용도 많다는 점이다.

65세 이상 노인 인구의 절반 가까이가 절대 빈곤에 빠져 있는 가운데 이를 눈앞에 둔 40대와 50대들의 불안감은 점점 커져만 간다. 자신의 노후준비도 안 되어 있는데, 자녀들을 부양하고 부모님까지 봉양하는 무거운 짐을 지고 있는 것이다.

우리나라 평균 수명이 이미 82세를 넘어섰다. 100세 시대를 맞이하고 있는 이 시기에 오래 산다는 것이 과연 축복이기만 할까. 이젠 퇴직 후의 삶을 걱정해야 한다. 평생직장이 사라진 지금 자기만의 평생업을 찾는 길에 들어서야 한다. 명문대, 대기업만 고수할 것이 아니라 중소기업에서 역량을 발휘하는 것도 한 방법이다. 2016년 대학졸업자는 31만 9,000명인데 정년 은퇴자는 대기업의 경우 4,000명이고 중소기업의 경우 17만 5,000명이다.

명문대를 졸업해도 취직률이 50%가 안 되는 시기이고, 취직이 되었다고 해도 평생 보장되는 시대가 아니다. 정년을 60세로 늦추어도 그야말로 버티기 어렵다. 사회가 너무나 빠르게 변화하고 있다.

이제는 명문대 졸업장으로 취직하기가 힘들 뿐만 아니라 보장받을 수 있는 평생직장도 사라졌다. 자녀들에게도 성적만 강요하고 명문대 입학에만 올인하지 말고, 그들이 100세 시대를 행복하게 살아갈 수 있도록 도와주어야 한다. 지식보다는 지혜가 필요한 시대이다.

명문대를 졸업한 백수들이 넘쳐난다

"좋은 성적으로 살 수 있는 미래는 오래 갈 수 없다."

유대인 하브루타의 경제교육에 나오는 한 구절이다.

명품 옷을 입는다고 명품인간이 되는 것이 아니듯이 '명문대 졸업이 곧 미래보장'은 아니다. 자신을 차별화하고 명품인간으로 만들어야 살아갈 수 있다. 간판이 보기 좋다고 맛집은 아니다. 지역별로 보면 허름한 집인데도 맛있는 집이 있다. 간판은 간판일 뿐이다.

서울대 경력개발센터에 따르면 2009년 118건에 불과하던 서울대생의 취업 상담 건수는 2014년 688건으로 6배 가까이 늘었다. 반면 기업의 채용 수요는 줄었다. 서울대생 채용을 위해 찾아온 기업의 채용 상담 건수는 2011년 362건에서 2014년 262건으로 100건이나 줄었다. 기업이 서울대에 보내온 채용공지 건수도 2012년 5,409건에서 2014년 5,158건으로 감소하였다.

명문고를 졸업하고 명문대를 나와 취업을 위해 많은 스펙을 쌓았지만 취업한파는 예상을 뛰어넘고 있다. 학력과 학점이 좋아 서류전형에는 합격해도 인·적성검사나 면접에서 떨어지는 경우도 다반사다. 인성은 하루만에 형성되는 것이 아니다. 공부만 하느라 대인관계를 맺을 틈이 별로 없었을 것이다. 어떤 명문대생은 "가고 싶은 회사보다 갈 수 있는 회사에 지원하겠다."고 한다.

국내외 명문대 졸업자들이 취직이 되지 않아 구직시장을 떠돌고 당장 생활이 막막한 청년들이 많다. 취업난이 심해지면서 대기업의 생산직 일자리도 주목받고 있다. 2015년 기아자동차 생산직 모집에 4년제 대학생 지원자가 많았다.

교육부 분석자료에 의하면 2014년 인문사회계열 취업 현황에 서울대 졸업자가 40.5%, 연세대 졸업자가 40.9%, 고려대 졸업자가 52.4%이다. 물론 취업률 통계에는 입학인원이 고려되어 있지 않는 함정이 있다. 왜냐하면 요즘은 취업난이 극심해서 학적을 걸어두고 취업재수, 취업삼수가 흔하기 때문이다. 또한 대학원이나 군입대 등으로 취업을 위하여 시간을 버는 경우도 많다.

병무청의 '병무통계연보' 자료 중 현역병 입영 현황을 보면 2013년 징집 125,536명, 모집 130,635명, 2014년 징집 137,643명, 모집 136,649명, 2015년 징집 111,971명, 모집 137,506명이다. 특이한 점은 모집병의 수가 해마다 증가하는 것이다. 취업난이 심각하다 보니 이태백, 이퇴백, 열정페이, 이케아, 인구론, 장미족, 토폐인, 삼일절(31살까지 취직 못하면 길이 막힌다) 등 많은 관련 신조어들이 회자되고 있다.

2017년 중앙일보 기사에 보면, 한국은행 신입직원 채용에서 서류전형 결과에 문제를 제기한 부모에게 인사팀이 대응한 인상적인 내용이 화제를 모았다. '김＊웅'이라는 아이디를 쓰는 네티즌은 '왜 답변을 안 해주나요'란 제목으로 불만을 제기하였다. "왜 답변을 안 해주나요. 뭐가 켕겨서, 아니면 내 말이 우스워서. 당신네들은 공무원 아닙니까? G8보다 좋은 대학 출신이 있나요? 런던 정경대, 히토츠바시 출신들이 몰렸나요? 서류심사는 통과시키고 면접에서 떨어졌다면 이해합니다만 세계 최고의 대학들 중 하나인 대학졸업자가 서류전형에서 떨어졌다면 그 나라 사람들이 우리나라를 뭐로 생각할까요?"라고 항의하였다. 이에 한국은행 인사팀은 "지원서에는 학교명 기재란이 없었습니다."라고 한마디로 답변을 하였다. 이 네티즌은 "큰애는 호주 명문대를 나와서 한국은행 서류전형에서 떨어지고, 작은애는 일본 명문대를 나와서 주일대사관 직원 서류심사에서 떨어지고, 얼마나 대단한 사람들이 지원했나요. 참으로 한심합니다."라고 탄식하였다.

명문대를 나오고 유학을 다녀와도 통하지 않는 시대가 되었다. 취업난이 우리 사회를 송두리째 흔들고 있는 것이다. 간판이 중요한 시대는 베이비붐 세대 전후에서 끝났다. 명문대에 들어갈 때는 어깨가 으쓱할 만큼 기분이 좋다. 하지만 명문대 배지(badge)는 대학 입학하고 다닐 동안 잠깐 부모님께 효도한 것에 지나지 않는다. 명문대 간판은 자부심은 될지언정 더 이상 미래를 보장해 주는 안전판은 아니다.

앞에 소개한 내용과 같이, 앞으로는 '스펙무시 채용', '학벌파괴', '블라인드 면접 및 채용'으로 불필요한 스펙보다는 직무역량 중심으로 회사의 인재를 뽑을 것이다. 2017년 하반기부터 공공기관 332곳과 공기업 149곳에서 블라인드 채용을 시작하였다. 출신지, 키, 사진, 졸업학교 등을 모두 배제하고 필요한 인재를 뽑겠다는 것이다. 더 나아가서 인공지능으로 다방면의 적성을 검사하여 회사에 필요한 인재만 선별하여 면접을 진행하는 기업도 늘어나고 있다. 출신대학보다 업무와 관련된 전문성과 열정, 관계성, 인성 등 비인지적 요인들을 중요하게 생각하기 때문이다.

지방에 사는 한 지인은 딸이 서울의 명문대 음악과에 합격하여 모임에서도 한턱내고 기뻐했었다. 그런데 그 대학의 대학원을 나와도 진로가 어렵다고 판단되어 결국 미국으로 몇 년 간 유학을 다녀왔지만 여전히 취직이 안 되었다. 지금은 100만 원 남짓 받는 임시직으로 음악활동을 계속하고 있어서 안타까울 뿐이다. 중·고등학교 때 학원비와 대학교·대학원 학비, 미국 유학비 등 억대의 비용이 들었을 것이다. 본인은 물론이고 국가적으로도 경제적 손실이 매우 크다.

저출산 여파로 대학들도 구조조정을 서두르지 않으면 학생모집이 안 되어 문을 닫을 수밖에 없게 되었다. 2017학년도 대학입시 정원은 51만 명이다. 대학 수는 전문대학과 사이버대학 등을 포함해 386곳이다. 2017년도에 대학입시를 치른 1998년생은 63만 명이 태어났다. 비非 진학자를 제외하고 나면 약 52만 명으로 추정할 수 있다. 교육부에 따르면 대학 진학 희망학생 인구가 2020년에는 47만 명, 2021년 43만 명, 2022년 41만 명으로 급격히 떨어질 것으로 전망하고 있다. 통계청은 2030년에 필요한 대학교를 현재의 56% 수준인 220곳 정도로 추정한다.

전반적으로 시각의 변화와 시스템 혁신이 필요하다.

아이들에게 지나친 입시경쟁과 학벌의식을 부추기는 것을 이제는 중단해야 한다. 부모의 인식도 빨리 바뀌어야 하고, 사회 환경도 변해야 한다. 무분별하게 진학 실적을 홍보하고 있는 입시학원에서도 이제는 벗어나야 한다. 명문대합격 현수막, 전단지 등이 학벌주의를 더욱 부채질하고 조장한다.

"대한민국의 학생들은 하루 15시간 동안 미래에 필요하지도 않을 지식에 시간을 낭비하고 있다."

2006년 세계적인 미래학자 앨빈 토플러가 한국을 방문해서 한 말이다.

이제는 패러다임을 바꿔야 한다.

개인이 좋아하고 잘하는 것을 찾고 극대화하는 것이 경쟁력이다. 유치원부터 대학교 졸업 후 취업이라는 인식도 바꾸자. 자신의 꿈과 적성이 학문이 아니면 일찍 취업이나 창업을 하고, 이후 필요하면 대학·대학원 공부를 하는 식이다. 또한 사교육이나 대학·대학원까지 들어갈 학비를 성인식을 치를 때 자녀에게 제공하는 것이다. 여행을 하든지 창업을 하든지 스스로 하도록 독립시켜야 한다.

동물의 세계를 보더라도, 새끼가 다 크고 나면 더 이상 먹이를 안 주고 어미가 쫓아내거나 스스로 떠난다. 언제까지 부모의 목에 빨대를 꽂고 빨게 둘 것인가. 명문대 나온 백수보다 비 명문대 나온 직업인이 효자 효녀이다. 경제적 자립을 이루고 개인의 꿈을 성취하고 사회적으로 기여하는 삶이 되면 곧 행복한 인생이지 않겠는가.

간판보다 전공과 적성이 중요하다.

서울대·도쿄대학을 졸업한 9급 공무원

2015년 중앙일보 기사를 보면, 서울대 사회학과를 나오고 도쿄대학에서 박사학위를 받은 사람이 9급 공무원이 되어 이슈가 되었다. 당시 47세인 김○○ 씨인데 지방의 한 시청에 근무하고 있다.

명문대를 나오고 일본의 최고학부에서 박사학위까지 받은 사람이 9급 공무원으로 지원한 것에 놀라움을 금할 수 없었다. 그는 "늦게 얻은 다섯 살 아들과 더 많은 시간을 보내려고 여유 있는 직장을 택하였다."고 말하였다.

'잡아라잡'에 의하면 서울대학교 사범대를 졸업한 서울의 한 구청 소속 9급 공무원인 정유진(가명. 30세) 씨 이야기도 있다. 오랫동안 교사임용시험을 준비하다가 합격이 쉽지 않았고 경제적으로 어려움이 많아 9급 공무원이 되었다. 서울대를 졸업한 사람이 9급 공무원이 되어서 주변의 시선에 신경도 많이 쓰였을 것이다. "저녁 있는 삶이 가능한 점, 육아 휴직을 눈치 안 보고 확실히 사용할 수 있다는 점 등이 좋은 것 같다. 주위 시선을 신경 쓰지 않고, 제일 중요한 건 직업에 대한 본인의 만족감이라고 생각한다."고 말하였다.

2015년 한 여학생의 글이 서울대 온라인 커뮤니티 '스누라이프'에 올라와 큰 화제가 된 적이 있다. 9급 공무원 시험에 합격해 졸업 후 임용될 예정이라고 하였다. "9급 공무원은 퇴근 후와 주말에는 온전히 가정을 위해 시간을 보낼 수 있다. 월급 150만 원으로 시작하는 게 까마득하지만 내가 중요하게 생각하는 건 저녁이 있는 삶"이라고 적었다. 이 글을 두고 서울대생 간에 설전이 벌어진 것이다. 취업전쟁의 현실을 인정하자는 쪽과 '서울대 자존심'이 깎였다는 볼멘소리다.

어느 재학생은 "서울대 학벌이 아까운 것 아닌가"라는 말도 적었다.

2013년 서울대 경력개발센터가 학부생 2,000명을 대상으로 한 진로의식 조사에서 "공무원 시험을 준비한다"는 학생의 비율이 10.6%나 된다. 또한 취업률 59%이다. 취업률은 대학원 진학생을 제외하고 산정하는데, 서울대생 10명 중 3~4명이 대학원 진학을 한다고 감안하면 실질 취업률은 50%도 안 된다.

"취업에서 서울대 프리미엄이 사라지다 보니 일부 학생 사이에서 서울대라고 별게 있느냐는 패배의식이 번지는 것 같다."고 경력개발센터는 분석하였다.

2017년 EBS '다큐프라임'에서 소개된 김성진 씨(9급 지방직 공무원에 합격) 이야기가 눈길을 끌었다. 고려대를 졸업한 그는 아버지의 실망을 걱정하여 "대기업에 떨어졌어요."라고 거짓말을 하고 9급 공무원을 택한 것이다.

2015년 대전시 9급 공무원 합격자 179명 중 인사발령이 난 36명의 출신대학도 서울대 2명, 연세대와 고려대 각 5명, 이화여대 1명, 서강대 2명, 성균관대 5명 등이 포함되어 있었다.

명문대를 졸업하더라도 9급 공무원이 되는 시대로 진입하였다.

인사혁신처는 2017년도 국가공무원 9급 공채 시험에 22만 8,368명이라는 역대 최다인원이 몰렸다고 발표하였다. 46.5 대 1의 경쟁률이다.

대한민국이 그야말로 '공시생', 그중에서도 '구준생'의 나라가 되었다.

교육부의 2013년 취업통계연보에 의하면 매년 대학 졸업자 55만여 명의 절반 가까이가 공무원시험에 도전하는 것으로 나타났다. 9급 공무원시험 준비생은 약 30만 명을 웃도는 것으로 추산된다.

구준생 30만 명을 만들어낸 것이나, 명문대생들이 구준생이 되는 첫째 원인은 청년 실업률이다.

우리나라 청년 실업률은 2014년 10.9%, 2015년 11.1%, 2016년 12.5%로 계속 증가하고 있다.

박용성 단국대 교수는 "명문대에 들어가고 전문자격증을 따도 더 이상 우리 사회에서 '보통 사람'으로 살기가 힘들어진 슬픈 현실을 보여준다."며 "경기침체로 불확실성이 점점 커지더라도 공무원의 임금은 물가 상승률에 맞춰 지속적으로 오르기 때문에 고급 인력까지 유입되기 시작한 것"이라고 말하였다.

둘째 원인은 안전성이다. 1997년 외환위기 이후 많은 사람들이 기업에서 쫓겨났다. 월급과 정년이 보장된 안정적인 일자리를 구하는 게 사회적으로 최고의 목표가 되었다.

명예퇴직이나 희망퇴직이 기업에서는 수시로 일어나고 있다. 때문에 100세시대를 맞이하여 상대적으로 안전한 공무원에 명문대생까지 쏠리는 것이다. 또한 기업체는 퇴근이 자유롭지 못하고 여

성들이 출산 후 재입사가 어려운 곳이 많다. 상대적으로 눈치를 안 보고 자유롭게 복직할 수 있는 것도 큰 이점이다. 더불어 전국의 공공기관은 건물도 으리으리하게 지어 근무환경도 쾌적하다.

도쿄대학 박사나 서울대 등 명문대생들까지 도전하는 9급 공무원시험 열기는 부작용과 새로운 문제점을 낳고 있다. 9급 공무원 사회의 학력, 학벌 콤플렉스를 부각시킬 수 있다.

연세대 행정학과 이종수 교수는 "사회적으로 사람들에게 기대되는 객관적인 보수와 직무역량이 정해져 있다. 하급자가 상급자보다 역량수준이 높아지면 '직위 부조화'가 일어나 장기적으로 조직 내 갈등이나 불만으로 표출될 수 있다."고 하였다.

40대, 50대, 은퇴자들까지 9급 공무원에 도전하다 보니 2009년 폐지된 공무원시험 연령제를 부활시켜 달라는 목소리도 나오고 있다.

TV프로그램 중 이경규·강호동이 진행하는 '한끼줍쇼'에서 노량진 편이 소개되었는데 많이 안타까웠다. 화장기 없는 얼굴에 고무줄로 머리를 질끈 매고, 슬리퍼·운동복·파카 차림을 한 젊은이들을 보고 있으니 젊은이들의 유배지가 된 느낌이었다.

젊은이들이 공무원시험에 몰리는 것은 개인적이나 사회적으로 큰 손실이다.

현대경제연구원의 자료 '공시족이 경제에 미치는 효과'를 보면, 수험생활에 지출되는 비용이 4조 6,260억 원, 소비하지 않아 발생하는 기회비용은 6조 3,249억 원, 생산 활동에 참가하지 못해 발생하는 기회비용은 15조 4,441억이다. 즉 공시족 열풍으로 경제적 손실이 매년 17조 1,429억 원 발생한다.

공무원이 계속 늘어나면 규제가 많아져 경제를 어렵게 만드는 기현상도 발생한다. "경제가 좋아지면 사업가가 늘고, 공무원이 늘어나면 경제가 어려워진다"는 말도 있다. 각자가 자기 역할을 해야 하므로 규제가 늘어나기 때문일 것이다.

지난 세월을 거울로 삼아 보더라도 9급 공무원 쏠림 현상은 상당히 우려되는 면이 많다.

1970년대 초반 울산, 여수 등을 기점으로 화학산업 붐이 생겨 서울대 화공과로 똑똑한 학생들이 많이 지원하였다. 몇 년의 시간이 흐른 뒤에 지원한 학생들은 선배들이 자리를 잡고 난 뒤라 그 당시 결정에 후회한 사람이 많았다. 1980년대는 구미전자단지가 생길 정도로 전자산업 붐이 일었다. 똑똑한 친구들은 전부 전자과로 지원하였다. 1990년대는 한의대 열풍으로 명문대를 졸업하고도 다시 한의대로 지원할 정도로 인기였다. 오늘날 한의사들이 처한 입장을 보면 앞날을 길게 볼 필요가 있다.

공무원이 계속 안정적인 직장이 될 수 없다는 것을 알아야 한다.

미국이나 선진국의 글로벌 젊은이들은 대학 중퇴나 졸업 후 창의력과 자신의 능력을 바탕으로 창업에 도전한다. 우리나라 젊은이들은 안정된 곳에만 몰려 세계적인 흐름과 역행하고 있다. 역풍을 맞을 수도 있다는 경각심을 가졌으면 한다.

4차 산업시대에 들어선 지금 10년 이내에 새로운 변화가 그들 앞에 놓일 것이다.

취업용으로 전락한 명문대 졸업장

대한민국 경제와 미래에 대한 어두운 전망이 쏟아지고 있다. 출산율 저하도 심각하지만 10~30년 후 대한민국의 미래가 우울한 것은 젊은 엘리트 청년들이 창업대열에 나서지 않는 점 때문이다. '안정된 직장 구하기 열풍' 때문이다.

미국, 중국의 경우 최고 명문대학을 나온 젊은 엘리트 청년들이 가장 먼저 창업대열에 뛰어들고 있다. 대한민국은 SKY대학과 포항공대, KIST 등 명문대 졸업생들이 하나같이 공무원이나 공기업에 올인 하는 분위기이다. 이유는 '정년보장'과 '안정된 생활'일 것이다. 30대 대기업들의 평균 근속연수가 10.9년 정도이다. 남자는 12.3년, 여자는 6.9년 밖에 안 된다. 성장시대에는 대기업에 들어가려고 했지만 저성장시대에 들어선 이후 명예퇴직, 희망퇴직 등으로 사회분위기가 철밥통인 공무원으로 쏠리는 것이다. 대학공시를 보면 SKY대학 졸업생의 취업률이 50% 안팎이다. 비정규직을 포함한 수치가 이렇다. 명문대를 나오고 유학을 다녀와봐야 통하지 않는 시대가 된 것이다.

명문대 졸업장에 스펙관리도 했는데 입사서류 문턱도 못 넘을 때 억울한 수준을 넘어 분노심이 생길 것이다. 취업의 한파가 청년들의 삶을 송두리째 무너뜨렸다.

서울대와 연세대, 고려대 등 명문대 졸업생들이 취업을 위하여 직업훈련을 받는다. 한국경제신문 내용을 보면, 2016년 3월말 경기도 분당에 한국폴리텍대학 융합기술교육원이 문을 열었다. 생명의료시스템, 임베디드시스템, 데이터융합소프트웨어 등 3개 과정의 훈련프로그램에 서울 주요대학 출신들이 다수 지원을 하였다. 융합기술교육원은 폴리텍대학 최초의 도심형 캠퍼스로 인문계 취업난을 해소하기 위한 대책의 일환으로 설립되었다. 합격자 명단을 보면, 전체 지원자 138명 중 서울 소재 대학 출신이 60명으로 43.5%에 달하였다. 합격자 90명 중 SKY대 출신이 10%에 육박하였다. 서울대 1명(기계공학과), 고려대 4명, 연세대 3명, 성균관대 4명, 서강대 1명, 한양대 5명, 이화여대 1명, 한국외국어대 5명 등이다. 뉴욕주립대 등 해외대학 졸업생도 2명이나 있다.

강구홍 한국폴리텍대학 융합기술교육원장은 "대졸자를 대상으로 한 훈련 프로그램이긴 하지만 명문대 출신들이 이렇게 많이 지원할 줄은 몰랐다. 청년 취업난이 그만큼 심각하다는 얘기 아니겠느냐."고 하였다. 명문대생들이 직업훈련 과정을 찾은 데는 한국폴리텍대학이 훈련생들의 취업 지원을 위해 기업들과 맺은 협약(MOU)이 한 몫 하였다. 한국폴리텍대학은 하나금융그룹과의 협약에 이어 한국오라클, 지멘스 등 국내외 유수 기업은 물론 켐온, 포시에스 등 유망 중소·중견기업과 맞춤형 인력 양성 협약을 체결하였다. 지멘스는 융합기술교육원에 전용 교육장을 설치하고 교육커리큘럼을 지원하는 등 신기술 인력 양성에 나서고 있다. 이우영 한국폴리텍대학 이사장은 "직업훈련에 대한 사회적 인식이 바뀌는 계기가 될 것"이라고 강조하였다.

2016년 국제뉴스 이선정 기자의 보도를 보면, 명문대학 졸업자들이 재취업이나 이직을 위해 사이버대학으로 진학을 한다. 실제로 서울디지털대학교 지원자의 학력분포를 보면 대졸 지원자가 50%에 육박한다. 그중 SKY 출신 명문대학 졸업자도 상당수다. 게다가 석사 이상의 고학력자도 점차 늘어나고 있다. 명문대학을 졸업한 지원자의 경우에는 학벌보다 대학의 교육과정이나 교수진, 등록금과 같은 실용적인 부분을 더 선호하는 것으로 나타났다.

한때 선망의 대상이던 조기 유학파들도 외국과 한국 어느 쪽에서도 환영받지 못하는 이중고를 겪고 있다. 예전에는 "영어도 잘하고 좋은 대학에서 공부하고 왔구나." 했는데 이젠 인식이 다르다. 미국에서 잘나가는 대학의 출신들을 뽑아도 단기간에 퇴사를 한다. 퇴사의 큰 이유는 낯선 조직문화에 적응하지 못하기 때문이다. 평생직장의 개념도 없어 싫으면 금새 다른 직장을 얻는 풍토도 작용했을 것이다.

유학컨설팅업체 다산의 김수복 교육기획팀장은 "2000년대 중반 조기 유학생들이 국내 기업의 글로벌 경영과 맞물려 대거 채용됐으나 이들에 대한 평가는 영어만 잘 할 뿐 일은 잘 하지 못한다는 게 중론이었다."고 전하였다.

'영어유치원, 사립초등학교, 국제중학교, 특수목적고등학교, 명문대학 코스가 무엇을 위한 것인가' 되짚어 볼 시점이다. 경제적·사회적 비용도 그렇지만 한 개인의 인생에서 검토해 봐야 한다.

2018년 3월 발표한 정부의 청년일자리 대책은 심각한 사회현상의 일환이다. 청년실업률이 두 자리 숫자에서 에코세대(베이비붐 세대의 자녀)까지 추가되면 최악의 현상이 일어나기 때문이다.

고형권 기획재정부 1차관은 "에코세대가 20대 후반이 되면서 2017~2021년 39만 명 정도가 노동시장에 유입되는데, 별도 대책이 없을 경우 14만 명 정도의 추가 실업자가 발생할 것이다. 대규모 청년 실업자가 발생해 두고두고 노동시장과 경제성장에 문제가 되는 일을 막아야 한다."고 정책수립의 배경을 설명하였다. 그는 "예상 추가 실업자 규모만큼 일자리를 만들어 주는 것에서 나아가 4만~8만 명 정도를 더 고용해 청년 실업률을 1~2% 낮추는 게 목표"라고 밝혔다.

그 내용을 보면 청년(34세 미만)들의 중소기업 취업을 유도하기 위하여 5년간 연 150만 원 한도 내에서 소득세를 면제한다. 청년이 창업을 하면 5년간 기업이 벌어들인 법인세와 개인의 소득세가 면제된다. 중견, 중소, 지방 소재 기업에 취업해도 대기업에 취업하는 것만큼 경제적 혜택을 누릴 수 있도록 하겠다는 것이다.

청년일자리 대책의 취지는 공감하면서도 실효성에 대해서는 의문이 제기된다.

이병훈 중앙대 사회학과 교수는 "구조적인 문제는 그대로 두고 단기처방만 해서는 안 된다."고 하였다. 매일경제 기사에서도 "세금만 낭비하고 성과는 별로 거두지 못하는 우를 되풀이할까봐 걱정스럽다. 기업하기 좋은 환경을 조성해 투자를 늘리고 회사를 키우도록 해주는 게 고용대책의 핵심"이라고 말하였다. 실제로 대기업 7곳은 국내에서 2만 명을 뽑는 동안 해외에서는 15만 명을 뽑았다. 해외에서 매년 고용을 9%씩 늘리는데 국내에서는 고용을 꺼리는 것이다.

해외에의 직접 투자현황을 보면, 2013년 307.8억 달러, 2014년 284.9억 달러, 2015년 302.9억 달러, 2016년 391억 달러, 2017년 437억 달러이다. 주목할 점은 최근 해외투자액이 급증하고 있다는 것이다. 한국은 세계경제포럼(WEF) 국가 경쟁력 주요 분야 순위에서 제도 58위, 노동시장 효율성 73위, 금융시장발전도 74위이다. 인기나 부서 이기주의보다 거시적인 안목이 필요할 때이다.

맹자는 "무조건 책을 믿는 것은 책이 없는 것만 못하다."고 하였다. 주입식 입시위주의 교육으로는 다가오는 시대를 살아가기가 어렵다. 왜 내가 명문대를 가려고 하는지 원론적으로 검토해야 한다. 대기업 임원들 중 SKY 출신들을 점점 찾아보기 어려운 이유이다.

"학교 성적이나 그 밖의 시험 점수들은 구글 채용기준에는 아무런 의미가 없습니다. 그것들은 우리에게 아무것도 알려주지 못합니다. 지난 수년 간 구글에는 대학졸업장이 없는 직원의 수가 꾸준히 늘고 있으며, 어떤 팀은 그 비율이 14%나 됩니다." 한국의 지방대를 졸업하고도 구글의 최초 엔지니어가 된 이준영 씨의 말이다. 자신의 책 『구글은 SKY를 모른다』에서 "구글에서 면접을 하는 약 5시간 동안 어느 누구도 학교나 학력에 대해서는 단 한마디도 언급하지 않는다."고 하였다.

하버드 대학을 나왔건 고졸이건 상관하지 않는 것이다. 스펙이나 자격증을 확인하지도 않는다. 모두가 주목할 지점이다.

대2병, 대학에서 방황하는 학생들

대학 캠퍼스에 새로운 환자들이 생겨나고 있다. 대학교 2학년만 되면 찾아온다는 '대2병'이다.

질풍노도의 시기에 찾아왔던 '중2병'과는 차원이 다른 영역이다. 우스갯소리로 북한이 남침을 못하는 것은 우리나라 중학교 2학년 때문이라고 한다. 에너지가 넘치고 어디로 튈지 몰라 예측이 안 되기 때문이다. 그런 시기를 넘고 고등학교 수능과정을 이겨냈다. 나름대로 목표한 대학에 들어와서 겪는 것이 대2병이다.

"수면 장애도 왔고, 식이조절이 안 돼서 살이 많이 빠졌어요. 내 몸이 고장 난 것 같은데 병원에 가면 단순히 감기, 위염이라고 해요. 진짜 말 그대로 '죽겠다' 싶어서 휴학을 했죠."

인터넷에 올라온 대2병을 앓는 학생의 외침이다

현실에 대한 자신감이 떨어지고 미래에 대한 두려움이 극심해서 생기는 병이다. 우울감이나 무기력증이 동반되곤 한다. 세상에 대한 두려움 없이 좌충우돌하는 중2병과는 대조적이다.

대2병은 극심한 취업난에 대한 마음의 병이다. 경기 침체로 청년들의 취업률이 사상 최악이다.

2016년 3월 통계청에서 발표한 자료에 따르면 고용률은 58.7%로 2015년 1월 이후 가장 낮았다. 15~29세 청년 실업률 역시 조사를 시작한 1999년 6월 이후 가장 높은 12.5%를 기록하였다. 실업률이 점점 높아지고 취업난이 심각해지면서 대학생들의 현실에 대한 불안감이 증폭하는 것이다.

미래에 대한 불안감과 진로에 대한 고민이 앞당겨져 대2병을 낳고 있다.

SBS 스페셜 2017년 4월 2일 자료에 의하면 "본인이 대2병을 경험했거나 경험하고 있다고 생각하시나요?"란 질문에 66%가 "예스"라고 답하였다. 아니라는 학생이 22%, 모르겠다는 학생이 11%이니 압도적이다.

스토리 오브 서울의 박예린 기자가 파악한 내용이다.

이화여대 시사 웹진 동아리 'DEW'가 지난 2월 1일부터 15일까지 전국 대학교 2학년 200명을 대상으로 실시한 설문조사에 따르면 대2병에 대해 들어본 적이 있다는 응답자가 57%였다. 이 중 실제로 대2병을 경험한 적이 있는 학생은 66%에 이르렀다. 설문조사에 응답한 학생들은 대부분 학과를 정할 때 무기력함을 느낀다. 응답자 A씨는 "꿈을 향해 열심히 노력하는 친구들과 달리 아무것도 하지 않으며 갈팡질팡하는 나 자신을 볼 때마다 시간이 멈췄으면 좋겠다고 생각한다."고 말한다. 또 다른 응답자 B씨는 "기업에서 인턴을 모집하는 글을 보면서 거기에 요구하는 스펙에 못 미칠 때 굉장히 비참해져요."라고 말한다. 대2병을 경험한 적이 있다고 답한 학생들 중 약 87%는 우울감, 무기력함, 이유 없는 화남 등을 겪는 것으로 나타났다. 자신이 대2

병을 겪고 있다고 느끼는 이혜주(22, 여) 씨는 취업이 하늘의 별 따기보다 어려운 현실이 대2병의 원인이라고 한다. "나보다 스펙이 빵빵하다고 말하는 사람도 취업에 실패하는 걸 보면서 걱정만 커져요. '나는 저 사람보다 토익점수도 낮고, 스펙도 없는데…'라면서요." 이 씨처럼 대2병을 앓고 있다고 답한 대학생들은 대2병의 가장 큰 원인으로 불확실한 미래를 꼽았다. 진로에 대한 고민, 어려운 취업난, 삭막한 현실에 대한 자각 등이 뒤를 따랐다.

대학입시를 목표로 고3까지 암기위주의 주입식 교육을 해온 폐해다.

100미터 경주자처럼 대학입시를 위하여 온 힘을 쏟아붓고, 마침내 골인 지점인 줄 알았는데 반환점도 못 돈 것이다.

명문대에 가면 행복한 미래가 보장된다는 말을 믿고 모든 것을 참으며 도전했던 것이다. 넘치는 에너지와 하고 싶은 것을 모두 버리고 버텨왔다. 그리고 19년 동안 목표했던 대학에 들어와서 보니 새로운 장벽이 그들을 맞이하고 있는 것이다. 학점도 잘 받아야 하고 스펙도 쌓아 취업을 해야 했다. 고등학교까지는 정해진 틀에서만 움직이면 되었는데 대학교에서는 스스로 길을 찾아가야 했다.

대2병은 자신의 적성과 능력보다는 대학입시에만 매달려 대학에 들어가서 느끼는 괴리감이다.

대학에 들어와서야 '나는 누구인가, 무엇을 좋아하는가, 내가 잘하는 것이 무엇인가, 앞으로 어떻게 살아야 하는가'를 고민하게 되는 것이다.

학생들이 스스로 사고하고 질문하는 배움의 주체가 되어야 한다.

"모든 사회적 문제의 원인 한가운데에는 사실상 교육이 있고, 그래서 해결책도 교육에서 찾아야 합니다. 교육개혁의 방향 자체가 비판적이고 창의적인 생각을 키우는 교육으로 가지 않으면 대선 주자들이 얘기하는 교육 공약들이 다 실현돼도 우리나라는 미래가 없어요."라고 교육과혁신연구소 이혜정 교수는 말한다.

2015학년도 대학 수학능력 시험에서 만점을 받고 서울대 경영학과에 입학한 이동헌 씨는 "갈피를 못 잡았어요. 무작정 나를 대학에 보낸 학교가 원망스럽더라고요. 무엇을 위해 대학에 가는 건지 알려 주지 않은 우리나라 교육에 분노했어요."라고 하였다.

암기위주의 주입식 교육이 낳은 병리현상이다. 받아쓰기와 암기를 반복하며 로봇이 되었던 학생들이다. 꿈도 부모들이 대신 꾸어 주었다.

"모범생이던 아들이 명문대에 진학했으나 이후 대학 생활에 잘 적응하는 것을 어려워하더니 성적도 떨어지고 무기력해지고 결석도 잦아졌습니다. 최근에 결국 휴학을 하고 집에서 게임과 소셜미디어로 소일하고 있어 걱정입니다." 인터넷에 올라온 어느 학부모의 걱정스러운 하소연이다.

'과의존 실태조사'에서도 20대의 스마트폰 과의존 위험률은 22.3%이다. 성인 연령대에서 가장 높게 나타난다. 고등학교까지 할 만큼 했다는 스스로의 명분도 작용했을 것이다. 또한 기대한 대학 생활에 대한 실망감도 작용했을 것이다. 오로지 공부만 하다 보니 인간관계에서 오는 스트레스나 공허감도 있었을 것이다. 무엇보다 새로운 경쟁과 취업에 대한 압박과 불안감에 스마트폰이나 게임에서 돌파구를 찾았던 것이다. 이로 인해 부모와 자녀 사이의 갈등도 크고 깊어진다.

자녀가 대학진학 후 느끼는 어려움과 갈등에 대하여 충분히 들어주고 공감해야 한다.

필요하면 '해리슨진단검사'와 같은 것을 통하여 적성과 강점, 스트레스 해소능력 등을 진단해보는 도움도 받아야 한다. 병원에서 의사가 환자를 수술하기 전에 먼저 진단검사를 하듯이 말이다. 진단검사를 통하여 전문가의 코칭을 받아야 한다. 자신의 내부에 답이 있으므로 스스로 찾아내도록 도와야 한다. 적성과 흥미를 찾아내고 동기부여를 해 주어야 한다.

다음으로 자신감을 가져야 한다. 학점이나 대학 간판이 자신감은 아니다. 자신감이 생기면 자존감이 생기고 타인의 시선으로부터 자유롭게 된다. 미래에 대한 불안감, 다른 사람의 시선에 대한 불안감의 뿌리는 결국 자기 삶의 주인이 자신이 아니기 때문이다. 자기 삶의 중심이 타인에 있기 때문이다. 결국 대2병은 자기를 찾아가는 여정이다.

마음의 힘을 키우기 위하여 여행이나 봉사활동 등 다양한 경험과 도전도 필요하다. 스스로 삶을 헤쳐 나갈 수 있는 힘을 길러야 한다. 자신의 정체성을 확립하고 삶의 목표를 재설정하는 과정이 필요하다.

4년제 대학 졸업 후 전문대학으로 유턴하는 학생들

청년 취업난이 장기화되면서 4년제 대학을 졸업하고 전문대학에 다시 입학하는 학생들이 늘고 있다.

이데일리 신하영 기자의 기사를 보면, 2012년 1,102명에서 2015년 1,379명, 2017년에는 1,400명을 넘어섰다. 유턴 입학이 25% 늘어 2012년 관련 집계가 시작된 이래 최대치를 나타냈다.

한국전문대학교육협의회(이하 전문대교협)가 2017학년도 전문대학 입시결과를 발표하였다. 137개 전문대학은 총지원자 145만 명에 신입생 17만 2,139명을 선발하였다. 평균경쟁률 8.43 대 1로 전년도 8.40 대 1보다 소폭 상승하였다. 특히 118개 전문대학에는 4년제 일반대학을 졸업하고 재입학하려는 이른바 '유턴 입학 지원'자가 7,412명이나 몰렸다. 이 중 1,453명이 등록을 마쳤다고 밝혔다. 나머지 5,959명은 불합격했거나 등록을 포기한 인원이다.

2016년과 비교하면 지원자는 1,209명(21%), 등록 학생은 62명(4.5%) 증가하였다. 전문대학 유턴 입학생은 2015년 1,379명, 2016년 1,391명, 2017년 1,453명으로 지속적으로 증가세를 나타내고 있다.

말 그대로 청년 취업이 장기화되면서 4년제 대학을 졸업하고 전문대학으로 유턴하는 학생들이 늘어나고 있는 것이다. 이를 좀더

상세하게 살펴보자.(유기홍 19대 국회의원과 전문대교협 자료)

〈 일반대 졸업자가 진학한 전문대 인기학과 〉

*2012~2015년 전문대 유턴 입학자: 5,017명(단위: 명, 비율)

간호학과   1,809 (36.05%)

유아교육과   343   (6.83%)

물리치료과   302   (6.01%)

〈 전문대에 진학한 일반대 졸업자의 전공계열 현황 〉

*2012~2015년(단위: 명, 비율)

자연과학   2,769 (55.19%)

인문사회   945 (18.83%)

공학   791 (15.76%)

예체능   512   (10.2%)

최근 4년간 4년제 대학을 졸업한 뒤 전문대학에 입학해 실제 등록한 학생이 5,017명이나 된다.

이 중 간호학과에 1,809명, 유아교육과에 343명, 물리치료과에 302명이 재입학하였다.

전문대교협은 "전문대학이 청년 고용창출의 역할을 확대하고 있어 국민들의 관심이 높아진 것 같다. 이번 입시 결과에서 볼 수 있듯 전문대학이 고등직업교육 중심기관으로서 핵심 역할을 하고 있다는 인식이 더욱 확산될 것으로 기대한다."고 말하였다.

청년취업난으로 전문인력을 양성하는 곳으로 지원자가 늘고 있는 것이다. 전문지식을 쌓아 취업하려는 목표를 갖고 있는 것이다

대구보건대 2학년에 올라가는 이승돈 씨는 영남대 조경학과를 졸업하였다. 비정규직으로 근무하다가 정규직 취업이 어렵다고 판단해 이 학교 방사선과에 입학하였다. 주위에서는 "3년을 더 공부한다고 취업이 되겠느냐. 괜히 시간만 낭비하지 마라."고 만류하였다. 1년이 지난 뒤 그는 자신의 선택에 만족한다. "처음에는 일할 수 있는 곳이 병원밖에 없는 줄 알았는데, IT업체 등 여러 방면으로 진출할 수가 있더라. 선택의 폭이 넓어졌다."며 일찍 판단했다면 더 좋았을 것이라고 아쉬워하였다.

4년제 대학을 졸업하고 계약직이나 비정규직으로 근무하는 사람들이 새로운 돌파구로 전문대로 유턴한다. 취업난을 뚫기 위한 또 다른 선택인 것이다. 취업을 했다가 자신의 적성과 맞지 않아서 고민하던 사람들도 이직을 위하여 전문대를 찾는다.

서울의 4년제 대학 공과대학을 졸업한 박승민 씨는 철강 관련 회사의 연구직으로 취직을 하였다. 본인의 적성과 맞지 않는 분야에서 근무하면서 스트레스를 많이 받았다. 미래에 대한 불안감으로 결국 1년 만에 회사를 그만두었다. 평소 전문직종에 관심이 많아서 경기도 내 전문대학에 입학하였다.

"전문대에서는 자신이 원하는 분야에 취업할 생각만 있다면 충분히 취업이 가능하다. 4년제 대학을 졸업하고도 학비가 계속 드는 것이 부담되지만 취업에 대한 부분에서는 걱정이 덜한 편"이라고 말하였다.

석·박사들도 전문대학으로 유턴한다. 대구보건대에는 2010년 박사 2명, 석사 13명이 지원하였다. 학사 출신은 385명이다. 전문대 졸업생은 620명으로 모두 1,000명이 넘는다.

경쟁이 치열해지면서 오히려 학위를 숨기고 고등학교 졸업만으로 지원하는 사례도 있다고 한다.

전문대학 154개 중 64개 학교가 취업률이 90% 이상인 것으로 나타났다. 경남정보대학, 신흥대학, 영진전문대학 등 일부 학교는 취업률이 95%를 넘어선다. 고학력자들이 전문대학에 입학하는 또다른 이유는 전문자격증을 취득하여 안정되면서 전문직으로 근무할 수 있기 때문이다. 고학력자들의 지원이 보건계열 등 특정 학과로 쏠리는 이유가 그것이다. 간호학과의 경우 정규직 취업률이 90% 이상이다. 최근에는 미국이나 호주 등 해외로 취업하는 사례도 늘고 있다. 대구산업정보대학, 삼육보건대학은 10명을 뽑는 간호과에 294명, 16명을 뽑는 치위생과에 70명이나 지원하였다. 이들 중 석·박사 출신도 있는 것으로 알려졌다.

최정선 웅지세무대학 교수도 숙명여대 수학과를 졸업하고 학원 강사로 4년간 일하였다. 뒤늦게 이 학교 세무행정과에 입학하여 1년 만에 세무사시험에 합격하였다. 졸업과 동시에 후배들에게 세법을 강의하고 있다. "전문자격증을 갖고 그 분야에서 열심히 노력하면 원하는 바를 이룰 수 있다. 시간이 좀 더 걸리더라도 최선을 다해야 한다."고 강조한다.

뒤늦게 자신의 꿈을 찾아서 전문대에 재입학하기도 한다. 동아대 정치외교학과를 졸업한 이미경 씨는 어린 시절 장래희망이 보건분야에서 일하는 것이었다. 대학을 졸업하고 동의과학대 임상병리과에 다시 입학하였다. 최근 임상병리사 시험에 합격한 그는 "여기서 안주하기보다 새로운 분야를 개척하기 위해 계속 도전할 생각이다. 그래서 이 분야를 한 단계 발전시키는 데 기여하고 싶다."는 포부를 밝혔다.

대경대학 자동차딜러과에 입학한 이혜리 씨는 숙명여대 무용과에서 발레를 전공하였다. 8년 정도 요가강사로 활동하다가 평소 관심이 많았던 자동차 관련 일에 과감히 도전한 것이다. 이 학교 뷰티디자인학부 1학년 학생 중에는 수녀도 있다. 봉사활동을 하기 위하여 헤어디자인을 직접 배우려고 입학한 것이다.

이와 같이 고학력자들이 전문대로 유턴하는 것은 사회적 비용면에서 낭비가 심하다. 유기홍 전 의원은 3,857억 원의 사회적 비용이 발생한다며 "취업난 가운데 4년제 대학 졸업생의 전문대 유턴이 증가해 막대한 사회적 비용이 발생하는 만큼 정부가 좀 더 근본적인 청년취업난 해법을 내놔야 한다."고 짚었다.

사회의 인식과 정부의 지원은 그 속도를 따라가지 못하고 있다. 전문대는 4년제 대학을 못 가는 학생들이 간다는 인식도 있다. 4년제 대학의 하위 기관쯤으로 인식하는 경향이다.

이제는 명문대나 4년제 대학만을 목표로 해서는 안 된다.

시간과 비용을 낭비하지 말아야 한다. 주위의 시선도 의식할 필요가 없다. 자신의 적성이 무엇인지, 자신이 잘하는 것이 무엇인지, 꿈이 무엇인지, 무엇을 하고 싶은지를 찾아 몰입하는 것이 필요하다.

새로운 직업으로 뛰어드는 한의사, 변호사들

우리 사회가 여러 면에서 복합적으로 어려움을 맞이하고 있다.

양극화문제는 이제 이념문제보다 더 심각할 정도이다. 개인과 가정의 부채는 이제 임계점에 도달하였다. 인구감소는 나라의 미래를 암울하게 한다. 개인주의와 이기주의는 우리 사회 곳곳에 자리를 잡고 있는 폐단이다. 한때 1박2일에서 강호동 씨가 외쳤던 "나만 아니면 돼"가 사회 곳곳에 뿌리 깊게 자리를 잡고 있다.

환경문제는 급기야 생수도 사 먹고 돈 있는 일부 사람들은 수입 생수만 먹는 일도 낳았다. 울산 태화강처럼, 오염시키는 몇 배의 노력을 다시 복원에 투자해야 한다.

인기가 있다면 묻지도 따지지도 않고 수요가 몰린다. 결국 공급 과잉으로 모두가 위기로 내몰린다.

기업에서도 잘나가던 조선업이 불황을 맞이하였다. 직업에서도 잘나가던 한의사, 변호사들도 이제 밥그릇 싸움에 직면하였다. 한때 드라마 속에서 최고의 사윗감으로 열쇠를 몇 개 준비해야 한다는 등 선망의 직업이었다. 변호사는 더 이상 고소득을 올리는 선망의 직업이 아니다.

1985년 사법연수원 수료생 수가 300명을 넘어선 이후 1998년까지는 적정인원을 유지하며 인기직업으로 황금기를 누렸다.

2004년 사법시험 합격자 수 1,000명 시대가 열리면서 변호사들의 경쟁은 치열해지기 시작하였다. 2012년 전국의 법학전문대학원생이 2,000명을 넘어섰다. 2010년 사법연수원 수료생 10명 중 4명이 일자리를 얻지 못하였다. 상위권 연수생들은 판검사를 안 해도 로펌에 들어갈 수 있지만, 경쟁에 밀리는 순위권 밖에 있는 연수생들은 취준생으로 내몰리는 것이다. 법조인의 공급과잉인 것이다.

2010년 주간동아에 의하면, 2009년 서울지방변호사회를 경유한 수임건수는 17만 4,168건이다. 전체 변호사 7,380명으로 나누면 변호사 1인당 연평균 수임건수는 23.6건이다. 월평균 1.9건에 지나지 않는다. 지역에 따라 다르지만 사무실 임대료와 사무장, 여직원 인건비를 합하면 월 2,000만 원 이상의 비용이 필요하다. 공급과잉은 수임료를 다운시켜 개인변호사들은 그야말로 버티기가 어렵다. 시장포화로 경쟁이 치열해지면서 다시 도태되는 악순환이 계속되는 것이다.

변호사 업계에서 인지도가 낮았던 국선변호사에 초창기에 뛰어든 사람은 한때 호황을 누렸다. 이곳도 경쟁률이 높아져 밥그릇 싸움이 되었다. 시대가 이혼을 많이 하니 이제는 발 빠르게 이혼전문 변호사들이 늘어나고 있다. TV프로그램에서도 자주 얼굴을 비추는 사람은 그 시장의 선구자들이다.

최근에는 변호사들이 부동산중개서비스업에 뛰어든다는 소식도 있다. 이렇게 되면 보험시장에도 진입할 것이다. 변리사, 노무사, 세무사 등 법조인접직역으로 뛰어들기도 하여 여러 가지 활로를 찾으려고 발버둥치게 된다.

2010년 대한변호사협회 장진영 당시 대변인은 "한 해 1,000명의 변호사가 배출되는데 향후 3배 이상 배출되면 이들이 갈 곳이 없다. 법조인접직역은 변호사 수가 부족할 때는 존재의 의미가 있었지만 이처럼 변호사가 늘면 굳이 있어야 하는지 의문"이라고 말하였다.

그렇게 되면 해당 직업인들은 또 다른 방어막을 쳐야 하는 전쟁이 된다. 대한변리사회 고영희 부회장은 "세상의 중심은 변호사이고 나머지 전문직을 인접이나 유사로 표현하는 사고방식부터가 잘못됐다. 지적재산권은 엄연히 변리사라는 전문가가 필요한 직역이다."라고 말하였다.

한때 최고의 인기직업이 한의사였다. 지방한의대도 들어가기가 하늘의 별 따기였다. 전문직을 다니다가도 그만두고 한의대에 입학하는 사례가 속출할 정도였다. 안정된 생활과 대우받는 전문직이었기 때문이다. 필자의 직장동료도 손아래 동서 두 명이 한의사이다. 자기보다 나이도 많고 처갓집에서의 대우도 달라 소외감을 느꼈다고 한다. 인기직업이다 보니 너도나도 몰리는 현상이 생겼다. 2000년 초 필자가 근무하는 사무실 아래층에 한의원이 크게 개업하였다. 어렵게 한의대에 들어가 면허를 취득했을 것이다. 건물이 중심지에 있어 임대료도 비싼데 한 층을 전부 사용하였다. 비싼 의료 기계도 갖추고 시설투자에도 많은 돈이 들어갔다. 그러나 채 1년을 못 버티고 결국 문을 닫고 말았다. 주변에 한의원들이 생긴 데다 자금난으로 버틸 수가 없었던 것이다.

대한한의사협회가 실시한 설문조사 결과 전체 응답자 10명 중

8명이 한의원 경영이 어렵다고 답했다고 한다. 건강보험심사평가원 자료에 따르면 폐업 한의원 수는 2002년 503개, 2004년 589개, 2006년 734개 …… 2014년 769개, 2016년에는 861개가 폐업했다. 주목할 것은 폐업하는 한의원 수가 지속적으로 증가한다는 점이다. 동네 한의원뿐만 아니라 대형 한방병원도 어렵기는 마찬가지다.

한의원들이 살아남기 위하여 공진단을 제조 판매하면서 공진단의 가격이 천차만별인 현상도 가져왔다. 부자들만 먹는다는 공진단이 광고지에도 나온다. 진위로 약효과에 의문이 생긴다.

한의사 수가 1만 2,000명이 넘어섰다. 그럼에도 1년에 700명 이상이 한의대를 졸업한다. 이런 식으로 10년이 지나면 한의사 2만 명 시대에 진입한다. 현재 우리나라 인구는 지속적으로 감소하고 있다. 곧 인구 2,000명당 한의사 1명이 된다. 10대들은 방문할 일이 별로 없으면 그야말로 인구 1,000명당 1명이 한의사이다.

4차 산업혁명시대에 들어와서는 지금까지의 위기는 그야말로 전초전이다.

2016년 알파고와 프로바둑기사 이세돌 9단의 대결을 통해 많은 사람들은 놀라움과 공포에 휩싸였다. 얼마 전 작고한 영국의 천재 물리학자인 스티브 호킹 박사는 인공지능의 위험에 대해 알리려고 노력하였다. 인공지능과 바이오산업의 혁신으로 사람들은 훨씬 건강해질 것이다. 장기들을 대체할 수 있고, 피 한 방울로 모든 병을 파악할 수 있는 그야말로 혁신적인 시대로 진입하게 된다. 공급 과잉으로 어려운 한의사들의 걱정이 더욱 늘어날 것이다.

시사인에 실린 이나래 변호사의 기사를 보면, 2016년 미국의 로펌 '베이커 앤드 호스테틀러(Baker & Hostetler)'에서 인공지능 변호사 '로스(Ross)'를 고용하였다. 로스는 엄청난 양의 문서를 읽고 정리하는 업무를 맡았는데, 짧은 시간 안에 업무를 수행하는 것은 물론이고 자료를 분석하는 능력도 발휘하였다. 인공지능 변호사 로스는 IBM의 슈퍼컴퓨터 왓슨(Watson)을 기반으로 만들어졌다. 왓슨은 자연어 이해에 높은 성능을 보인다. 인간이 평상시 사용하는 언어로 질문을 하면 이 질문의 의미를 이해하고 응답하는 인공지능이다. 현재 미국 내 12개 로펌에서 '로스(Ross)'를 도입해 활용하고 있다. 유럽에서도 영국을 중심으로 그 가능성을 논의 중이다. 법률전문가들의 단순업무는 인공지능이 충분히 대체할 수 있게 된다. 수임료도 낮아지고 변호사들의 공급과잉은 새로운 시대를 맞이하게 된다. 경영컨설팅 회사인 딜로이트가 2016년 진행한 연구에서 이렇게 말하였다.

"앞으로 10년 내에 영국 법조계에서는 전체 법률직의 39%에 해당하는 11만 4,000개의 일자리가 자동화되어 사라질 것이다. 또한 빅 데이터를 기반으로 인공지능이 소송의 가능 여부도 진단할 것이다."

사법체계 전반이 인공지능의 도전에 직면할 것이다. 우리나라 대법원은 2016년 10월 '4차 산업혁명의 도전과 응전: 사법의 미래'라는 주제로 국제 법률 심포지엄을 열었다. 인공지능의 발달이 법률 환경에 미치는 영향 등을 논의한 것이다

2017년 한국고용정보원의 '기술변화에 따른 일자리 영향 연구'

라는 보고서에 따르면, 2025년경 국내 취업자의 61% 정도가 일자리를 잃을 수도 있다고 한다.

부모들이 자녀의 진로를 고민할 때 더 이상 직업의 안정성이나 소득기준을 따져서 진로를 결정해서는 안 된다. 자칫 이전부터 내려오는 관념에 사로잡히면 잘못된 전망으로 위기를 맞이하게 될 것이다. 한의사가 인기 있다고 한의대로, 변호사가 인기 있다고 법대로 쏠리는 현상은 결국 공급과잉에 내몰리게 된다. 4차 산업혁명으로 직업의 전반적인 기반이 흔들리고 있는 것이다.

직업을 더 이상 경제적 독립과 안정된 생활만을 기준으로 바라보아서는 안 된다. 일의 가치문제에 대해 고민하고 진로를 선택해야 한다. 자신이 좋아하고 잘하는 것이어야 자아실현이 된다. 자신의 일에 만족하고 사회에 기여하게 되면서 충만한 삶을 살 수 있기 때문이다.

박사가 초등학교 중퇴생 밑에서 일한다

"경영자든 관리자든 사람 위에 서는 사람은 자신이 의식하든 못하든 간에 점점 구름 위로 추어올려지기 쉬운 법이다. 나는 마쓰시타 고노스케가 스스로 아래로 내려오려고 노력했기 때문에 '경영의 신'이 되었다고 생각한다."

(히구치 히로타로, 아사히 맥주 전 회장)

마쓰시타 고노스케는 우리에게 '파나소닉', '내쇼날' 등의 브랜드로 잘 알려진 전자, 전기 전문회사인 마쓰시타의 창업자이다. 일본에서는 '경영의 신' 혹은 '일본에서 1,000년 동안 가장 뛰어난 경영인'이라 불린다. 소위 일본형 인간경영의 창시자이다. 그는 부친의 사업 실패로 9세 때 초등학교를 중퇴한 후 화로가게의 점원, 자전거가게의 점원, 오사카 전등의 영업사원으로 일하였다. 1918년 24세의 나이에 자본금 100엔으로 쌍소켓을 제조하는 마쓰시타 전기를 창업하였다. 몸이 허약하여 누워 있는 시간이 많았음에도 불구하고 독자적 경영이념과 수완으로 사업을 성공시켰다. 1989년 94세로 운명할 때는 내쇼날과 파나소닉 브랜드로 종업원 13만 명의 세계 20위 기업으로 성장시켰다. 그가 초등학교 중퇴자임에도 성공할 수 있었던 비결을 5가지로 살펴볼 수 있다.

첫째, 인간존중의 경영이다.

그는 "나는 공부를 많이 하지도 않았고 또 내가 남들보다 뛰어난 능력을 보유한 것도 아닙니다. 그런데도 인재를 잘 발굴한다는 평을 듣는 것은 딱 한 가지 이유입니다. 그것은 직원들이 나보다 훨씬 훌륭한 사람이라고 생각하기 때문입니다."라고 하였다.

1929년 불황이 찾아왔다. 판매가 급감하고 재고가 쌓였다. 간부들이 직원을 대량 해고하여 경비를 줄이자고 건의하였다. 35세의 젊은 마쓰시타는 직원들을 모아놓고 이렇게 선언하였다. "오늘부터 생산을 반으로 줄인다. 그러나 직원은 한 명도 줄이지 않는다. 따라서 반일 근무를 실시한다. 그리고 월급은 전액 지급한다. 대신 종업원 모두 휴일을 반납하고 재고품 소진을 위해 노력한다." 감격한 직원들은 가족까지 판매에 나섰다. 이렇게 열심히 판매한 결과 두 달 만에 재고를 모두 처리해 위기를 극복하고 회사를 정상화시켰다. 마쓰시타는 회사가 아무리 어려워도 해고를 하지 않는다. 정년까지 고용을 보장해 회사와 직원이 함께 성과와 고통을 분담하는 종신고용 경영을 펼쳤다. 또한 55세가 정년일 때 이를 60세로 연장하였다. 60세 정년이 보편화될 때는 65세로 정년을 늘렸다. 직원에 대한 존중을 우선한 경영 원칙을 바탕으로 작은 전기 소켓을 만들던 구멍가게를 세계적인 기업으로 일궈낸 것이다.

둘째, 열린 마음으로 항상 배움의 자세를 가졌다.

마쓰시타는 물건을 만드는 것이 중요한 것이 아니라 판매하는 사람이 더 중요하다고 생각하였다.

직원들에게 고객이 "무엇을 만드는 회사냐?"고 물으면 "마쓰시타 전기는 인간을 만드는 회사입니다만 전기제품도 만듭니다."라고 말하도록 가르쳤다. 사람관리에 탁월하다는 주위의 평가에 대하여 그는 이렇게 말하였다. "나는 결코 사람을 잘 관리하는 사람이 아니다. 부하직원 모두가 나보다 위대해 보였다. 모두 나보다 배운 것이 많고 재능이 많은 훌륭한 사람이라는 생각이 들었다." 초등학교 중퇴의 학력 덕분에 항상 배운다는 마음으로 사람이나 일을 대했던 것이다. 오사카 전등의 영업사원으로 근무할 당시 20세의 나이에도 전기학을 배우러 야학에 다녔었다.

1951년 1월에는 경영사상과 기술이 발달한 미국을 배우기 위하여 방문하였다. "나는 1951년 1월에 처음으로 미국에 갔을 때 최신식 건전지 제작 기계를 샀다. 두 번째로 미국에 가서 한 건전지 공장을 견학했을 때 전에 구입한 최신식 기계가 그 공장에서는 가장 낡은 기계가 되었다는 사실에 놀랐다. 일류업체에서는 자사에서 고안한 기계를 쓰며 그 기계를 외부에 공개하지 않는다. 따라서 일류업체가 보유한 기계는 일반 기계업자가 파는 기계보다 훨씬 뛰어났다."고 말하였다.

배움을 통하여 스스로 기술을 개발해야 한다는 것을 깨우쳤다. 1965년 4월 세계와의 경쟁에서 승리하기 위하여 '주5일 근무제'를 일본에서 처음으로 도입하였다. 미국에서는 이미 주5일 근무제를 실시하고 있었던 것이다. 직원들이 휴식을 통하여 업무에 몰입하는 것이 국제 경쟁에서 승리하는 길이라고 확신한 것이다.

셋째, 항상 긍정적인 마음의 자세로 살았다.

마쓰시타는 직원들에게 수시로 "감옥과 수도원의 차이가 있다면 불평을 하느냐 감사를 하느냐는 것뿐이다. 감옥이라도 감사를 하면 수도원이 될 수 있다."라며 긍정적인 사고를 견지할 것을 주문하였다. "하늘은 내게 가난과 무학, 그리고 건강하지 못한 몸을 주었다. 나는 이를 하늘이 내게 준 축복이라 생각한다. 매일 배가 고플 정도로 가난했기에 열심히 일을 하였다. 점원, 사환, 신문팔이, 견습공 등 다양하고 수많은 일을 통해 세상을 살아갈 수 있는 경험과 힘을 얻은 것이다. 또 형제들이 병으로 죽고 나 역시 매일 근무하는 것이 무리일 정도로 몸이 허약하였다. 그렇기에 항상 건강에 신경 쓰며 관리를 잘해 90살 넘게 살 수 있었다. 공부도 마찬가지다. 어려운 형편에 소학교를 중퇴했지만 이로 인해 나는 다른 사람의 말을 귀담아 듣게 되었다. 더 많이 알고 싶어 공부를 하였고 모든 사람을 스승으로 여기고 배워 오늘을 이룬 것이다. 이 모두가 '때문에'가 아닌 '덕분에', '그럼에도 불구하고'라는 마음을 가졌기에 가능하였다."라고 말하였다. 모든 일을 할 때 의존성이 아닌 주도적인 마음으로 삶을 산 것이다. 변명보다는 자신이 할 수 있는 영향력의 영역에 집중하였다.

그의 형제 3남5녀 중 6명이 지병으로 요절하였다. 마쓰시타도 몸이 허약하여 각혈도 하였다. 그러나 몸이 허약한 덕분에 건강관리를 잘하여 94세까지 장수하였다. 항상 긍정적인 자세로 모든 것을 받아들여 기회로 연결시킨 것이다.

넷째, 경영의 원리를 제시하였다.

창업 초기에 지인이 그에게 "아무리 해도 사업이 잘되지 않아."라고 말하였다. 마쓰시타는 그의 말에 이렇게 대답하였다. "장사란

손해도 보고 이익도 보면서 성공하는 것이라고 생각하는 사람이 있는데 그건 잘못된 생각이야. 장사는 진검승부와 같아. 베이면서 성공할 수 없어. 노력한 만큼 성공하는 법이지. 장사가 잘되지 않는다면 운이 나빠서가 아니라 경영에 문제가 있기 때문이야. 그래서 확고한 신념을 가진 사람은 불경기일수록 돈을 더 버는 거야."

마쓰시타는 1963년 9월 국가경영위원회 초대로 뉴욕 힐튼 호텔에서의 국제경영학과 모임에서 '나의 경영 철학'이라는 주제로 강연을 하였다. "케네디 대통령이 미국이라는 국가를 경영하는 것과 마을에서 작은 약국을 경영하는 것은 모두 똑같은 경영이다. 국가경영의 목적은 그 나라의 발전과 번영이며 행복이다. 약국 경영은 고객을 위해 여러 가지 주의를 기울이고 서비스를 하는 것이 목적이다. 둘 다 본질적으로 목적이 같다. 결국 '어떻게 해야 국민을 행복하게 할 수 있는가, 어떻게 해야 고객을 위해 최상의 서비스를 할 수 있느냐'이다. 경쟁이 도를 넘으면 파괴로 이어진다. 이때 꼭 필요한 것이 올바른 경영이념이다." 또한 회사경영을 할 때 객관적인 마음으로 바라보는 것이 중요하다고 강조하였다.

다섯째, 이익의 사회 공헌이다.

마쓰시타는 이익을 중요하게 여겼지만 경영의 최종 목적이라고 생각하지 않았다. 기업의 목적인 이윤창출이 우선된 회사가 아닌 "모든 사람이 함께 행복하게 사는 것이 내 사업의 목적"이라고 하였다. 1980년 사재 100억 엔을 털어 정치, 경제 분야 차세대 리더 양성을 위해 마쓰시타 정경숙을 만들었다. 지금까지 배출된 300여명의 졸업생은 국회의원 30명을 비롯해 차세대 일본을 이끌어가는 리더 그룹을 형성하고 있다. 마쓰시타 고노스케는 가난과 병약한 건강, 초등학교 중퇴이지만 13만 명의 조직을 이끌었다.

 더 이상 학력은 중요하지 않다. 박사 10명 중 4명은 백수이다. 2017년 매일경제가 교육통계서비스의 박사학위 취득자 현황을 분석한 결과 2016년 국내 박사학위 취득자는 1만 3,882명, 지원자는 4만 2,292명으로 사상 최대치를 기록하였다. 박사학위 취득자는 2012년 1만 2,243명으로 4년 새 13% 급증하였다. 박사 홍수상태이다. 미국의 워싱턴과 버지니아, 메릴랜드 일대에는 한국인 박사들이 넘친다. 미국까지 가서 어렵게 박사학위를 취득했는데도 국내에서 취직자리가 보이지 않는다. 고학력자가 늘고 취업문이 좁아지면서 학력의 시대가 저물고 있다. 한국직업능력개발원에 따르면 2016년 박사학위 취득 설문 응답자(7,938명) 가운데 학업전념자의 고용률은 61%에 머물렀다. 약 40%는 취업을 못한 셈이다. 2016년 국제신문에 의하면 박사 백수시대, 취업해도 연봉 2,000만 원, 비정규직이 수두룩하다고 하였다. 박사 과잉시대이고 인문계나 여성일수록 문제는 더 심각하다. 현실이 이러한데 박사학위를 따야 할 이유가 어디에 있는가.

 이제는 분위기에 휩쓸리기보다는 진로에 대하여 깊이 생각해야한다. 진짜 깊이 있는 지식을 요하는 사람이나, 직업을 갖고 있는 사람이 자신의 일에 더 깊은 지식을 얻고자 할 때 학업을 이어나가면 된다. 20년 넘게 공부한 박사학위 실업자는 비애가 크다. 우리인생에서 중요한 선택은 결국 자신의 몫이다. 그리고 그 책임은 본인이 져야 한다. '내가 왜 이렇게 공부를 하는 것인가, 내가 이루려

는 목표는 무엇인가, 이 목표를 이루었을 때 나는 행복할까?' 한 번
쯤은 깊이 생각하고 판단해야 한다. 초등학교 중퇴라도 자신이 잘
하는 분야에서 1인자가 되어 박사를 고용하면 된다.

다가오는 세상은 분명히 학력보다 능력이 중요한 방향으로 변하
고 있다.

진로는 속도보다 방향이다

사교육비 부담과 입시지옥을 피해 훌륭한 교육시스템을 갖춘 미국으로 조기유학을 보내거나 이민을 가는 경우가 많다. 그런데 정작 미국의 대통령이 공식적인 자리에서 한국의 교육을 본받아야 한다고 언급하기도 하였다. 우수한 시스템을 갖춘 나라에서 왜 한국을 본받아야 한다고 했을까. 다른 것이 아니라 한국의 교육열을 본받아야 한다는 것이다. 교육이 사회에 기여하려면 교육시스템, 교육열, 교육방향이 제대로 설정되어야 한다. 미국은 교육시스템은 훌륭하나 교육열이 부족하고, 한국은 교육열은 최고이나 교육방향이 잘못 설정된 것이다.

말했다시피, 초등학생만 되어도 벌써 학원을 전전하며 밤늦게까지 공부해야 한다. 고등학생이 되면 말할 것도 없이, 하루 종일 공부와 씨름 또 씨름해야 한다. 3년 내내 새벽에 일어나고 자정쯤 집에 들어간다. 그러니 우리 청소년들은 온갖 정신질환과 스트레스 증후군에 시달리고 있다. 아침식사도 제대로 하지 못하고, 잠도 제대로 자지 못한다. 아인슈타인이나 에디슨도 한국에서 태어났다면 고문관이 되었을 것이다.

다음으로 교육열의 문제점 중 하나는 과도한 영어열풍이다. 영어 조기교육이 과한 나머지 어렸을 때부터 국어도 정착이 안 되었는데 영어학원에 다니거나 과외를 받는다. 결국 한국어, 영어 둘 다 제대로 정착이 안 된다. 국어에 흥미를 잃으면 다른 과목에도 악영향을 미치게 된다. 과도한 선행학습도 한 축을 담당하고 있다. 학교에 들어가기 전에 미리 다 배우고 진학하는 것이다. 100미터 달리기를 한다면 50미터 앞에 서 있는 형국이다. 수업시간에 흥미를 잃어 수업태도에도 악영향을 미친다.

오로지 대학입시라는 과도한 교육열을 넘어 병적인 수준이다. 대학수능시험일은 수험생의 교통체증을 우려해 출근시간을 조정한다. 듣기평가에 방해될까봐 비행기 이착륙시간도 조정한다. 증시 개·폐장시간도 늦추는 나라는 세계 어디에도 없을 것이다. 입시 스트레스로 학생이 자살했다는 소식도 많이 나오고 청년이 되어서 스트레스가 사회 곳곳에서 돌출된다. 책 읽을 시간이 없어 결국 생각하는 힘이 없다. 사색할 여유보다 검색만 하다 보니 사회 곳곳에서 '욱'하는 충동 사건도 많다.

한국 사회는 모든 시스템이 대학입시에 맞춰 돌아가는 사회다. 명문대학에만 들어가면 된다는 식이다.

명문대=취업=성공이라는 등식으로 혹독하게 10년을 넘게 훈련시킨다. 대학에 들어가니 이제는 취업이 발목을 잡는다. 명문대 졸업생도 취업률이 50%를 밑돌게 된 것이다. 자신의 적성은 생각하지 않고 일단 취업에만 몰두한다. 2017년 중앙대에서 실시한 취업진로의식 설문조사를 보면 '나의 능력과 역량을 모르겠다'가 32%, '나의 흥미와 적성을 모르겠다'가 22%를 차지하였다. 결국 취업의 어려운 관문을 뚫고 직장에 들어갔으나 적응을 하지 못해 이직을 하는 사람도 많다.

교육열에 비해 세계적인 대학도 없다. 이와 같이 공부했으면 세계적인 학자도 있어야 한다. 기초학문에서 노벨상을 받은 학자는 아직 대한민국에 없다. 교육열의 부작용은 사회 곳곳으로 연결되어 있다. 성적 경쟁으로 서로 협력하고 원칙을 지키는 것보다 '나만 아니면 돼'라는 이기적인 사회가 되어 버렸다. 혈연, 학연, 지연을 바탕으로 부정부패가 개발도상국 수준이다. 반면 자살률, 이혼율은 세계 최상위권이다.

과도한 교육비는 출산율 하락을 부채질하였다. 외환위기 이후부터 지속되어 왔는데, 아직까지도 대책마련에 이리 뛰고 저리 뛰고 있다. 출산율 저하는 근본적으로 교육비 문제가 해결이 안 되어서 그렇다. 자식교육을 위해 세 번이나 이사를 다녔다는 '맹모삼천지교'는 이제 더 이상 위인전의 이야기가 아니다. TV프로그램 '나 혼자 산다'에 나오는 전현무는 학교를 위하여 가족들이 모두 목동으로 이사했다고 한다. 이렇듯 교육 때문에 생기는 기러기 아빠도 많다. 마산에 있는 직장동료도 자신만 빼고 가족이 모두 유학생활을 하였다. 집을 두 채나 팔아서 유학을 보냈는데, 유학을 마치고 국내에 들어와서는 직장을 구하지 못해 애먹는 것을 보았다. 결국 그분은 나이도 들어가는데다 재산도 처분해서 노후생활이 불안해졌다. 이런 현상들에 대해 조용환 서울대 교수는 "부모들이 교육이 무엇인지에 대한 진지한 성찰 없이 경쟁에서 낙오될 것이라는 불안감에 너도나도 사교육으로 뛰어들고 있다. 특목고나 좋은 대학에 보내려고 돈을 쏟아붓는 것은 엄밀히 말해 교육열을 가장한 학벌열이며 '사회적 지위 쟁탈전'에 불과하다."고 말한다.

갈팡질팡하는 입시정책과 사교육시장의 급속한 팽창, 경쟁을 조장하는 사회분위기 등이 맞물려 학부모들의 불안감이 가중되고 있다. 한혜정 연세대 교수는 "입시정책이 끊임없이 바뀌는 상황에서 학원들이 학원에 다니지 않으면 금세 도태될 것처럼 허위·과장 광고를 하고 있다. 학부모들은 비싼 값을 치르고서라도 교육 상품을 구매할 수밖에 없다."고 하였다.

또한 학부모들이 자녀를 통해 얻으려는 그릇된 대리만족 심리도 잘못된 교육열을 키우고 있다. 곽금주 서울대 교수는 "큰돈을 들여서라도 자신이 이루지 못한 것들을 아이를 통해 보상받고자 하는 심리가 팽배해 있다."고 말한다.

한국의 교육열이 과열인가의 문제는 이제 교육방향의 관점에서 판단해야 한다. 택시를 타면 "빨리 가주세요."라고 말하지 않는다. "○○로 가주세요."라고 먼저 목적지를 말한다. 속도보다는 가고자 하는 방향이 더 중요하다.

잘못된 방향에서 열심히 하는 것은 타이타닉호의 갑판 위에서 식탁을 정리하는 것과 같다.

한국 사회의 에너지가 교육에 많이 몰리는 것은 바람직할 수 있다. 한국이 세계의 으뜸국가가 되기 위해서 교육열은 절대 식어서는 안 될 것이다. 한국의 교육열은 외국에서도 높이 평가하고 따라하고 싶어한다. 결국 교육방향을 잘 잡아야 한다.

사회 곳곳에서 교육에 대한 목소리가 나온다는 것은 좋은 징조이다. 100년 앞을 보고 시스템을 만들었으면 한다.

"세상에서 제일 중차대한 것은 우리가 서 있는 곳이 아니라 우리가 나아가려는 방향이다."(괴테)

대학, 이제는 필수가 아니라 선택이다

명문대를 나와도 취업을 하지 못하는 워킹 푸어(working poor)들이 늘어가고 있다. 하지만 대학진학률은 80%를 넘어서고 있다. 미국 64%, 일본 48%, 독일 36%와 비교하면 경이로운 수준이다. 2010년 통계청 사회조사에 의하면 대학에 진학하는 이유 가운데 47.8%가 좋은 직업을 갖기 위해서라고 하였다. 34.2%가 능력과 소질개발을 위해서이고, 13.1%는 학력차별 분위기 때문이다. 특히 좋은 직업을 갖기 위해서 대학에 진학하는 이유가 10년 전보다 7%가량 상승하였다. 명문대를 나와도 취업률이 50%도 안 되는 상황으로 줄어드는데, 참으로 아이러니한 통계이다. 어떤 대학에 갈 수 있느냐는 목표 하나만을 보고 초등학교 때부터 자녀를 학업에 올인시키고 있는 것이 우리 부모들의 현주소이다. 부모나 자녀 모두 이 같은 경쟁체제 속에서 대학 진학을 당연하게 받아들이고 있다. 하지만 이제는 대학에 못 가는 것이 아니라 안 가는 시대가 다가오고 있다. 대학졸업장이 갖는 변별성이 사라져 가고 있다.

이제는 좋은 대학을 나오면 성공한다는 허상에서 빠져 나와야 한다.

대학에 가면 다른 세상이 펼쳐질 것을 기대하고 모든 것을 포기한 채 수능에만 집중한다. 그러나 대학에 입학하면 취업이라는 높은 현실의 장벽에 좌절하거나 방황을 하게 된다. 그 시절에 누려야 할 자유와 행복은 돌이킬 수가 없다.

경향신문 정환보 기자의 기사 가운데 '아이를 살리는 7가지 약속' 서명에 동참한 한 아버지가 털어놓은 이야기다.

"고1, 중1 두 아이들을 볼 때마다 가슴이 아픕니다. 늦은 밤 학원에서 돌아와 이것저것 과제를 끝내면 매일 밤 12시를 넘겨 버립니다. 아침에 졸음에 겨워 너무도 고통스럽게 일어납니다. 학교를 보내야 하기에 결국 큰소리를 내서 깨워야만 합니다. 그때마다 너무 고통스럽습니다. 그 순간 제 자신이 미워지고 이 나라가 미워집니다. 하지만 아무것도 해결되는 것 없이 또 내일, 그리고 모레, 똑같은 일상이 반복됩니다. 결국 이런 생활의 짜증들이 모여 부모와 자식 간의 단절과 부부 간의 불화로 폭발합니다. 저희 집 불화 원인의 90%는 바로 아이들 교육문제와 성적입니다."

교육문제를 가정불화의 원인으로 진단하고 있지만, 자세히 들여다보면 교육이 아니라 대학입시 문제이다. 부모와 자녀들이 한 팀이 되어 명문대를 향하여 달리고 있는 것이 우리의 모습이다.

고위공직자 청문회 제도가 도입된 이후 진보, 보수 정권을 가리지 않고 매번 등장하는 '위장전입'의 이유는 자녀교육을 위해서이다. 자기 자식을 좋은 학교, 좋은 대학에 보내려고 하는 것이다.

'고래가 그랬어' 김규항 발행인은 "보수성향의 엘리트 부모들의 목표가 자녀를 일류대학에 보내는 것이라면 진보적 엘리트 부모의 목표는 아이가 진보적인 일류대학생이 되는 것일 정도로 진보와 보수 엘리트들이 하나가 돼 있다. 사회경제적으로 지위가 높은 부모의 아이들이 경쟁을 선점하는 형국"이라고 말한다. 많은 부모들은 지금 이 순간에도 '대학은 나와야 그나마 낫다'는 인식이 지배하고 있다. 개인과 가족들이 누려야 할 많은 것들을 희생하면서도 말이다. 대학입시와 사교육에 자녀를 몰아넣는 사람들의 심리 이면에는 실제 자녀의 행복보다 본인의 심리적 안도감이 자리 잡고 있다. 김 발행인은 "자신의 공포나 불안감 때문에 많은 사람들이 가는 방향으로 쫓아가면서 가랑이가 찢어져도 가는 데까지 가보자는 자기 위안만 하고 있는 것"이라고 말하였다.

다음으로 과잉학력으로 인한 비용이 개인이나 사회적으로 너무 크다. 삼성경제연구소는 대학을 목표로 사교육비, 대학등록금, 경제활동 기회이익 상실 등을 감안할 때 1인당 1억 2,000만 원에 달한다고 하였다. 사회경제적 비용은 40조나 된다. 류지성 삼성경제연구소 전문위원은 "대졸 과잉학력자 42%가 대학 진학 대신 취업해 생산 활동을 할 경우 GDP성장률은 1.01%가 추가 상승할 것"이라고 추정하였다. 과잉학력으로 인한 기회비용은 4년제 대학 졸업자는 최대 14조 7,660억 원, 전문대 졸업자는 최대 4조 2,370억 원으로 추산된다고 밝혔다. 또한 대학 진학을 위한 막대한 사교육비 지출로 사회경제적 비용부담이 과중하다. 2012년 국가 일자리 예산인 10조 원의 약 4배이다. 과잉학력에 대한 사회적 인식의 변화와 과잉학력으로 인한 막대한 손실을 줄여야 한다.

종로학원 하늘교육 자료에 의하면, 2017년 SKY대학의 중도탈락 학생이 1,238명으로 역대 최고이다. 재적학생 대비 중도탈락 학생 비율은 1.7%였다. 이는 2013~2017년 5년간 가장 높은 비율이다.

학교별 중도탈락 학생 수는 서울대가 254명(재적학생의 1.2%), 고려대 540명(2.0%), 연세대 444명(1.7%)으로 집계됐다. 입시전문가들은 서울대·고려대·연세대 합격생들이 진로, 적성, 목표대학, 학과 수준이 맞지 않아 중도에 포기한 것이라고 본다. 취업난도 한 요인이다.

이제는 대학 진학에 대해서 근본적으로 질문하고 고민해야 할 시점이다. 본인이 궁극적으로 하고 싶은 것이 무엇인가를 스스로 질문해 봐야 한다.

『이상한 나라의 앨리스』에 나오는 유명한 구절을 보자

앨리스: "내가 어디로 가야 하는지 길을 알려줄래?"

고양이: "그건 네가 어디로 가고 싶은가에 달렸지."

앨리스: "난 어디든 상관없어."

고양이: "그렇다면 어느 길로 가든 상관없잖아?"

명문대학에 입학한다고 모든 것이 해결되지 않는다. 인생이 더 행복해지는 것도 아니다. 돈을 더 많이 벌 수 있는 것도 아니며, 취업이 보장되는 것도 아니다. 모든 사람에게 대학 졸업장이 필요한 것도 아니다. 대학은 진리를 탐구하는 하나의 과정이다. 공부가 체질에 맞고 지성인으로 성숙하는 데 대학 진학이 필요하다고 생각하는 사람에게는 대학이 필요하다. 이제는 우리 사회 모두가 근본적으로 되짚어볼 때가 되었다. 대학이 과연 우리 아이들을 10년 이상 희생시키면서까지 추구할 만한 가치가 있는 것인지 스스로에게 물어봐야 한다. 막연히 주위 환경을 따라간다거나 고민 없이 진학한다면 많은 것을 낭비하게 된다. 무작정 대학엘 가면 자신을 위한 학문이 아니라 학문을 위한 학문, 공허한 학문이 될 위험성이 많다. 대학 졸업장을 가질 것인가 말 것인가는 순전히 개인의 선택에 달려 있는 것이다.

세계적인 인기가수 레이디 가가, 마이크로소프트사의 빌 게이츠, 오스카감독상의 주인공 제임스 캐머런 등은 자신의 꿈을 위해서 대학교를 다니다가 자퇴하였다. 1990년대의 서태지는 고등학교도 중퇴하였다. 고졸학력도 없었지만 서태지는 대한민국의 가요사에 큰 획을 그었다. 세계 바둑을 10여 년 간 지배한 이창호도 대학에 갈 필요가 없다고 판단해서 대학에 가지 않고 바둑에만 몰입하였다. 즉 대학교 졸업장을 포기하고 자신의 분야에서 최고의 위치에 올랐다. 자신이 무엇을 좋아하고 잘할 수 있는지 역량을 파악하는 것이 중요하다. 자신이 좋아하는 것을 포기하지 않고 몰입함으로써 성공의 길로 갈 수 있는 것이다. 이젠 대학 간판이 필요한 시대가 아니다. 우리나라 젊은이들이 대학 입학에 자신의 미래를 맡기지 말고 자신의 가능성과 능력을 믿고 노력했으면 한다. 대학은 필수가 아니라 선택이다.

천재를 둔재로 만드는 교육

"'누가 비범한가?'라는 질문은 잘못된 것이다. '어디에 비범성이 있는가?'라고 물어야 한다." 하워드가드너의 말이다. 김웅용 씨는 한때 세상을 떠들썩하게 한 신동이었다. 5세에 4개 국어를 구사했고 6세 때 일본 TV에 출연해 고등 미적분을 술술 풀어냈다. 7세 때 한양대에서 물리학을 청강생으로 공부하였다. 7세 때 일본에서 측정한 아이큐(IQ)가 210이었다. 7시간 동안 IQ를 측정하였다. 최고 측정치가 200이었는데 만점을 받으니 '측정불가'라고 떴다. 보너스 점수를 주듯 10점을 더 주어 210이 된 것이다. 일본의 수학자인 야노 겐타로 도쿄공업대 교수가 미적분 방정식을 냈는데 모두 풀었다. 이 모습을 방송에서 보면서 영국 기네스협회에서는 '세계에서 가장 머리 좋은 사람'으로 등재하였다. 그 장면을 보고 미국 NASA에서 연락이 와 콜로라도 주립대에 입학하였다. 여기서 석·박사 과정을 마친 뒤 16세까지 5년간 NASA 핵물리학 분야 선임연구원으로 일하였다.

보통 영재를 세 등급으로 분류한다. IQ가 125 이상이면 영재라고 한다. IQ가 145 이상이면 천재급 영재라고 하고, IQ가 180 이상이면 심오한 영재라고 한다. 파이먼은 IQ가 128이어서 겨우 턱걸이 영재였으나 노벨물리학상을 받았다. 아인슈타인은 IQ가 160이어서 천재급 영재로 노벨물리학상을 받았다. 그런데 김웅용 씨는 미국생활을 접고 검정고시를 통하여 지방대인 충북대학을 졸업하였다. 충북개발공사에 근무하다가 현재 신한대학교 교수로 재직 중이다.

IQ가 128, 160인 사람들도 노벨물리학상을 받았는데 IQ가 210이던 신동은 왜 잊혀졌을까? 왜 그는 모든 것을 포기했을까? "내가 행복해지기 위해서다. 주어지는 과제와 수학문제를 기계처럼 풀기만 하였다. 한 분야에 20개 이상 연구실이 함께했지만 정작 옆방에서 뭘 하는지는 알 수가 없었다. 성과는 대부분 윗선에서 가져갔다. 힘들다는 내 하소연을 들어줄 사람도 없었다. 탈출구가 보이지 않았다."고 하였다. 김웅용 씨는 "아들과 공을 찰 때, 퇴근 후 동료들과 대포 한잔 할 때가 가장 행복하다."고 하였다. 세계가 주목했던 영재가 평범한 삶에 행복을 느끼며 살아가고 있다.

어릴 때부터 자신이 무엇을 하고 싶은지, 무엇이 되고 싶은지 꿈을 가지게 해야 한다. 스스로 꿈을 꾸게 도와주고 꿈을 하나하나 이루어 나갈 수 있게 해 주어야 한다. 부모의 환경과 역량도 받쳐주어야 한다. 사회적인 환경과 여건도 형성되어야 한다. 자신이 이루고 싶은 큰 꿈을 향해 몰입할 때 행복할 것이고 그것이 지속되면 충만한 삶이 된다. 어릴 때부터 자신의 진로를 찾아 하나하나 이루어 나가는 성취감을 느꼈다면 자신감과 자존감이 증가했을 것이다. 김웅용 씨가 사회에 도움이 되는 큰 꿈을 가지게 도움을 주었더라면 좀 더 역량을 발휘했을 것이다. '힘들 때 격려해주는 멘토가 있었으면 큰 업적도 이루었을 것이다'라는 진한 아쉬움이 남는다.

카이스트 학생들의 자살로 한때 시끄러웠다. 뛰어난 영재들이 자기들끼리의 경쟁으로 1등부터 꼴찌까지 순위가 매겨졌다. 항상 1등만 해왔던 학생들이 자존감이 떨어져서 고통을 받았을 것이다. 이런저런 문제점들이 제기되지만, 시스템의 문제와 학생들의 자괴감이 떨어진 점들이 복합적으로 작용하였을 것이다. 천재를 평균의 틀로 가둬 둔재로 만드는 교육시스템에서 이제는 벗어나야 한다. 그리스 로마 신화에 나오는 프로크루스테스는 지나가는 나그네를 집으로 데려와 침대에 눕히고 침대보다 다리가 길면 자르고, 짧으면 사지를 잡아 늘였다. 우리의 교육과 인식이 자녀들을 성적으로 늘였다 줄였다 한다.

영재교육 핸드북을 보면, 영재교육 학자들은 최소한 학생 3명 중 1명에게 영재성이 잠재되어 있다고 결론지었다. 영재성이 초등학생이나 중학생 시절 나타나는 경우는 극소수이다. 대다수는 미발견 상태에 있다고 한다. 교육은 그 잠재된 영재성을 발견해내고, 계발될 수 있도록 도와주어야 한다. 학교가 옥석을 가려내는 곳이 되어서는 안 된다. 돌 안에 들어 있는 옥석을 발견하고 빛날 수 있도록 다듬어주는 곳이어야 한다. 학생들이 꿈을 가지고 자신의 재능과 능력을 통하여 실현되도록 해 주어야 한다.

"송나라 때 강서성 금계현에 방중영이란 아이가 있었다. 중영의 집안은 대대로 농사일을 하고 있어 어린 중영은 한 번도 글씨 쓰는 도구를 구경한 적이 없었다. 다섯 살 되는 해 어린 중영이 어른들에게 붓과 벼루, 종이를 달라고 떼를 썼다. 아버지는 이상한 생각이 들었지만 두말 않고 아들이 원하는 것을 구해 주었다. 그러자

중영은 종이에 거침없이 시를 쓰고 제목을 붙이며 좋아하였다. 그
시의 내용은 부모님께 효도하고 온 가족이 합심하여 잘 살아보자
는 내용이었다. 동네 사람들이 그 소문을 듣고 몰려와 그 시를 돌
려 읽으면서 신기해했다. 이후 중영은 어떤 시제가 주어져도 머뭇
거리지 않고 지었다. 그 문장의 흐름이나 뜻이 부드럽고 명쾌하여
감탄을 금할 수가 없었다. 현에서는 신동이 났다고 좋아하며 중영
의 아버지에게 큰 상을 내렸다. 또 지방 유지들이 돈을 주면서 훗
날을 기약하기도 하였다. 그러자 은근히 돈 욕심이 생긴 아버지는
이 신통한 아들의 손을 붙들고 이곳저곳 돌아다니며 자랑하기에
바빴다. 아버지의 욕심 때문에 공부할 기회를 잃어버린 중영은 세
월이 흘러가자 그 놀라운 총기를 잃어버리고 보통 아이들과 같이
되어 버렸다. 사람들은 탄식하면서 이렇게 말하였다. '방중영의 놀
라운 재주가 다 어디로 갔는가? 하늘의 시기하심인가?'"

남보다 뛰어난 재주를 갖고 태어난 아이들이 부모의 헛된 욕심
때문에 보통 사람이 되어버린 경우가 많다.

SBS 영재발굴단에서 미술계를 발칵 뒤집을 만큼 천재성을 보였
던 아이가 나왔다. 한우림으로 초등학교 5학년이었다. 성격이 과
묵하면서 자존심이 강한 학생이었다. 그림 주제는 비행기, 판타지,
풍경, 일상생활 등 다양하였다. 선을 자유롭게 사용하는 것이 특징
이었다. 인체 구조를 로봇에 접목시켜 인체의 원리를 터득하는 통
합적인 그림 스타일을 갖고 있으며, 항상 상상하여 그림 그리기를
좋아하였다. 5학년의 나이로 살아 있는 생물과 로봇을 결합하여
자신만의 독창적인 화풍을 완성한 것이다. 전문가는 그림의 형태

와 내용이 독특하다고 하였다. 연필선의 강약이 독창적이고 타고난 재능이 많다고 하였다. 특히 4학년 때 그렸다는 또 다른 작품은 우리가 보는 숲속의 한 장면이 아니라 사슴도 나오고 물고기도 밖으로 튀어나왔다. 새도 있고 물레방아도 있다. 여러 가지 스토리를 담은 것이다. 그림을 본 김정희 경인교육대학 미술교육과 교수는 "이 학생은 상상력이 상당히 풍부하고 그 대상의 특성에 맞게 다양한 선을 쓰네요? 뭉크와 에곤 실레라는 화가처럼요."라며 놀라워했다. 초등학생의 그림에서 표현주의 화가 뭉크와 실레의 화풍이 보인다는 것이다. 각종 잡지에도 소개되었다. 독특한 화풍과 그림으로 미술계에서 높은 평가를 받았다.

그런 우림이를 5년의 세월이 흘러 고등학생이 되었을 때 영재발굴단에서 다시 찾았다. 5년 뒤 '그 많던 영재들은 어디로 갔을까'란 제목으로 추적해서 인터뷰를 한 것이다. 말보다 그림을 먼저 그렸고 보이는 대로가 아닌 자신만의 상상력으로 그림을 그려온 우림이었다. 당시 13세 때 "다른 식물이나 동물을 만져보고 내부도 보면서 그리면 더 그림이 잘 나오는 것 같아요."라고 했었다. 자신만의 독창적인 그림을 그렸던 우림이가 입시 미술학원에 다니기 시작하면서 그림에 흥미를 잃었다. 우림이 어머니는 인터뷰에서 "자기가 좋아하는 그림만 그리면 아무것도 아니잖아요. 미대를 가야하고…." 그러니까 우림이는 자신의 그림이 아닌 대학입시용 그림을 그려야 했던 것이다. 똘망똘망하던 눈빛은 이미 빛을 잃었고, 표정도 어둡고 수심이 가득하였다. 당차던 어린 시절과 달리 의기소침해 보였다.

"지금 어떻게 지내요?"라는 질문에 "그냥 인문계 고등학교 다니고 있죠."라고 어두운 표정으로 답하였다. "지금도 그림을 잘 그려요?" 물었더니 "제가 그림을 잘 그려요?"라고 놀라면서 말하였다. 대학입시 미술을 배우기 시작하며 그림을 포기한 우림이는 현재 인문계 고등학교에 다니고 있었다. 영재발굴단은 우림이를 관찰해 보기로 하였다. 학교에서 쉬는 시간에 친구들의 팔에 그림을 그려주는 모습이 그림에 대한 재능과 열정은 모두 그대로였다. 자신의 팔에 그린 용그림은 살아 움직이듯 꿈틀거렸다. 생동감과 세밀함이 놀라웠다. 정말 잘 그린다고 제작진이 말했더니 "일단 제가 그리고 싶은 거잖아요. 근데 학원에서는 명암이라든가 구도, 묘사, 세세한 그런 거 있잖아요. 그런 게 힘들었던 것 같아요."라고 말하였다.

입시 미술에는 기준과 법칙이 있다. 수채화는 스케치 40분, 초벌 20분, 중벌 60분, 묘사 1시간 30분, 마무리 30분 등 4시간에 그려야 한다. 하나의 그림도 2~3일에 걸쳐 상상력을 펼치던 우림이는 짜여 있는 대학입시 틀에 적응을 하지 못하였다. 그래서 우림이는 '예고' 입시를 포기하였다. 대신 그는 만화의 매력에 푹 빠져 있었다. "만화는 그래도 뭘 그리던지 자유잖아요." 그림을 포기했지만 만화 그리는 걸 취미로 하고 있었던 것이다. 만화에는 기준과 법칙이 없기 때문이다.

우림이 어머니는 그런 우림이를 앉혀놓고 "네가 갈 길은 미술이잖아. 미술밖에 없잖아. 그림을 위해서는 좋은 대학 가는 것밖에 없는 것 같은데?"라고 우림이를 설득하였다. 어두운 표정으로 1년 만에 다시 미술학원을 찾았다. 미술학원장에게 어린 시절 그림을 보여주면서도 자신감이 없는 듯 고개를 떨구고 있었다. 미술학원 선생님은 우림이에게 현실적인 조언을 해주었다. "미대 입시를 위해서는 전혀 도움이 되지 않는 그림입니다." 예전의 상처가 기억난 듯 우림이는 선생님의 다른 질문에 대답 없이 무거운 표정을 지었다. 어렸을 때부터 미술계의 주목을 받았던 우림이가 예고 입시를 준비하며 벽에 부딪힌 것이다.

방송에서는 마지막으로 우림이에게 도움을 주려고 한국예술종합학교 곽남신 교수를 찾아갔다. 그는 평면과 입체를 넘나드는 조형언어의 마술사이다. 곽 교수는 우림이의 어린 시절 그림을 찬찬히 살펴보았다. 자신 없는 듯 고개를 떨구고 있는 우림이에게 웃으면서 "왜 풀이 죽어 있어?"라고 힘을 주면서 그림을 그려 보라고 하였다. 곽 교수는 "시간을 얼마나 주고 그려야 하나?" 물었다.

"저는 그림 그리려면 시간이 조금 오래 걸려요."라고 우림이가 말하였다. 그러자 곽 교수가 "오늘 너 때문에 시간 낸 건데, 뭐." 30분 안에 완성해 보라던 입시미술학원과 달리 무한정으로 그리고 싶은 그림을 그려보라고 하였다.

그러나 우림이는 똑같이 그려야 한다는 입시미술학원의 기억 때문에 그림을 그리다 멈추기를 반복하였다. 그 모습을 보던 곽 교수가 "어떤 게 잘 안 되나?" 하고 물었다. "명암도 자세히 넣고 싶은데 그리다 보니 뭉개지고 잘 안 됩니다."라고 우림이는 말하였다. 곽 교수는 우림이의 그림을 자세히 보더니 "꼭 명암을 넣어서 그려야 하나? 너 전에 그림 보니까 다 손으로 그렸더구먼. 석고상을 보니까 어려워?" "네가 이 석고상 때문에 강박관념이 있는 것 같다. 명암이나 이런 방식으로 그려야 한다는 것 때문에 말이다."라고 하면서 곽 교수는 다가와 석고상을 바닥에 던져 박살내 버렸다.

"자, 네가 제일 잘하는 방식으로 그려봐, 이제."라고 말하고 아무 일 없었다는 듯 밖으로 나갔다. 그때부터 우림이의 눈빛이 달라졌다. 막힘없이 조각들을 그려냈다. "통쾌하기도 했고 느낌이 후련하기도 했어요", "석고상에 대한 얽매인 게 없어진 느낌이잖아요", "조금 더 제 생각에 있는 저만의 그런 생각을 그림에 넣는 게 편해졌어요."

우림이를 옭아매던 것은 입시미술이라는 덩어리였다. 그 덩어리가 깨지고 나니 자유롭고 독창적인 그림이 되었다. 그림을 보고 곽남신 교수는 "이렇게 보면 전체적으로 굉장히 세밀하고 집중도가 있는 것 같아요. 그러니까 일러스트레이션이나 이런 쪽에 재능이 있는 것 같아요. 주위에서 자꾸 순수 미술 쪽으로 몰아가려는데 그런 압박이 아이의 재능을 억압하는 것 같아요."라고 하였다.

대학 입시를 위한 학원교육이 아이의 재능을 억압하고 자신감을 잃게 만든 것이다. 자신감을 잃으면서 자존감에도 큰 상처를 받은 것이다. 부모가 자녀를 위한다는 것이 자녀의 꿈과 재능을 상실시킨 것이다. 이처럼 우리나라의 입시교육은 천재를 둔재로 만든다. 모든 아이들은 자신이 잘하는 것이 하나씩 있다. 그것을 찾아내지 못했을 뿐이다. 찾아낸 재능도 죽이는 교육시스템과 환경을 빨리 개선해 나가야 한다. 이 방송은 우리에게 많은 충격과 시사점을 주었다. 그리고 우리가 나아갈 방향을 제시해 주었다.

한국에서 최고가 글로벌 시장에서 이류가 되다

국내 명문대 입학을 넘어서 미국 아이비리그의 문을 두드리는 학생의 수가 날로 늘어나고 있다. 미 국토안전부의 유학생 및 교환학생정보 시스템에 의하면 2009년 한국인 유학생은 약 11만 명으로 국가별 유학생 수 1위를 차지하고 있다. 이들은 대부분 국내 명문고를 졸업하고 미국 명문대에 입학한 수재들이다. 초등학생 시절부터 줄곧 1등을 하고, 엄마 말을 잘 따르는 우등생이다. 학원을 한 번이라도 빠지거나 옆으로 새지 않을 정도로 착실하다. 미국 명문대에 입학했으니 부모들은 자녀교육에 대한 성공담으로 자부심과 기쁨이 넘쳤을 것이다. 한국의 최고가 미국에서도 최고로 인정받으니 더할 나위 없이 신났을 것이다. 그러나 미국 명문대에 입학한 한국학생 10명 중 4명 이상이 중퇴하고 귀국을 한다. 한국에서의 최고가 글로벌 시장에서 낙오하고 이류로 전락하는 것이다.

Samuel Kim의 콜롬비아 대학 박사학위 논문에 의하면, 아이비리그에 다니던 한국 유학생의 44%가 중도에 탈락했다고 한다. 중국계 학생들은 25%가 중도에 탈락했고, 인도계는 21.5%가 중도에 탈락하였다. 한국, 중국, 인도는 'SAT문제 불법 유출국'이라는 불명예의 3축이다.

한국에서의 최고 수재들이 왜 그렇게 많이 중도에 탈락할까? 영재에 대한 장기 연구 결과를 보면, 어릴 때 발견된 영재 중에는 성인이 된 후 계속해서 영재성을 발휘하지 못하는 경우가 많다. 그 걸림돌은 인지적(cognitive) 요소가 아니라 비인지적(noncognitive) 요소이다. 인지적認知的 요소는 지식, 성적, IQ, 암기력 등이다. 비인지적 요소는 주도성, 성실성, 자제력, 자존감, 용기, 끈기, 인내, 회복탄력성 등과 같이 성품, 인성, 지혜가 더 크게 작용한다.

명문고를 나와 미국의 명문대를 들어간 수재들은 적어도 인지적 요소 측면에서는 세상 어디에 가도 일류일 것이다. 그러나 비인지적 요소들은 전혀 계발되지 않았기 때문에 결국 대학을 중퇴하고 이류가 되어 한국으로 돌아온 것이다. 미국은 비인지적 요인이 미성숙한 학생은 입학 후에 능력을 제대로 발휘하지 못한다. 늘 부모가 그림자처럼 챙겨주던 습관이 밴 소위 모범생들은 스스로 문제를 해결해야 하는 미국대학의 시스템에 부딪히며 적응을 하지 못하는 것이다. 한국 부모들은 자녀를 미국의 명문대학에 보내기 위해 시험문제 유출까지 마다하지 않고 족집게 강사를 쫓아다닌다. 수단과 방법을 가리지 않고 높은 점수를 원하고 있다. 그 결과, 대학에 들어간 자녀는 자신이 혼자 감당할 수 없는 공부로 인해 우울증, 각종 중독, 약물복용, 자살 등 부작용으로 이어지고 있다.

부천대 유아교육과 전성수 교수는 "마마보이, 티처보이(학원이나 과외에 지나치게 의존하는 학생)의 실력은 대학 입학까지만 유효하다. 미 명문대 중도 포기는 이제 한국에서도 흔히 볼 수 있는 문제"라고 하였다.

또한 주입식 암기위주의 교육, 시험위주의 실력으로는 토론하는 미국의 교육에 적응을 하지 못하고 영어실력도 대학강의를 이해하는 데 애로사항이 많다. 영어로 알아듣고 토론하기도 어려운데 사고를 묻는 질문에는 굉장히 힘들다. 부모에 의해 수동적으로 공부해온 모범생들은 스스로 공부를 강조하는 미국대학에서 힘을 발휘할 수 없다. 이와 같은 모범생들은 외부의 조종으로 움직이는, 자생력이 없는 아바타와 같은 존재이다. 최상의 조건을 갖춘 환경에서 필요한 영양분을 모두 공급받은 온실 속의 꽃인 것이다. 공부만 하다 보니 대인관계가 원만하지 못하여 친구를 사귀지 못하고 소극적일 수밖에 없다. 소수의 한국인 학생하고만 어울리며 서로 신세한탄으로 지내는 경우가 많다. 미래의 꿈과 희망찬 주제보다는 부정적인 이야기들이 주류를 이룬다. 술과 향락으로 연결되고 수업을 빼먹기 시작한다. 졸업하면 무엇을 할지, 무슨 일을 하고 싶은지 꿈이 없었기 때문에 노는 데 정신이 없다. 미국에서는 공부하라고 챙겨주거나 잔소리를 안 하니 절제가 안 된다. 결국 F학점이 나오고 학사경고를 받는다. 겁이 나고 불안하지만 한번 꺾인 공부에 대한 열의는 쉽게 돌아오지 않는다. 스트레스와 불안감에서 술로 생활하고 우울증으로도 번진다. 한국으로 돌아와도 쉽게 적응을 하지 못하고 방황하게 된다.

전성은 교수는 "부모에 의해 떠밀려 공부한 학생은 내적 동기가 약하기 때문에 공부할 의미를 찾지 못한다. 늘 누군가가 떠먹여주던 교육에서 갑자기 자기주도학습을 하라며 자유를 주면 방법을 찾지 못한다. 결국 겉돌다가 떠밀려 나오게 되는 것"이라고 말한다. 미국 명문대에서는 특별활동과 봉사활동을 중요하게 생각한다. 이런 활동을 통해 독립심, 협동심, 토론 능력이 길러지기 때문이다.

2011년 기준 한국인의 세계 해외 유학생 수는 총 28만 9,000명이다. 이 중 57%는 학위를 위해, 37%는 어학연수를 위해 유학한다. 삼성경제연구소 SERI 자료에 의하면 한국 학생 7명 중 1명이 유학을 경험하였다. KB금융지주 경영연구소가 2012년 발표한 KB daily 지식 비타민 '한국의 유학시장 동향' 보고서에 따르면 한국의 해외 유학 연수비용은 2000~2012년 중 367% 증가해 동 기간 도시 가계지출 증가율을 큰 폭으로 상회하였다.

한편 서울시 교육청이 발표한 '2014 서울교육통계 분석자료집'을 보면, 2003년과 2013년 유학생 수에서 초등학생은 13.8% 증가하였지만 중학생 -21.4%, 고등학생 -20.5%가 감소하였다. 유학 실패사례 등 각종 부작용의 결과이다. 또한 많은 유학생들이 유학지에서의 문화차이, 언어문제, 보호자 부재, 외로움 등으로 힘들어한다. 그런데 이러한 것들을 이겨내는 용기, 끈기, 주도성, 성실성, 회복탄력성 등이 계발되지 못해 환경에 굴복하는 것이다. 이렇게 인재들이 생산적인 시민으로 성장하지 못하는 것은 국가차원에서도 큰 손해이다.

미국의 학교는 열린 시스템이다. 한국은 일단 입학만 하면 그것으로 판별되지만, 미국은 고등학교·대학교·대학원 모두 졸업년도가 중요하다. 전학을 오든 전과를 하든 졸업한 것을 가지고 대접하는 시스템이다. 글로벌 인재는 단순 암기만 해서는 안 된다.

지식정보시대에는 지식이나 성적 같은 인지적 능력이 중요하였다. 4차 산업시대, 지혜창조의 시대에는 비인지적 능력이 더 크게 작용한다.

　싱가포르 난양공대는 해리슨진단으로 학생들이 비인지능력을 찾아내고 진로를 결정하게 도와준다.

깨어 있는 부모들은 자녀를 대안학교에 보낸다

한국 학생들은 교육을 받으며 불행을 느낀다고 한다. 배움이 즐겁고 자신을 성장시켜 주어 행복감을 느껴야 함에도 왜 그렇게 느끼는 걸까. 우리나라 교육에 대한 걱정은 어제오늘의 일이 아니다.

우리나라 교육의 문제는 첫째, 일등부터 꼴등까지 줄 세우는 성적 위주의 교육에서 학생들의 불행이 시작된다. 우리나라 교육은 실용주의 노선으로 경쟁중심의 교육이다. 학습의 효율성은 높였지만 학생들의 불행을 초래하고 있다. 청소년 자살률이 세계에서 1위이다. 입시를 위한 주입식 암기위주의 교육은 사회 곳곳에서 문제점을 드러내고 있다. 세계 명문대에서는 한국의 학생들을 꺼린다는 이야기도 있다. 들어올 때는 최고의 인재지만 적응을 못하고 이류가 되어 귀국하는 학생들도 많다. 세미나에서 만난 서울 모 중학교 교감선생님은 "요즘 학생들은 분노조절장치가 없는 것 같아요. 대화도 욕으로 시작해서 욕으로 끝납니다."라고 하였다. 심지어 선생님한테도 욕을 하고 성희롱을 해서 정신과 치료를 받는 분도 있다고 한다. 그러면서 중·고등학교에 반드시 남자 선생님이 어느 정도는 있어야 한다고도 주장한다. 대부분 여자 선생님이어서 학생들에게 남자 멘토가 없고 지도가 어렵다고 한다. 학교가 성적만 좋으면 된다는 이기적인 인간을 양성해서는 안 된다.

둘째, 가족들이 바빠지면서 함께 식사하는 시간이 별로 없다. 가족의 유대감이 떨어지는 것이다. 부모와 자녀 간의 대화가 없어져 서로에 대한 이해가 부족하다. 자녀가 무엇을 좋아하는지, 무엇을 잘하는지 알지 못한다. 자녀의 모든 것을 돈 주고 대행한다. 학교 수업이 끝나자마자 학원과 과외로 내몰리고, 집으로 귀가 후엔 학습지가 기다리고 있다. 학생들의 수면시간이 절대적으로 부족하다. 책을 읽어 다양한 사고력과 지식을 넓힐 시간이 없다. 오로지 휴대폰만 검색하다보니 생각의 힘이 길러질 리 없다. 꿈까지 부모가 대신 꿔 준다. 자신이 무엇을 하고 싶은지 방향 설정도 없이 생활하는 것이다. 초등학생의 꿈을 물어보면 거의 대부분 부모들이 원하는 꿈을 말한다.

셋째, 정치가 교육을 지배한다. 정권이 바뀔 때마다 교육정책이 바뀐다. 교육은 100년 앞을 보고 설계해야 하는데 우리나라는 5년이 멀다하고 달라지는 것이다. 역사책도 정권에 따라 달라진다. 정치적 이념으로 아이들을 편 가르기 시작한다. 대학수능을 앞두고는 학교 정문 앞에 "여러분의 노력이 이루어지길 ○○○당에서는 응원합니다"란 현수막이 걸린다. 응원인지 당 홍보인지 진정성이 의심스럽다.

세계 최고의 교육을 자랑하는 핀란드는 우리에게 많은 시사점을 준다. 핀란드는 인구 550만 명의 작은 나라이다. 2000년 이후 국제학업성취도평가(PISA)에서 항상 상위권을 차지하고 있다. 핀란드는 경쟁보다 배움의 의미를 이해하는 방식의 교육을 실시한다. 핀란드 학생은 어렸을 때부터 등수를 받아본 적이 없다. 경쟁보다는 협력을 강조한다. 남들과 협력해서 자신의 가치를 끌어올리는 방식으로 공부한다. 핀란드 교육청의 보도자료에 의하면 "핵심 커리큘럼은 긍정적인 감정의 경험과 협력 체계, 상호작용, 그리고 창의성이 배움을 향상한다는 믿음에 근거한다."며 학생들의 협업에 중점을 두었다고 설명한다. 자신이 모르는 것은 서슴없이 질문하고 다른 학생들과 의견공유를 통하여 배워간다. 인성교육이 지적교육보다 더 중요하다는 교육철학이 깔려 있다. 등교를 거부하는 학생들도 없다. 이른바 우리나라 학교의 문제점인 왕따를 당하는 아이를 찾아보기 어렵다. 특정한 이유로 결석이 되면 교장선생님이 카운슬러와 함께 집으로 찾아가 상담을 한다. 또한 핀란드는 교사의 전문성을 중요하게 여긴다. 교사가 되려면 대학원 석사학위를 취득해야 한다. 수준 높은 교사를 양성하기 위해 교사교육의 연한을 늘리고 자격기준도 높였다. 또한 교사의 자율성이 보장된다. 교과서 선택권, 교육과정 설계 및 운영, 교수방법을 결정하는 권한은 지방자치단체의 지원을 받아 학교와 교사가 갖는다. 무엇보다 가장 큰 특징은 교육정책이 결정되면 정권이 바뀌어도 변함이 없다는 것이다.

몇 년 전 TV 프로그램 '엄마가 뭐길래'에서 연애인 조혜련 씨의 자녀 이야기가 나왔다. 조 씨의 딸은 공부도 최상위권이었으며 명문고에 다니고 있었다. 조 씨가 학교의 긴급호출을 받고 달려가 보니 딸이 학교를 그만두기로 했다는 것이었다. 본인이 하고 싶은 공부를 위해서 자퇴하기로 한 것이었다. "영화감독이 되고 싶어요. 무엇을 할까 고민을 많이 했어요. 그러다 보니 인문학을 많이 접해야겠다는 생각을 했고, 경험도 많이 쌓아야겠다고 생각했어요. 학교에서 얻는 것도 많겠지만 제가 하고 싶은 쪽으로 밀고 나가고 싶어요."라고 말하였다. 모든 것을 잘하는 아이들이 많으니까 경쟁에서 힘든 면도 많았다고 하였다. 힘든 결정이었지만 조혜련 씨는 "남의 시선이나 나의 잣대로 너의 선택을 평가하지 않을 거야."라고 딸을 응원하였다.

얼마 전 안성에 있는 '베일러 스쿨'에서 조혜련 씨의 두 자녀를 보았다. 외국인 기숙학교인데 두 아이 모두 학교를 자퇴하고 이곳에서 공부하고 있었다. 조 씨가 와서 자녀들과 함께 식사를 하고 있었는데 평온해 보였다. '엄마반성문'으로 유명한 명신초등학교 이유남 교장선생님의 자녀도 다 자퇴를 하였다. 얼마 전 만난 서울 모 교감선생님은 자녀가 가출을 해서 걱정이 태산이었다. 순천에 있는 모 선생님은 자녀와의 갈등으로 방법을 찾느라 동분서주하고 있었다.

최근 깨어 있는 부모들은 학교교육에 자녀를 맡기지 않고 대안학교를 찾는 경우가 많다. 대안학교는 학업을 중단하거나 개인적 특성에 맞는 교육을 받으려는 학생을 대상으로 한다. 현장실습 등 체험 위주의 교육, 인성 위주의 교육, 또는 개인의 소질과 적성개발 위주의 교육 등 다양한 교육을 하는 학교로서 '각종학교'라 한다. 대안학교는 초등학교, 중학교, 고등학교의 과정을 통합하여 운영할 수 있다. 전국적으로 대안학교는 초등학교 2곳, 중학교 24곳, 고등학교 36곳, 통합학교 15곳이다.

공교육의 대안학교로 불리는 '거창고'의 전성은 교장선생님은

『왜 학교는 불행한가』에서 자신의 경험을 바탕으로 학교교육의 본질과 역할을 들려준다. 학교교육의 목적은 명문대학 진학이나 대기업 취업에 있는 것이 아니고 평화를 지키는 것이라고 하였다. 이것을 지키기 위해 인격교육을 강조한다. 현재 우리 교육 현실에 드러난 문제는 학부모, 교사, 정부의 교육정책 모두의 책임이라고 말한다. 학부모의 지나친 교육열과 교사들의 낮은 헌신성과 도덕성, 잘못된 교육정책을 냉철히 꼬집었다.

2015년 경기도 대안학교 연합회가 주최가 되어 대안학교박람회가 개최되었다. 학부모 대표로 나온 정경모 씨는 "내 아이가 자신의 단점을 스스로 극복할 수 있도록 끝까지 동기를 부여해주는 교사들의 모습을 보며 대안학교 입학이 부모로서 자식에게 줄 수 있는 큰 선물이었음을 느꼈다."고 하였다. 초등학교 입학을 앞둔 쌍둥이 딸과 박람회를 찾은 오미연 씨는 "고민들이 없지 않았지만 이번 박람회에서 두 딸을 기독교대안학교에 보내기로 결심했다."고 하였다.

대안교육 국제포럼도 매년 활발히 실시된다. 독일, 호주, 미국, 영국, 덴마크 대안교육의 발전동향과 정책현황을 공유한다. 밀알두레학교, 간디 자유학교, 덴마크 자유학교, 독일 발도르프 학교 등 국내외 대안학교의 장·단점을 통해서 대안교육의 대안을 찾고자 노력한다. 대안학교가 우리나라 교육의 유일한 해답은 아니기 때문이다.

우리나라 공교육이 뿌리째 흔들리고 있다. 교사들도 한목소리로 문제점을 이야기하지만 시스템에 맞물려 그냥 흘러갈 뿐이다. 예술 재능을 가진 아이에게 수학만점을 강요하는 것은 치타에게 수영 연습을 시키는 것과 같다. 또한 독서를 좋아하는 아이에게 운동선수가 되도록 훈련시키는 것은 물개에게 날기 연습을 시키는 것과 같다. 자기가 좋아하고 잘하는 것을 하면서 살지 않으면 행복지수도 낮아지고 불행하게 된다. 사교육을 통한 경쟁 부추기기는 인생 마라톤 경주에서 아이가 처음부터 선두에 서라고 부추기는 것과 같은 행위이다.

우리나라 대통령은 모두 퇴임 후 감옥에서 보낸다. 눈에 보이는 성공이 중요한 것이 아니다. 행복한 삶을 살아야 한다. 각자의 재능과 역량으로 기여할 수 있는 삶이어야 한다. 한국리더십센터의 김경섭 박사는 『성공하는 사람들의 7가지 습관』 같은 세계적으로 유명한 교육을 도입하여 한국 사회에 많은 도움을 주었다. 최근에는 한국 교육을 위하여 세계 교육계에 큰 이슈가 되고 있는 '리더 인미' 학교를 세우려고 동분서주하고 있다. 하지만 교육 관료들과 일선 학교에서 관습과 이기적인 생각으로 반대하는 사람들이 있어 아쉬움이 많다고 한다.

깨어 있는 부모들은 대안학교를 목마르게 찾고 있다. 우리나라 교육이 새로운 기로에 서 있다.

성공보다는 인생 그 자체가 중요하다

시간관리 전문가로 알려진 하버드대 노교수에 관한 에피소드이다.

강의가 시작되자 노교수는 책상 위에 커다란 병 하나를 올려놓았다. 그리고 다시 책상 밑으로 손을 뻗어 주먹만한 큰 돌이 가득 들어 있는 상자를 올려놓았다. 이윽고 그는 학생들을 바라보며 물었다.

"여러분, 이 병에 돌이 몇 개나 들어갈 것 같나요?"

학생들은 저마다 자기가 생각한 숫자를 말하였다. 교수는 병이 가득 찰 때까지 돌을 병에 집어넣은 후 다시 학생들에게 물었다.

"이제 병이 가득 찼나요?"

교수가 마지막 돌을 힘겹게 끼워 넣는 것을 본 학생들은 당연히 병이 가득 찼다고 대답하였다. 교수는 가벼운 미소를 짓더니 다시 책상 밑에서 자갈이 가득 든 상자를 더 꺼냈다. 그리고 자갈을 병에 부어 큰 돌 사이사이의 빈 공간을 메웠다. 그리고는 다시 물었다.

"이제 어때요? 병이 가득 찼나요?"

이번엔 학생들이 대답을 하지 못하고 노교수를 쳐다봤다. 노교수는 다시 책상 밑에서 모래상자를 꺼냈다. 큰 돌과 자갈 사이에 모래를 붓자 빈 공간으로 모래가 들어갔다.

노교수는 학생들에게 병이 가득 찼느냐고 물었다. 학생들은 모두 그렇다고 대답하였다.

노교수가 컵에 담긴 물을 병 속으로 쏟아붓자 병이 완전히 채워졌다. 조용히 쳐다보는 학생들을 향해 노교수는 다음과 같이 말하였다.

"내가 여러분에게 보여주고 싶었던 것은, 큰 돌을 가장 먼저 넣지 않았다면 나머지 자갈과 모래는 영원히 넣지 못했을 것이라는 사실이다. 자갈을 먼저 채운 후에는 큰 돌이 들어갈 자리가 없다. 여기서 말하는 큰 돌은 인생에 있어 '가장 중요한 일'들을 말하는 것이다."

『성공한 사람들의 7가지 습관』에서 스티븐 코비 박사는 "목수의 원칙은 '두 번 재고, 한 번에 자른다'이다. 모든 것을 생각해본 후 내가 정말 원하는 것을 토대로 청사진을 작성, 즉 첫 번째 창조를 하고 그 다음에 건물을 짓는다. 매일 공사장에 가서 청사진을 꺼내 들고 그날의 지시를 내린다. 끝을 생각하고 시작한다." 행동하기 전에 결과를 그려보라고 말하였다.

다른 사람이나 상황이 아닌 내가 나의 미래를 만들어 갈 수 있어야 한다. 나의 삶에서 가장 중요한 것이 무엇인지 핵심 가치를 분명히 해야 한다. 이것은 방향과 목적을 제시한다. 삶에서 가장 중요한 것이 무엇인지 깨닫고 삶의 중심에 둔다. 즉 자신의 삶의 목표가 무엇인지, 미래에 꼭 이루고 싶은 것이 무엇인지 깊이 생각하게 된다. 나아가 '어떤 사람으로 기억되고 싶은가'에 대한 깊은 성찰을 하게 된다.

"무언가가 중요하다면, 그것은 나의 사명, 가치와 우선순위가 높은 목표에 영향을 미친다. 무엇이 중요한지 명확하게 알지 못하면, 긴급한 일에 대응하느라 쉽게 시간을 빼앗기게 된다."고 코비 박사는 말한다. 보통 많은 사람들이 살면서 긴급하지만 중요하지 않은 일에 에너지를 빼앗긴다. 삶도 대부분 그렇게 살고 있다. 최근 젊은이들이 가장 원하는 직장은 '월급을 많이 주는 회사'가 아니라 '자신을 성장시켜 주는 곳'이라고 한다.

조선일보 박채윤 기자의 기사 '인생에서 가장 소중한 가치는 무엇일까요?'를 보면, 한 농구 감독이 밝힌 생각에 정답이 있는 것 같다.

리투아니아 남자 프로농구 플레이오프 2차전에서 'BC 잘기리스' 팀의 주전 선수 아구스트 리마가 아내의 출산으로 결장하였다. 그 결과 팀은 졌고 아구스트가 패인으로 지목받았다. 이때 젊은 기자는 사루나스 야시케비시우스 감독에게 이렇게 질문하였다.

"선수가 아내의 출산 때문에 결장했는데 감독님은 어떻게 생각하십니까? 중요한 경기 중에 팀을 떠나는 게 정상적인 일인가요?"

감독은 순간 귀를 의심한 듯 물었다.

"어떻게 생각하느냐고요? 제가 다녀오라고 했어요. 당신은 혹시 아이가 있나요?"

야시케비시우스 감독은 계속 말을 이어 나갔다.

"아이를 가진다면 이해할 겁니다. 자신의 아이가 태어난다는 것은 인간이 경험할 수 있는 최고의 순간입니다. 아이의 탄생만큼 경이로운 일은 없습니다. 타이틀? 명성? 그 어느 것과도 비교할 수 없습니다. 아구스트는 지금 천국에 있는 느낌일 거예요. 저는 그 덕에 행복할 뿐입니다."

이후 결승전에 진출한 BC 잘기리스 팀은 리그 우승을 차지한다. 한 아이의 아빠가 되어 복귀한 아구스트 리마는 결승전에서 맹활약하며 팀 우승에 기여하였다.

우리는 행복하기 위해서 공부하면서, 공부 때문에 죽겠다고 말한다. 행복하기 위해서 직장을 잡았는데, 직장생활 때문에 죽겠다고 말한다. 행복하기 위해서 결혼하면서, 결혼생활에 죽겠다고 말한다. 행복하기 위해서 자녀를 출산하는데, 자녀 때문에 죽겠다고 말한다. 자신의 삶에서 큰 돌이 무엇인지 재점검할 필요가 있다.

2015년 뉴욕 중앙일보 기사를 보면, 누구나 부러워할 만한 엘리트 코스를 밟아온 유학생 손○○ 씨가 나온다. 한국과학영재학교를 졸업하고 아이비리그 명문인 컬럼비아대 학부를 졸업한 뒤 브라운대 물리학 박사 과정에 진학하였다. 촉망받는 수재였던 그는 25세의 젊은 나이에 도서관 12층에서 뛰어내려 목숨을 끊었다. 손씨의 자살 이유는 정확히 알려지지 않았다. 그의 죽음을 애도하는 브라운대 학생들은 학교 당국에 정신건강 상담 프로그램 확대를 강력히 촉구하였다. 삶을 포기할 만큼 과중한 스트레스와 부담감이 있었을 것이다. 또 다른 아이비리그 명문인 펜실베이니아대에서도 15개월간 6명의 학생이 자살하였다. 통계에 따르면 전국에서 매년 1,000명 이상의 대학생이 자살하는 것으로 나타났다. 자살예방자원센터(SPRC)는 대학생의 약 7%가 자살 충동에 시달린다고 보고하였다. 과중한 학업과 고민을 해소하지 못해 정신이 피폐해진 것이다.

특히 명문대생에게 쏟아지는 부담은 학업뿐이 아니다. 항상 긍정적이고 모범생이어야 한다는 주변의 기대와 사회적 편견이 학생들에게 엄청난 부담을 준다. 뉴욕 가정상담소 김희옥 디렉터는 "한인 부모의 경우 자녀에게 지나치게 기대하는 경우가 많다. 또 집안의 체면을 중시하는 문화이다. 이런 모습의 부모에게 자녀가 말을 하기가 쉽지 않다."고 하였다.

조선일보 기사를 통해 영등포에 사는 중산층 일가족의 비극을 접하였다. 서울대 경영학과에 입학한 명문대생이 아버지와 다툰 뒤 옥상에서 자살한 것이다. 살고 있는 집이나 아버지의 연봉을 보면 전형적인 우리나라 중산층이었다. 회사에서 일 잘하고 과묵한 스타일의 아버지다. 이웃은 "2년 전부터 중년 남성이 크게 고함을 지르고, 여자가 우는 소리가 들렸는데, 최근에는 싸우는 빈도가 더 잦아졌다."고 말하였다. 사건 조사를 하던 경찰관계자는 "혈기가 있는 나이니까, 그런 가정불화가 감당이 안 될 수도 있어요. 집이 옥상 바로 아래니까 금방 올라가잖아요. 분기에 못 이겨 극단적인 마음이 생겨도, 이것이 식을 시간이 필요한데, 그런 것 없이 곧장 투신 현장이었던 것도 문제였어요. 옥상에는 숨진 아들의 외투가 놓여 있었습니다."라고 하였다. 사고가 난 나흘 뒤 어머니와 여동생이 함께 투신하였다. 친인척들은 "어머니가 개인생활을 포기해가며 공부 잘했던 아들의 학업 뒷바라지를 했다."고 설명하였다. 혼자 남은 아버지는 충격으로 실어증에 걸렸다. 아버지도 투신하려 옥상에 올라가다가 제지를 당하기도 했다.

내가 다니던 직장 동료도 아들을 명문대에 보내려고 부모가 올인하였다. 그런데 아들이 원하는 만큼 성적이 안 나와 명문대 진학이 어렵게 되자 재수를 시켰다. 얼마 후 아들이 중압감에 못 이겨 자살을 하여 힘들어하는 동료의 모습이 안타까웠다. 나도 직장생활을 30년 가까이 하면서 크게 깨달은 것이 있다. 인생에는 중요한 것과 급한 것이 있다. 우리 때 중년들의 삶이 그랬듯이 나는 아이들의 입학식, 졸업식에 한 번도 참석하지 못하고 회사일에 몰입하였다. 회사에서의 성공이 모든 것을 지켜주리라고 생각하였다. 퇴직을 하고 나니, 내가 올인했던 모든 것은 내 것이 아니었다. 허상에 많은 시간을 빼앗긴 것이다. 급한 것은 내 것이 아니고 중요한 것만 내 것이었다. 직장 동료 임원 세 명이 퇴직 후 운명을 달리하였다. 매년 계약하는 임원의 스트레스로 개인의 건강을 돌보지 못한 것이다.

성공보다는 인생 그 자체가 더 중요하다.

"자기 자신을 어떻게 생각하는지가 다른 사람이 당신에 대해 어떻게 생각하는지보다 훨씬 중요하다."(헨리 데이비드 소로우)

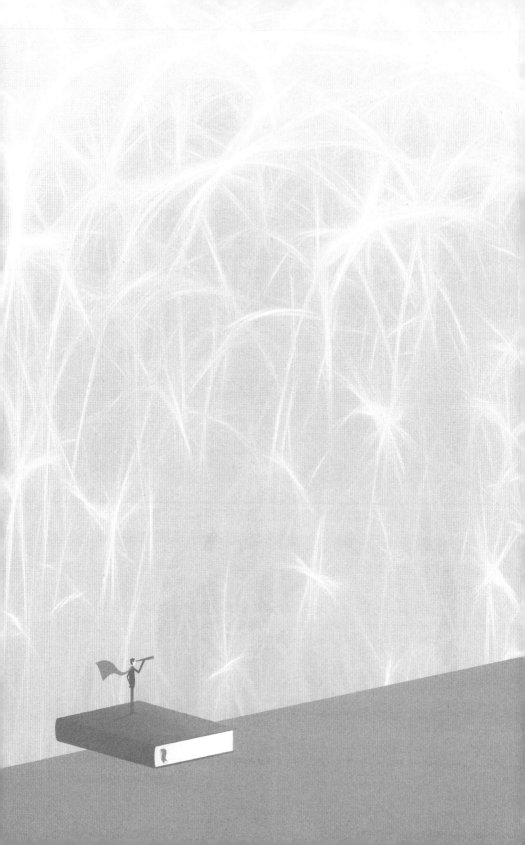

2부

이젠 모험생의 시대

학벌의 한계를 극복하고 한국 최고의 인재가 되다

대학졸업장 하나만 바라보고 달려가는 듯한 대한민국에 점차 학력파괴의 바람이 불고 있다. 중졸, 고졸 출신들의 성공시대가 펼쳐지고 있다. 대학졸업장이 없어도 대표가 되고 시장이 되고 강단에 서는 전문가들이 출현하고 있다. 학벌이 없다고 해서 사업을 하는 데 어려움을 느끼는 것은 아니다. 학벌보다 도전정신이 더 중요하기 때문이다.

강현송 화진화장품 회장의 최종학력은 중졸이다. 학벌이 중시되는 한국 사회에서 성공하기 어려운 학력이다. 강원도 홍천에서 7남매 중 셋째로 태어나 7세 때 어머니를 잃었다. 중학교를 졸업하고 가출을 한 것이 그의 학력이 된 것이다. 오징어장사, 닭장사, 호떡장사, 택시기사 등 37가지 직업을 전전하였다. 그는 고생은 했지만 한 번도 불평은 안 했다고 한다. 1985년 서울 북창동에서 회사를 설립하여 국내에 100여 개의 직영점포를 갖추고 해외로도 진출하였다. 또한 CGMP(Cosmetic Good Manufacturing practice) 최첨단 시설의 생산라인으로 전 제품의 엄격한 품질관리를 원칙으로 삼고 소비자의 니즈(needs)에 부응하는 최상의 화장품을 만들고 있다.

한편 전 사원이 함께 경영하는 꿈과 희망이 있는 기업을 모토로 사원의 자기 개발 및 능력 신장을 위해 인성교육과 연수교육에 적극적인 투자를 하고 있으며, 개개인의 삶의 질 향상과 전 사원이 함께 경영하는 회사를 추구하는 열린 경영을 이념으로 채택하고 있다. 강현송 회장은 평소 "일을 복으로 생각하면 성공과 가까워진다."는 일복운동 정신을 강조하고 있다. 그는 중졸 학벌을 극복할 수 있는 방법으로 열심히 일하는 방법을 택한 것이다. 하지만 그는 스트레스 때문에 가슴앓이를 해본 적이 없을 정도로 일에 몰입하는 행복을 누렸다. 일을 복으로 생각했기 때문에 적극적인 사고와 행동을 했고, 일이 항상 즐거웠던 것이다. 그는 자신이 학벌 없이 성공했기에, 직원을 뽑을 때 고려하는 것은 열정뿐이라고 한다. 학력보다 잠재능력을 더 중시해서 뽑는 것이다. 실제 경리일을 했던 직원이 상무로 근무하고 90세가 다 된 여성이 영업사원으로 근무도 한다. 학벌보다는 일로 자아를 실현하고 능력을 개발하는 것이다. 이것을 통해 성공과 행복을 누린다. '잠자는 내 안의 거인을 깨우라'라는 주제로 강연활동도 많이 하였다.

홍건표 전 부천시장은 고졸학력이었다. 9급 면서기로 공직에 입문하여 시장이 된 케이스이다. 빈농의 가정에서 7남매 중 장남으로 태어나 고등학교 졸업 후 농사일, 공사판, 막노동을 전전하다가면서기가 되었다. 동창들이 대학을 졸업하고 넥타이를 매고 대기업에 출근할 때 그는 막일을 하였다. 그는 오전 7시부터 밤 11시까지, 낮에는 현장에서 밤에는 시장실에서 업무를 보았다. 그래서 그에게는 '세븐일레븐'이라는 수식어가 따라다닌다. 학벌과 동문도 없었지만 오로지 실력 하나로 부천시장에 당선되는 신화를 낳은 것이다. 그는 "아는 것이 부족하다는 생각에 남들보다 한 시간 더 일하고 공부하다 보니 어느새 제 앞엔 아무도 없더군요."라고 하였다. 일본에서 경영의 신으로 추앙받는 마쓰시타 고노스케와 같이 '때문에'가 아니라 '덕분에'라는 긍정적인 생각을 한 것이다. 홍 전 시장은 재임 당시 '경쟁 없는 승진은 없다'라는 원칙으로 '인사 풀제도'를 과감하게 도입하였다. 능력 있는 직원을 과감히 고용한 것이다. 연공서열을 가리지 않는 파격적인 인사를 하였다. 철밥통에 메스를 가한 것이다. 일부의 반발에 부딪혔지만 객관적인 평가에 의해 인사를 했기 때문에 문제 될 것이 없었다. 배움에 대한 열정으로 뒤늦게 가톨릭대 행정학과를 졸업하였다. 대학을 졸업하고 취직을 한 것이 아니라 일을 하다가 더 깊은 배움이 필요해서 대학을 다녔기에 배움에 대한 열정이 더 컸다.

학력위조로 물의를 빚은 일부 지도층 인사들에게 창의적이고 혁신적인 사고로 성실하게 일하는 사람이 성공하는 모범을 보여주는 사례도 많다.

프랜차이즈 업계의 기린아 '맛대로촌닭'의 최원호 대표의 최종 학력은 중졸이다. 그는 시골에서 6남매 중 3남으로 태어나 중학교

2학년 때 아버지가 돌아가시면서 집안이 어려워져 고등학교 진학을 포기하였다. 신문배달, 파출소 급사, 목욕탕 때밀이, 공사장 막노동 등 안 해본 일이 없을 정도이다. 1992년 자본금 3,000만 원으로 당시에는 생소한 치킨 전문점이라는 프랜차이즈 사업을 시작하였다. 요즘 유행하는 부위별 치킨의 원조 격인 셈이다. "자신에 대한 확고한 믿음이 있다면 학력을 위조할 필요도 변명할 필요도 없다. 자신을 믿지 못하기 때문에 남들에게 거짓말을 하는 것이다. 스스로가 학벌이라는 굴레를 만들면서 살고 있다."고 최 대표는 말한다. 학벌보다는 자신감과 열정이 더 중요함을 보여준 것이다.

그는 어디서 일을 하든지 최선을 다하여 1등이 되려고 하였다. 음료회사의 영업사원으로 근무할 때는 3개월 만에 판매왕에 올랐고 가장 먼저 주임, 대리로 승진을 하였다. "남들은 고등학교, 대학교 등에서 대부분의 지식을 얻었겠지만 나는 다양한 사회경험을 통해 인생에 대한 살아 있는 지식을 얻었다. 또 이를 통해 고학력자보다 더 잘할 수 있는 일들도 많았다. 학벌은 빈껍데기에 불과하다."라고도 하였다. 2008년 한국인 최초로 평양에서 닭고기 전문 식당을 열어 큰 화제가 되었다. 북한 락원무역총회사와 합작운영 계약을 맺고 15년간 영업권 보장을 받았다.

"주변 친구들이 정상적으로 학교에 다닐 때 나는 학업을 포기한 채 목욕탕 때밀이, 공사장 막노동 등 궂은일을 해야 하였다. 하지만 그때의 경험들은 나에게 무슨 일이든 할 수 있다는 자신감을 심어줬다." 그에게는 일에 대한 두려움과 불가능이 없을 정도로 자신감이 충만하였다.

김종간 전 김해시장은 고졸 출신이다. 그를 만든 것은 간판이 아닌 열정이었다. "어려운 가정형편 속에서도 홀어머니의 뒷바라지로 고등학교까지 마칠 수 있었던 것에 항상 감사하고 있다. 당시 힘들게 공부했던 경험이 명문대나 박사학위보다 더 귀중한 밑거름이 되었다."고 그는 말한다.

김해농업고등학교를 졸업한 후 가정형편 때문에 대학에 진학하지 못하고 공군에 자원입대를 하였다. "이른 나이에 군복무 생활을 한 덕분에 동년배들보다 세상을 보는 지혜를 더욱 빨리 터득할 수 있었다."고 자부하였다. 군생활 동안 책을 읽으며 쌓은 정보와 지식이 큰 무형자산이 되었다. 무엇보다 수불석권手不釋卷의 자세가 정립된 것이다. 독학으로 한자를 익혀 가야사 관련 논문과 역사책 원서를 섭렵하고 가야문화 연구에 매진하였다.『가야의 얼을 찾아서』,『찾아야 할 왕국』등 집필한 서적도 11권에 달한다.

"대학 졸업장이 없다는 이유로 시장선거에서도 수차례 낙선의 고배를 마셔야 했죠. 그러나 그럴 때 좌절하지 않고 오히려 이를 악물었습니다. '뿌린 대로 거두리라'라는 성경 구절처럼 순리를 거스르지 않고 노력한다면 분명 성공의 열쇠를 거머쥘 수 있다고 믿었기 때문입니다."

결국 민선4기 김해시장에 당선되었다. 시장 취임 직후 통합성과관리시스템을 도입하여 공무원 조직의 활성화를 추진하였다. 국장급에 대한 성과연봉제를 결정하였다. 무능력한 공무원 퇴출에 적극 나선 것이다. 자신의 업무에서 능력과 전문성을 발휘하는 사람이 우대받을 수 있도록 하였다. "공무원 사회에서도 연공서열과 위로부터의 통제에 얽매이지 않고 자율과 책임이 더욱 중요시되는 풍토가 조성된다면 급변하는 행정환경 변화에 능동적으로 대처해 나갈 수 있을 것이며, 시민들에게도 더욱 질 높은 행정 서비스를 제공할 수 있을 것"이라고 말하였다. 많은 국민들이 공무원에 대한 불만을 일시에 씻을 수 있는 경쾌한 행보다. 시민들이 공감할 수 있는 정책을 자신감 있게 추진하는 행동은, 남들보다 현장의 소리를 듣고 노력한 덕분이다. 또한 겸손한 자세로 항상 배움의 습관을 가진 덕분이다.

'서편제'의 임권택 감독의 학력은 중학교 3학년 중퇴이다. 충북 영동공대 김재규 총장은 초등학교 졸업장밖에 없으면서 대학총장 자리에 처음으로 올라선 사람이다. 드라마 '용의 눈물'의 작가 이환경 씨도 초등학교 학력이 전부이다. 명지대 사회교육원 만화창작과 이해경 교수는 무학이다. 세계적으로도 학력파괴의 바람이 거세게 불고 있다. '포켓몬스터'로 전세계 게임기 시장을 제패한 일본의 게임프리사는 직원을 채용할 때 학력과 나이를 평가 기준으로 삼지 않는다. '창의성'과 '독창성', '열정'만 있으면 성공할 수 있다는 다지리 사토시 사장의 신념 때문이다

암기력, IQ가 중요한 것이 아니라 인내력, 열정, 자신감이 더욱 중요한 시대이다. 우리 사회에 뿌리 깊게 박혀 있던 학벌주의와 연고주의를 이제는 뽑아내야만 한다. 명문대를 나와도 50%의 취업이 어려운 시대이다. 우리 사회가 대학졸업장 대신 실력, 평생직장

대신 평생직업의 시대로 접어들고 있는 것이다. 학벌이나 인맥이 아니라 실력과 창의력, 도전정신이 성공의 키워드가 되었다

학벌의 한계를 극복하고 자신의 분야에서 우뚝 솟은 이들에게서 우리가 나아갈 방향을 찾아야 한다.

진로 변경을 통하여 새로운 꿈을 키우다

가수 김민우는 대원외고에서 단짝인 윤종신을 만나 밴드활동을 하면서 음악에 눈을 떴다. 대학생활에서는 가수 김정민과 함께 '보헤미안'이라는 아마추어 헤비메탈 그룹을 형성하여 상당한 인기를 누리기도 하였다. 압구정동 카페에서 김광수 음반기획자의 눈에 띄어 2년간 앨범준비를 하면서 유명 작곡가 윤상, 하광훈 등과 노력한 끝에 1990년 5월 가요계에 데뷔하였다. 앨범 수록곡인 '사랑일 뿐야', '입영열차 안에서'는 데뷔 3개월 만에 큰 인기를 얻었다. '가요톱10'에서 유례없이 데뷔 3개월 신인이 한 앨범으로 골든컵을 두 번이나 차지하는 기록을 세웠다.

성공 3개월 만에 소속사에서 입대를 하여 인기를 극대화하자고 제안하였다. 데뷔 3개월 만에 더 큰 인기를 누리기 위하여 입영을 한 것이다. 결국 욕심이 화를 부르기 시작하였다. 전역 후 활동을 재개했으나 이미 사람들의 기억 속에 더 이상 김민우가 설 자리는 없었다. 2집, 3집 앨범을 냈으나 반응이 차가웠다. 1991년 '서태지와 아이들'이 등장하면서 그는 길이 어긋나기 시작한 것이다. 밤무대를 뛰면서 포기하지 않고 가수의 끈을 잡으려고 노력하였다. "무대가 전부였던 가수가 무대를 잃는 것은 내 존재가 없어진 것 같은 고통입니다."라고 그는 말하였다.

1996년 개인재산과 대출금을 합쳐 성내동에 개인 음악 작업실을 내고 올인하였다. 그러나 한 정신병자의 방화로 그의 전부였던 음악실은 전소되고 말았다. 더군다나 건물이 화재보험에 가입되지 않아 보상도 받을 길이 없었다. 순식간에 집이 압류되고 신용불량자의 나락으로 떨어지게 되었다. 사회적으로도 IMF 외환위기가 일어나고, 그는 버스비도 없어서 자살까지 생각하게 되었다.

"제가 할 수 있는 건 아무것도 없었습니다. 꿈도 없었고 희망도 없었죠. 주위 사람들도 모두 떠나고 수억 원의 빚만 저의 숨통을 조여 오는 것 같았습니다. 답답한 생활이 계속되면서 잠을 잘 때 다음날 눈을 뜨지 않았으면 좋겠다는 생각만 했어요." 바닥이라는 말은 더 내려갈 곳이 없다는 말이다. 절망은 희망의 시작인 것이다. 한겨울은 봄이 가까이 왔음을 알린다.

절망의 늪에 빠져 있을 때 수입차 공식딜러인 로열 오토모빌의 김대성 대표를 만나면서 그는 새로운 희망의 길을 걷게 되었다. 지금까지와는 전혀 다른 진로를 선택한 것이다. 하지만 내성적인 성격에다가 화려한 가수의 길을 걸어온 그에게 쉽지 않은 도전이었다. "당시 저를 아는 모든 사람은 반신반의했죠. '네가 해봤자 얼마나 하겠느냐, 연예인이 자동차영업을 할 수 있겠냐'는 것이죠. 하지만 저는 더 이상 물러날 곳이 없었습니다. 세일즈가 제 인생의 마지막 기회라고 생각했거든요." 절박함과 그의 비장함이 느껴지는 말이다. 김 대표의 도움으로 1년간 혹독한 교육을 받았다. 연예인의 껍질을 벗고 자동차 영업사원으로 거듭나게 된 것이다. 2006년 매달 평균 9~10대의 벤츠를 판매하는 전무후무한 기록도 세우며 판매왕으로 탄생하였다. 진로를 변경하여 새로운 곳에서 꽃을 피우게 된 것이다. 그의 성공요인은 3가지로 나누어 볼 수 있다.

첫째, 멘토를 만난 것이다. 절망의 끝에서 희망의 끈으로 도약할 수 있었던 것은 그를 이끌어주는 멘토가 있었기에 가능했다. 에베레스트산은 높이 8,848미터의 세계에서 가장 높은 산이다. 그러나 우리나라에 있었다면 세계에서 가장 높은 산이 될 수 없다. 히말라야산맥 위에 있었기에 가능한 것이다. 히말라야산맥은 5,000미터 높이에 형성되어 있다. 히말라야산맥에는 8,000미터가 넘는 산이 14좌가 있다. 에베레스트산은 그중 더 높은 것뿐이다. 멘토는 히말라야산맥과도 같은 것이다. 멘토는 밑바닥에 있는 자신의 재능과 역량을 개발하여 도약할 수 있는 힘을 만들어준다. 잠자고 있는 내면의 거인을 깨워주는 것이다. 예를 들면 운동선수나 연예인의 가족이 그 분야에서 성공을 많이 하는데, 농구선수 허재와 그의 아들 허웅, 허훈 형제, 축구선수 차범근과 그의 아들 차두리가 대표적이다. 연예인으로는 최무룡－최민수 부자, 허장강－허준호 부자, 박노식－박준규 부자 등이 있다. 히말라야산맥과 같은 멘토가 이미 그의 옆에 있었기에 자신의 영역에서 우뚝 솟을 수 있는 것이다. 김민우는 절망의 끝에서 김대성 대표라는 멘토를 만나 새롭게 변신에 성공하였다.

둘째, 가수 김민우라는 자신의 껍질을 벗어 버렸다. 가수라는 애벌레의 껍질을 벗고 영업사원이라는 나비로 탈바꿈한 것이다. 오기를 버리고 각오를 새겼다. 오기는 자존심을 바탕으로 형성되나 각오는 자존감을 바탕으로 자신감을 가져온다. 부정의 늪에서 벗어나 긍정이라는 희망의 끈을 잡은 것이다. "제가 워낙 내성적이고 타인과의 관계를 두려워하는 성격이었어요. 게다가 사람들과의 관계는 더욱 두려워했죠. 세일즈는 정말 일생일대의 도전이었습니다." 그가 자신을 버리기가 얼마나 어려운 환경이었는가를 알 수 있다. 순식간에 성공한 자만심에서 끝없이 추락한 그에게 마지막 선택이었다. 절박함이 새로운 기회를 가져다준 희망이 된 것이다.

"실패한 이유가 나 자신에게 있었는데 주위 상황과 사람들을 탓하는 데만 급급했어요. 그런데 그 원인이 '나'라는 사실을 깨닫고는 엉킨 실타래가 풀리는 것 같은 기분이 들더라고요. 과거가 제 삶의 밑거름이 될 거라는 생각이 들자 뭐라 말할 수 없이 가슴이 벅차올랐어요." 실패를 남의 탓으로 돌렸던 과거에서 벗어나 비로소 자신을 찾은 것이다. 성공은 주도적인 사람에게 찾아온다. 모든 선택은 자신이 할 수 있는 것이다. 책임감(responsibility)은 반응(response)에 대한 능력(ability)이다. 자신이 선택한 것은 자신이 책임지는 것이 자신의 삶을 사는 것이다.

실패한 사람들은 항상 '때문에(because)'라는 말을 사용한다. 성공한 사람들은 '덕분에, 그럼에도 불구하고(in spite of)'를 즐겨 쓴다. 의존적인 사람에서 주도적인 사람으로 거듭나는 것이다. 사물을 보는 관점이 달라지므로 정반대의 결과를 가져온다.

셋째, 진심으로 고객을 상대하였다. 그의 판매 노하우 중 하나는 '1, 2, 3' 인사법이다. 허리를 숙이며 인사를 할 때 하나, 둘, 셋을 헤아리며 인사를 하는 것이다. 계약여부에 상관없이 그를 찾아온 고객이 떠날 때, 보이지 않을 때까지 그렇게 인사를 하는 것이다. 고객에 대한 진심으로 감사의 인사를 한다. 그의 이런 모습을 백미러를 통하여 보고 다시 돌아와서 계약을 한 고객도 있다.

"저는 차를 팔면서 인간 김민우도 같이 드리겠습니다."라고 말한다고 한다. 회식하는 자리에 있더라도 고객이 부르면 즉시 달려가는 것에서 그의 진심이 고객들에게 전달되는 것이다. 그의 이런 태도가 신뢰를 형성하고 새로운 고객을 소개해 주었다. 한 번 맺은 인연을 소중히 생각한 것이다. 세일즈의 스킬보다 진심으로 자신의 열정을 판 것이다. 어느 분야에서든 진심을 가지고 상대방을 돕는 정신은 성공으로 연결되는 문을 여는 것이다.

그는 자신이 살아온 이야기를 『나는 희망을 세일즈한다』란 제목의 책으로 출간하는 등 책과 강의를 통해 사람들과 소통하려고 노력한다. 또한 대경대학 자동차딜러과 교수로도 학생들에게 강의를 한다. 톱스타에서 신용불량자로 떨어졌다가, 억대 연봉의 세일즈맨으로 부활한 김민우는 자신의 삶을 재도약하였다.

진로 때문에 많은 젊은이들이 고민하고 방황한다. 명문대학이 목표인 사람은 명문고에 입학하기 위해 모든 것을 동원한다. 일반적인 학생들은 고등학교 1학년 때 일반고에서 특성화고로, 특성화고에서 일반고로 갈아탈 기회가 있다. 고교 진학 후 진로적성이 맞지 않는 학생들을 위한 제도이다. 진로 변경을 통하여 자신의 소질과 적성을 개발하는 진로변경제도이다. 연합뉴스 박재천 기자의 기사를 보면, 대학보다 조기취업을 선택하는 학생이 더 많다고 한다. 일반고에서 특성화고로의 진로 변경이 우세라고 한다. 대학졸업장을 중히 여기는 사람들은 특성화고에서 일반고로 진로를 변경하는 학생들이 훨씬 많을 것으로 생각하기 쉽다. 힘들게 공부해서 원하는 대학에 들어가도 취업이라는 큰 벽을 만나게 된다. 취업문제가 밑바탕에 깔려 있다. 특성화고 근무 경력의 한 장학사는 "정부의 특성화고 배려 정책과 함께 양질의 취업처가 많이 확보되면서 과거보다 특성화고에 대한 일반의 관심이 높아진 것이 사실"이라고 하였다. 대학입시에 초점이 맞추어진 일반고의 교육과정에 적응하지 못하는 학생들도 있다. 결국 어떤 일을 하든지 삶에 임하는 자세와 태도가 운명을 바꾼다. 진로를 변경하게 되더라도 너무 두려워하거나 좌절하지 마라.

성공한 사람들은 어렸을 때부터 가슴 뛰는 일을 찾아 거기에 매진하여 꿈을 이루었다. 그러나 모든 사람이 그런 길을 가는 것은 아니다. 때로는 진로설정이 잘못될 수도 있다. 진로 변경을 하여 새로운 길에 들어선다. 새로운 꿈을 향해 가는 길에 늪이나 낭떠러지도 있다. 포기하지 않는 인내력과 회복탄력의 힘이 필요하다. 좌절하지 않고 극복하는 힘이 필요하다. 온실 속의 모범생들에게는 없는 능력이다. 진로 변경에서 좌절하지 않고 불굴의 의지로 승리한 김민우에게서 길을 본다.

"진로 변경을 두려워하지 마라. 당신은 아직 젊고 새로 접어드는 길에서 어떤 재미있는 일들이 펼쳐질지는 아무도 모른다."
(『따뜻한 독설』에서)

고졸 출신 사장, 학력이 CEO의 능력은 아니다

대학보다 취업이 우선인 세상이 열렸다. 청년들이 자신의 진로를 두고 방황과 갈등을 하고 있다. 정답은 없지만 해답은 있다. 자신의 적성이 무엇인지, 하고 싶은 일이 무엇인지 찾고 선택하는 것이 중요하다. 4차 산업혁명시대가 도래한 지금 스펙과 학벌은 더 이상 나만의 무기가 아니다. 자신의 적성과 능력에 맞는 일을 찾아야 한다. 그 업의 전문성을 높이기 위하여 공부하고 몰입해야 한다.

자신의 적성과는 상관없이 명문대 진학만을 고집해선 안 된다. 더 이상 1등을 위한 암기위주의 모범생을 사회는 원하지 않는다. 우리나라 경제정책을 총괄하는 김동연 기획재정부 장관은 차관시절 고등학생을 대상으로 한 강연에서 "우리 사회가 고졸자에게 취업의 문호를 더욱 개방해야 한다. 직장이나 사회의 인식도 바뀌어 사람이 학력學力에 의해 평가받는 시대가 되기를 바란다."고 하였다. 김동연 장관은 고위관료 중에서도 고졸신화를 만든 사람이다. 학력學歷이 아닌 학력學力으로 평가받는 시대가 되어야 한다.

최근 차량화재 사건으로 곤욕을 치르고 있지만, BMW코리아(주)를 이끌고 있는 김효준 대표이사의 학력은 고졸이다. 중학교 2학년 때 부친이 교통사고를 당하자 인문계 고등학교 진학을 포기하고 덕수상고로 진학하였다. 3학년 때 삼보증권(현 대우증권)에 취직을 하여 재무와 경리를 담당하였다. 이후 외국계 기업인 하트포드 화재보험을 거쳐 미국신텍스 제약회사 한국법인의 대표이사 부사장을 지냈으며, 한국신텍스가 매각되자 BMW코리아 재무담당 이사로 자리를 옮겼다. 그는 "학력은 사람을 평가하는 것 중 하나일 뿐"이라고 말하였다. 그곳에서 부사장을 거쳐 2000년 BMW코리아 대표이사에 취임하였다. BMW글로벌 현지법인 최초의 현지인이다. 높은 성과를 인정받아 아시아인 최초로 독일 BMW그룹 본사 임원에도 올랐다. 2013년에는 BMW그룹 본사 수석부사장이 되었다. 2018년 1월 현재 BMW코리아 회장으로 근무하고 있다.

김효준 회장의 능력은 첫째, 위기를 기회로 활용하였다.

IMF외환위기 시절 모든 회사가 한국시장을 축소할 때 시장을 꿰뚫는 역발상을 하였다. 당시는 많은 기업들이 문을 닫고 폐업하던 위기의 시기였다. "BMW가 한국시장에서 철수할 계획이 아니라면 오히려 지금 투자를 늘려야 할 때"라고 보고하였다. BMW는 깊은 고민에 빠졌으나 그의 의견을 존중하여 2,000만 달러의 자금을 지원하였다. 1998년 연간 320대 남짓하던 판매량이 2001년 2,717대로 가파르게 상승하였다. 2012년에는 3만 3,000대까지 늘었다. 김효준의 통찰력으로 이뤄진 공격적인 투자가 한국 수입차시장의 맹주로 BMW를 올려놓았다.

둘째, 글로벌 리더로서의 덕목이 입사 때부터 사장 재목으로 평가를 받았다. 진정한 리더의 덕목은 사람, 생각, 실천이라고 하였다. 그의 좌우명은 등고자비登高自卑이다. 높은 곳에 오르려거든 낮은 곳부터 시작해야 한다는 뜻이다.

경쟁력 있는 리더가 되기 위해서는 남이 안 보는 것에 대해 관심을 가지고 새로운 것을 만들어 내는 호기심을 가지라고 강조한다. "전략적 제휴를 통해 BMW와 벤츠가 부품을 공동 구매하고 삼성 갤럭시 핸드폰이 BMW i3에 적용되는 것도 같은 맥락"이라고 한다.

김효준 회장은 수입차 업계의 신화로 불린다. 그의 성공철학은 '기회는 준비하는 자에게만 온다'는 것이다. 학력이 능력있는 CEO의 척도는 아니라는 것을 우리에게 보여주는 대표적인 케이스이다.

이경재 오리온 사장은 서울 배명고를 졸업한 뒤 오리온에 입사해 영업사원으로 줄곧 근무했다. 오리온 초코파이를 베트남 '국민과자'로 키운 인물이다. 베트남 사람들이 오리온 초코파이를 제사상에 올릴 정도로 대중화시켰다.

OB맥주 장인수 전 부회장의 최종학력도 고졸이다. 대경상고를 졸업하고 진로에 입사하였다. 33년간 주류업계에 몸담은 산증인이다.

LG전자의 조성진 부회장은 54년 회사 역사상 고졸 출신이 사장으로 처음 탄생한 케이스이다. 그가 입사할 때 국내 세탁기 보급률은 1%에도 미치지 못하였다. 기술도 거의 일본에 의존하였다. 하지만 2017년 미국에서 시장점유율 13%를 차지하였다. 드럼세탁기는 2015년 3분기 27.7%로 1위를 차지한다. 고객만족도 미국 생활가전부문에서 1위에 올랐다. 특히 드럼세탁기는 2위보다 10점이나 높을 정도로 만족도에서 높은 점수를 받았다. 조 부회장은

"세탁기를 만드는 데 중요한 것은 학력이 아니라 최고의 기술을 개발하는 데 필요한 생각과 열정"이라고 말하였다.

에스엠테크놀리지 심일섭 대표는 경북 구미공업고등학교를 졸업하였다. 대학을 포기하고 기술을 선택하여 전자기기 부문 명장에 올랐다. 구미공과대학에서는 심 대표에게 명예박사학위를 수여하였다. 심 대표는 2008년부터 전국 초·중·고등학생에게 진로교육을 하는 멘토로 활동하고 있다. 그는 학생들에게 자신의 인생과 기술인의 자세, 그리고 자신을 버티게 하는 희망을 전하고 있다.

고졸출신 CEO들이 사회 곳곳에서 대두되고 있다. 인생역전의 성공신화는 모두 한 우물을 파는 데 집중했다는 공통점이 있다. 또한 학벌 대신에 실력과 아이디어로 승부하였다. 가방끈은 짧아도 성공의 끈은 길다. 성공한 이들에게 대학에서는 명예박사학위를 수여하였다. 더 이상 학력이 CEO의 능력은 아니다. 학력學歷이 아니라 학력學力이 중요한 시점이다.

자존심이 아니라 자존감이 나를 만들었다

한국은 승자독식의 사회가 되었다. 경쟁에서 이기지 못하면 도태된다는 위기감 속에 사회는 각박해지고 개인은 기가 죽어 있다. 한국 사회에서 성공하려면 외모나 능력, 재산 등 갖추어야 할 것이 한두 가지가 아니다. 자기 자신을 있는 그대로 인정하고 당당하게 살아가기가 쉽지 않다. 자존감은 자신을 어떻게 바라보느냐가 중요하다. 자존감은 말 그대로 스스로를 존중하는 마음의 힘이다. 자신은 소중하고 가치 있고 가능성과 능력이 있다고 믿는 태도를 말한다. 타인의 태도와 무관하게 나 자신을 존중하고 사랑하는 마음이다.

어느 비행기 볼트 조립공인 아버지가 있었다. 그의 아들이 학교에서 돌아와 아버지에게 물었다.

"아버지, 선생님이 아버지 직업을 적어 오라고 하는데 뭐라고 적어야 할까요?"

아버지는 자신의 직업을 말하기가 부끄러워 아들에게 "뭐 하려고 그딴 걸… 공부나 열심히 해라!" 하고 신경질적으로 대답하였다.

사실 아버지의 꿈은 비행기 기장이 되는 것이었다. 기장이 되어 승무원들과 함께 비행을 하는 것이었다. 그래서 자신이 기장이 되지 못하고 비행기를 조립하는 일을 하는 것에 만족하지 못하였다.

다음날 우연히 TV를 보았는데, 어느 항공사의 비행기가 공중 폭발을 하여 300명 승객이 전원 사망했다는 소식을 접했다. 그런데 사고 원인이 엔진쪽 볼트가 빠져나와 연료가 흘러 폭발한 것이었다. 아버지는 너무나 큰 충격을 받았다. 그리고 자신이 하는 일이 얼마나 중요하고 소중한 일인지 깨달았다. 아버지는 집에 돌아와서 아들에게 자신의 직업에 대해 말하였다. "애야, 아버지 직업은 많은 승객들이 안전하게 비행하게 하는 중요한 일을 한단다. 승객들의 목숨을 책임지는 비행기 정비를 하는 사람이란다!"

자신감이 과해도 문제지만 자신감이 없어도 문제다. 자신감이 없으면 소극적이고 의존적인 사람이 된다. 자신감이 과하면 자만심이 생긴다. 높여야 할 것은 자만심이 아니라 자존감이다. 자존감은 내가 나를 스스로 어떻게 평가하고 생각하는지의 감정이다.

윤홍균 박사의 책『자존감 수업』을 보면 자신감, 자만심, 자존심의 개념을 정리해 준다. 자신감은 나의 능력과 과업의 난이도를 상대적으로 비교한 개념이다. 자만심은 나의 능력을 지나치게 높게 평가하거나 과업들의 난이도를 지나치게 낮게 잡을 때 생기는 마음이다. 자존심은 자존감과 연관된 감정인데, '나를 어떻게 평가하는가'에 관한 답이고 생각이다.

문화방송에서 활동한 김 모 아나운서가 있었다. 주로 스포츠 중계를 맡았다. 리더십센터에서 만난 그는 목소리가 힘이 있고 발음도 정확하였다. 하지만 그에게도 어린 시절의 약점이 있었다. 그는 전북 순창에서 초등학교를 다녔는데, 말을 더듬었다고 한다. 그가 제일 싫어했던 수업시간은 국어시간으로 책 읽는 것이 죽기보다 싫었다고 한다. 읽으려는 첫마디부터 말을 더듬어 혹시 시킬까 봐 눈길을 피했었다고 한다. 그런데 초등학교 3학년 때 일이었다. 담임 선생님이 어느 날 그에게 "책 읽어 볼래?"라고 말하였다. 더듬더듬 읽는 그에게 선생님은 "너 처음 읽는데 어쩜 이렇게 잘 읽냐?"라고 칭찬을 하였다. 다음번 질문에도 대답을 하니 "너는 어쩜 그렇게 말을 조리 있게 하니?"라고 칭찬하였다. 그 말에 그는 자신감이 생기고 그의 인생이 달라졌다고 한다. 칭찬과 인정을 받고 난 후 인생을 다르게 만든 것이다. 말더듬이가 한국 대표방송 아나운서가 되었다. "만약 그때 선생님이 '너 왜 그렇게 말을 더듬니'라고 핀잔을 주었다면 내 인생이 어땠을까?"라고 회상하였다. 긍정적인 말을 해 주고 인정을 해 주어야 한다. 인정받고 자존감이 생기니 한 사람의 인생이 달라지는 것이다.

코칭교육에서 덕수고등학교 심○○ 선생님을 만났다. 선생님은 "학생들을 인간으로 바라보지 않고 성과를 내는 도구로 생각하였다. 아이들에게 욕도 많이 하고 때렸는데 어느 날 천장에서 학생들에게 했던 욕들이 떨어져 내렸다. 죄책감에 견딜 수 없었다. 학생들에게 관리형 교사였다는 것을 철저하게 반성했다."고 하였다. 그 뒤로 말썽꾸러기 아이들, 싸워서 옷이 찢어진 아이들, 화장실 간다고 하고 담배 피우는 아이들, 가정환경이 너무 어려워 등록금이 밀린 아이들을 모두 낙오 없이 졸업시켰다고 한다. 선생님에 따라 많은 사람들의 인생이 달라진다. 선생님 자신이 상고를 나와 직장생활을 시작하였고, 직장생활을 하면서 초급대학을 다녀 실기교사부터 시작하였다. 그 뒤 방송통신대학, 대학원을 졸업하고 박사학위까지 받았다.

성공한 사람들의 공통적인 특징이 있다. 힘든 일이 있어도 잘 견디고 이겨낸다. 많은 사람들이 자존감을 '인간을 성공으로 이끄는 마음의 힘'이라고 한다. 자존감이 높은 사람은 실패를 하더라도 자신을 비하하지 않는다. 자기를 믿고 최선을 다하여 맡은 일을 성공적으로 해낸다. 자신만이 지닌 특별한 가치에 대한 인식이다. 자기 존재를 있는 그대로 존중하는 감각이다. 자존감이 있는 사람은 자신이 현재 처한 상황이나 능력에 상관없이 스스로 만족한다. 남들에게 부끄러움 없이 자기 존재를 드러낼 수 있다.

역도선수 장미란은 별명이 '나는 돈가스'였다. 그녀가 지독히도 싫어했던 별명이었다. 그녀는 바벨을 들어 올릴 때마다 이를 악물고 그 별명만 떠올렸다. 하루 연습량으로 5만 킬로그램을 들었다. 작은 산 하나를 들어 올리는 연습 끝에 장미란은 세계를 들어 올렸다. 2005년 도하 세계역도선수권대회에서 금메달을 땄다. 2008년 베이징 올림픽에서도 금메달을 들어 올렸다. 화장도 하고 싶고 연애도 하고 싶은 소녀의 감정을 눌렀다. 오직 금빛 메달만 생각하며 최대한 살을 찌워 근력을 늘린 것이다. 엄청난 노력으로 재능을 극대화하였다. 베이징 올림픽에서 금메달을 땄을 때 세계외신에서 공통적으로 '가장 아름다운 챔피언의 몸'이라고 극찬하였다.

골프선수 신지애는 키가 156cm로 운동선수로는 작다. 청소년기에 어머니가 뺑소니차에 치여 숨지는 비극적인 일을 겪었지만 아버지의 헌신적인 뒷바라지와 자신의 피나는 노력으로 LPGA 3관왕(신인왕, 상금왕, 다승왕)을 달성하는 등 골프선수로서 최고의 자리에 올랐다. 신지애의 아버지는 "하체 힘을 키우기 위해 15층짜리 아파트를 1층부터 15층까지 걸어서 올라갔다 내려갔다 하는 훈련을 시켰다. 이때 훈련을 너무 혹독하게 시켜서 키가 크지 않은 것이 가슴 아프다."고 하였다.

자신의 약점을 딛고 정상에 우뚝 선 긍정의 힘이 자존감이다. 자존감은 대개 가정에서 시작된다. 낮은 자존감은 어린 시절 가정에서 비롯된다. 스스로를 열등하게 보는 사람들은 대개 주변에 그의 실패를 비난하거나 질책을 한 사람이 있다. 부모, 선생님, 친구들이 실패나 약점을 비난하고 불평을 한다. 흠 잡고 비판하는 환경은 정신건강에 해롭다. 실수해도 지지하고 격려해 주어야 한다. 진정한 가능성을 이끌어내 주며 천재성에 불을 댕기는 것이다.

벤저민 웨스트가 화가로서 성공할 수 있었던 것도 어머니의 칭찬과 격려 덕분이다. 하루는 어머니가 외출했다 돌아와 보니 집안 여기저기가 잉크로 얼룩져 엉망이었다. 웨스트의 어머니는 아들이 그린 그림을 보고 잘했다고 칭찬해 주었다. 집안을 난장판으로 만들었다고 질책하기보다는 안아 주고 볼에 뽀뽀를 해 주었다. "어머니의 입맞춤이 나를 화가로 만들었다."고 웨스트는 말하였다.

맥아더 장군 역시 할머니의 격려로 장군이 된 사람이다. 맥아더는 어릴 때부터 골목대장으로 주먹을 휘둘렀다. 너무나 사고를 쳐서 많은 사람들이 손가락질을 하였다. 누구도 인정해 주지 않았다.

그러나 할머니는 "너는 주먹을 잘 쓰니까 장군이 될 수 있을 거야."라고 칭찬과 격려를 해 주었다. 그 말 한마디에 맥아더는 장군이되고 우리나라에서도 기억되는 사람이 되었다.

인간의 능력을 결정하는 것은 유전자가 아니라 자존감이다. 자아에 대한 인식은 인간만이 가진 능력이다. 인간으로서 지닌 무한한 능력을 얼마나 활용할 수 있는지를 결정하는 핵심이다.

심재명 명필름 대표는 "자만도 아니고, 자뻑도 아니고, 자존감이제일 중요합니다. 자신만의 장점이나 색깔을 잘 드러낼 줄 아는 사람이 결국 빛을 내는데, 이러한 힘의 원천은 자존감이라는 생각을합니다. 많은 사람들이 성형수술을 하는데, 남과 같아지려고 하거나 획일적인 잣대에 자신을 맞추는 것은 자신을 잘 파악하지 못하고 자존감이 부족한 탓이죠. 제가 학벌이 좋거나 대인관계가 화려한 것도 아니지만, 지금까지 험난한 영화계에서 버틸 수 있었던 힘은 좋아하는 일을 선택한 덕분이라고 생각합니다. 내가 좋아하는일을 찾았고, 버틸 수 있는 힘과 운이 따라준 것이죠. 성공이란 말에 집착하는 것은 경주마 같아요. 하고 싶은 일을 찾아 과정에 충실하면서 스스로 행복할 수 있으면 그것이 성공이겠죠."라고 말하였다.

최근 코칭을 많이 받는 자녀들의 공통점 중 하나는 소위 성공한부모의 자녀라는 것이다. 그들은 자신의 잣대로 자녀들을 대한다. 자녀를 성공시킨다고 인정보다는 질책을 많이 한다. 관심보다는간섭을 많이 하는 것이다. 관심은 그 사람의 마음으로 그 사람을 이해하는 것이고, 간섭은 내 마음으로 그 사람을 이해하는 것이다. 그래서 간섭은 옳은 말이지만 기분이 나쁜 것이다. 간섭을 많이 받은 사람은 자신감이 없고 자존감이 떨어진다. 마음의 문을 닫게 되고 반항심을 키운다.

　관심을 가지고 공감하고 인정해 주어야 한다. 정비사가 아니라 정원사가 되어야 한다.

　자존감은 자신답게 살 수 있도록 이끄는 힘이다. 자신을 있는 그대로 수용하게 만드는 놀라운 힘을 가지고 있다. 성공의 에너지는 자존감이다. 성공과 행복의 열쇠는 자존감에 달려 있다.

농촌, 블루오션에서 새로운 꿈을 펼치다

다양한 사람들이 귀농·귀촌을 꿈꾸고 있으며, 실행에 옮기고 있다. 2012년 2만 7,008명에서 2014년 4만 4,586명으로 귀농이 늘어났다. 중앙일보 안남영 기자가 쓴 글을 보면 고추농사로 성공한 농사꾼이야기가 나온다. 충북 음성군에서 고추농사를 25년간 짓고 있는 이종민 씨의 삶이 고등학교 교과서 '진로와 직업'에 실렸다. '고추농사의 달인' 이종민 씨의 학력은 중학교 한 학기 공부한 것이 전부이다. 집안이 가난하여 부모님의 걱정을 덜어드리려고 학교를 중퇴한 것이다.

1978년 군 제대 후 음성이 고추산지이고 고추농사가 쉬울 것 같아 고추농사를 직업으로 시작하였다. 1만 2,000평의 고추밭에서 연간 2억 원의 소득을 올리는 이종민 씨는 국내 최초로 비닐하우스 고추 재배법을 도입하여 소득을 극대화한 사람이다. 광폭형 비닐하우스, 에너지 절약형 건조장 등을 독자 개발하여 학계와 농민사회에서는 고추박사로 통한다. 노지露地 재배만으로는 수지를 맞추기가 어려워 비닐하우스 재배법을 개발하였다. 그 뒤 노지 재배와 하우스 재배의 단점을 보완한 비가림 재배법을 개발하여 다수확의 길을 확보하였다. 보통 농가의 평당 고추 생산량은 1.5근 정도지만 이종민 씨는 최고 8근까지 생산한다. 그동안 오이만한 슈퍼고추도 생산해봤고 물 공급 횟수와 온도 조절 등으로 매운맛의 정도를 조절하는 방법도 개발하였다. 자갈을 깔고 비닐하우스를 만들어 낮이나 밤에도 태양열로 고추를 말리는 건조법도 만들어냈다. 그의 고추를 사겠다는 사람이 1년에 4만~5만 명이 된다고 한다. 이 같은 공로로 농업인 최초의 '신지식인'이 되었다. '새농민 본상' 등 농민상을 45차례나 수상했고 '1일 농림부장관'으로 선정되기도 했다. 학력의 장애물, 자본의 어려움을 모두 극복한 것이다. "중학교밖에 졸업하지 않았지만 생각을 수시로 바꾸려고 노력했더니 남을 도울 여유까지 생겼다."고 말한 그에게서 피눈물 나는 노력을 엿볼 수 있었다.

'서민갑부' 153회에는 배추밭에서 기적을 만든 사나이의 이야기가 나온다.

장평화 씨는 연예기획사의 바지사장으로 근무하다 하루아침에 4억 원이 넘는 빚이 생겼다. 아내와 함께 해남에 내려올 때 300만 원을 가져온 게 그의 전 재산이었다. 서울토박이인 부부는 귀농교육프로그램을 통하여 땅끝 해남에서 절임배추를 시작하였다. '해남평화농수산물'을 운영하며 김장철 절임배추 판매로 연 매출 15억 원을 기록하고 있다.

그의 성공비결은 첫째, 지역 환경의 특성을 최대한 살린 점이다. 황토에서 해풍을 맞으며 자란 배추는 아삭하며 단맛이 난다. 농약을 최소화하고 친환경농법을 통하여 재배한 결과 GAP농산물 우수관리 인증까지 받았다. 많은 가정에서 김장철에 배추 절이는 것이 큰일이라는 점에 착안하여 배추를 절여서 판매한다. 특히 미네랄이 풍부한 바닷물로 절여서 더욱 인기가 높다. 해수로 절여서 배추에 영양분을 주면 오래도록 아삭한 식감을 유지할 수 있다. 지형적으로 땅이 황토로 이루어져 단맛도 더 뛰어나다.

둘째, 지역주민과 함께 공생하려고 하였다. 서울토박이인 그들이 연고도 없는 해남에서 정착한 것은 밝은 인사성과 마을 어르신들에게 가족 같은 신뢰감을 주었기 때문이다. 장평화 씨는 벌초를 대신해 주었고 아내 한경희 씨는 할머니들과 갯벌에서 굴과 감태를 함께 채취하였다. 절임배추가 인기가 높아졌을 때 태풍으로 배추농사가 실패로 돌아갔다. 손님들의 주문량을 맞추지 못해 절망에 빠졌을 때 마을 어르신들이 자신들이 재배한 배추를 모두 장평화 씨 부부에게 주었다. 또한 농사지을 땅도 빌려주었다. 이들 부부가 평소 마을 어르신들에게 잘했으므로 어려울 때 아들처럼 손을 잡아준 것이다. 그런 고마움으로 이 부부는 마을에서 재배한 고구마, 마늘 등 농작물을 20%가량 비싸게 구입해서 판매해 준다.

셋째, 온라인 직거래를 통하여 판매망과 이익을 확보하였다. 그동안 마을에서는 농사를 지어도 판로가 없었다. 중간상인에게 헐값에 넘겨 농가에서 가져가는 수익이 적었다. 젊은 농사꾼 장평화 씨는 '해남평화농수산물'이라는 상호로 온라인 직거래를 통하여 소비자와 직접 유통채널을 만들었다. 소비자도 싱싱한 농산물을 직접 싸게 구매할 수 있어서 좋았고 농가 수입에도 득이 되었다. 농촌에서는 판로에 대한 걱정 없이 농사를 지을 수 있어서 1석2조의 효과를 보았다. 마을 주민에게 20% 비싼 가격에 구매할 수 있었던 것도 온라인 판매 덕분이다.

이 밖에도 경기도 양평군의 차연선 씨는 쌀농사로 연간 7천여만 원의 수익을 올린다. 경남 김해의 김재식, 박영희 부부는 쌀농사로 연매출이 3억 1,800만 원이다. 성주에서 참외농사를 짓는 손인모 씨는 연매출이 3억 원을 넘는다.

이와 같이 농촌에서는 나 혼자 성공했다고 행복해지는 구조가 아니다. 본인도 성공해야겠지만, 마을 공동체가 함께 행복해져야 한다. 도시생활이 악화되면서 경제적으로는 덜 벌더라도 행복하게 살고 싶어 하는 사람들이 늘어나고 있다. 자녀들의 교육도 성적보다는 인성과 자녀의 행복한 생활에 더욱 관심을 가진다. 귀농이든 귀촌이든 인적 환경이 성공을 결정짓는다. 마을 사람들은 외지 사람들에게 먼저 살갑게 대하지는 않는다. 낯선 사람에 대한 경계심이 많다. 마을 사람들에게 진심으로 먼저 다가서야 한다. 도시와 같이 물질적으로 해결하려고 해서는 안 된다. 내가 열심히 살고 잘하면 마을 사람들도 알게 된다. 밝게 먼저 인사하고 마을 어르신들에게 다가서야 진짜 귀농인으로 정착할 수 있게 된다.

1인 세대주와 싱글족이 늘어나고 있다. 재래시장을 찾는 인구가 점점 줄어들고 있는 소비추세에 맞추어 귀농인들의 판매방식도 바뀌어야 한다. 농사짓는 사람들이 고민하는 것이 판로다. 귀농도 사업처럼 치밀한 계획과 마케팅을 해야 살아남을 수 있다.

아이엠피터의 사례에서 농산물을 일반 판매와 온라인 판매로 비교한 내용을 볼 수 있다.

일반 판매는 목돈이 들어오고 사후처리가 쉽다. 그러나 수매물가 변동이 심하고 수익률이 현저히 낮다. 또한 매년 수매도 변동폭이 심하다. 온라인 판매는 소액결제가 대부분이고 사후에 처리할 일이 많은 단점이 있다. 그러나 소비자 가격이 변동 없이 일정하다. 직거래를 통하므로 수익률이 높다. 온라인 판매의 가장 큰 장점은 바로 수익률이 높다는 것이다. 고객이 제품에 대해 신뢰하고 만족을 하면 단골고객이 확보되어 판로가 안정적이다. 이제 농산물도 온라인 판매를 해야만 수익을 극대화할 수 있다. 그저 농사만 잘 짓는다고 앉아 있으면 대출금 등 원가 맞추기도 어렵다. 온라인 판매방식인 블로그, SNS, 온라인 카페의 구조를 살펴보고 자신에게 맞는 판매를 해야 한다.

블로그는 모든 포털 사이트에서 검색이 무료로 된다. 자신의 블로그를 포털에 맞추어 검색어를 최적화시키면 광고비를 지불하지 않아도 된다. 포털에 상위 노출이 되고 그 검색어를 따라서 블로그 방문자가 유입된다.

SNS를 통한 지속적인 홍보를 해야 한다. 트위터나 페이스북을 통하면 자신의 블로그와 카페를 홍보할 수 있는 유용한 수단이 된다. 배추 파동 때 트위터에 배추를 산지 가격으로 판매하겠다고 올린 농부는 한 시간 만에 물량을 모두 판매하였다. 자신이 부지런하면 충분히 활동할 수 있는 것이 SNS 홍보이다.

온라인 카페는 직거래 판매를 하기 위한 고객 확보 및 지속적인 고객 관리를 할 수 있다. 제품을 판매할 때 주문이나 택배 등의 시스템을 처리할 수 있어 요즈음은 사과, 오미자, 고추 등을 키우는 많은 농가에서 온라인 카페를 활용한다. 온라인 카페의 경우 농가에서 수확물을 직접 올려서 소비자에게 믿고 구매할 수 있는 신뢰를 준다. 또한 소비자의 사례를 수시로 올려서 고객모집에 많은 도움을 준다. 불만사례도 직접 응대하여 발 빠르게 대처할 수 있다. 블로그와 연계하면 블로그 유입자가 카페로 이동할 수 있다. 온라인 카페를 통하여 제품을 신선하고 저렴하게 구입하면 충성고객이 늘어나고 판매가 활성화된다. 이 밖에도 동호회, 밴드모임 등 다양한 방법도 함께 활용하면 좋다.

귀농하는 사람 중에는 농사를 짓기 위해서 농기계, 땅, 비닐하우스 등을 대출받는 경우도 있는데, 농사를 열심히 짓는다 해도 판매가 제대로 이루어지지 않으면 막대한 손실을 입어 어려움을 겪는다.

농촌에는 연세가 높은 분들이 많으므로 귀농하는 젊은 사람들의 장점을 함께 활용하면 서로 상생할 수 있다. 최근 베이비붐세대의 은퇴나 귀농 인구가 많다. 판매방식을 잘 계획하면 블루오션이 될 수 있다.

모험상담가라는 이상한 교장 - 교육의 희망을 보다

아현산업정보학교 방승호 교장은 명함에 자신을 모험상담가로 소개하고 있다. 7집 앨범을 낸 가수라고도 한다. 자신을 B급 교장에 B급 가수, 그리고 비주류 푼수라고 소개할 정도로 독특하다. 지금까지의 교장선생님과는 전혀 다른 분이다. 형식보다는 창조적이고 실질적인 교육에 집중하는 분이다. 교사들이 어떤 업무를 기획해서 진행할 때 결재를 받아 올라오다 보면 내용도 달라지고 힘들어진다. 그래서 교무회의 전 기획한 교사에게 내용을 짧게 발표하게 한다. 그리고 내용에 대하여 다른 교사의 의견을 말하게 한다. 특히 결재권자의 의견을 말하게 한다. 이상 없으면 기안한 교사에게 잘 추진하라고 격려의 박수를 보내게 한다. 이는 담당자에게 시간을 절약하고 에너지를 충만하게 해준다. 일반 공무원들의 형식적이고 권위적인 일처리에서 벗어나 혁신적이다. 오히려 기업체의 리더들도 배울 내용이다.

서울지하철 2호선 아현역에 있는 학교를 방문하였다. 지금까지의 교장실과는 판이하게 다른 모습에서 많이 놀랐다. 널찍한 사무실에 큰 책상, 큰 소파에 정갈하게 놓인 각종 난 화분들이 있는 일반적인 교장실과는 전혀 딴판의 모습이었다. 책상과 소탁자까지 가득 놓인 서류와 각종 책들, 벽면에 가득 붙어 있는 포스트잇, 바덕에 전교생의 사명서 박스, 각종 탈과 소품들로 가득하였다. 이야기 도중에 스스럼없이 학생들이 자신이 만든 내용들을 자랑하고 교장선생님을 초대하였다. 그때마다 서랍을 열고 초코파이를 꺼내서 주는 모습이 신선하였다. 이런 내용이 알려져 초코파이 회사에서 초코파이를 기증했다고 한다. 권위적이지 않고 자연스럽게 서로 대화하고 학생들은 밝고 예의 바른 모습이었다. 점심시간에는 아이들이 꽉 찰 정도로 교장실을 찾아온다. 방승호 교장이 지금까지 걸어온 길을 5가지로 나누어 살펴볼 수 있다.

첫째, 학생들에게 자신의 꿈을 작성하게 한다. 교장실에 붙어 있는 포스트잇이 무엇이냐고 물었다. "전교생 각자가 자신의 꿈을 적어서 붙여 놓은 거죠."

"2022년에 제과 제빵사가 될 것이다", "20세에 취업하고 30세에는 내가 모은 돈으로 가족과 여행을 여러 군데 갈 것이다. 40세에는 배낭여행을 할 것이다", "세계적인 프로게이머가 될 것이다" 등 다양한 꿈들이 포스트잇에 적혀 있었다.

"꿈을 적기만 해도 아이들이 달라져요. 아이들은 다 천재성이 있는 것 같아요. 대단합니다. 여기 온 아이들은 대부분 인문계 고등학교에서 수업시간에 '주무시던 분들'이거든요. 그런데 여기서 기적적으로 다시 살아나고 있어요. 전부라고 하면 거짓말이고 많은 아이들이 다시 꿈을 찾는 거 같아요."

아현산업정보학교는 3학년에 올라가는 서울 시내 인문계 고교생들 중 직업교육을 원하는 학생들이 모여 있는 학교다. 1년 과정이다. 사진영상미디어, 플라워디자인, 게임제작, 실용음악, 제과제

빵, 만화애니메이션 등 14개 학과 750명의 재학생이 있다. 전교생을 코칭으로 꿈을 가지게 만들어 주니 하나같이 대단해지더라고 한다. 그가 이렇게 된 계기를 들어보니, 10년 전 『성공하는 사람들의 7가지 습관』을 접한 후 사명서를 작성하면서 박사학위, 특허내기, 음반내기, 책 쓰기 등을 적었는데, 자신이 적은 것을 신기하게 모두 이루었다고 한다. 자성예언의 효과를 입증하고부터 아이들에게 꿈을 가지게 하고 있다. 그는 자신을 가리켜 "교장이라기보다는 양현석, 박진영 같은 기획사 대표"라며 "학교는 아이들의 꿈과 끼를 살려주는 플랫폼 같은 역할을 하는 곳"이라고 하였다.

둘째, 모험상담가이다. 자신의 명함 한 면을 모험상담가로 인쇄해서 소개한다. 모험상담은 아이들과의 심리적 교감이나 스킨십 놀이를 통해서 상담을 받는 학생들의 아픈 곳을 치유하는 상담이다. 모험상담에서의 놀이는 비경쟁 협동이다. 함께함으로써 마음을 여는 것이다. 그가 모험상담을 접한 것은 20여년 전이다.

"제가 97년과 98년 두 번에 걸쳐서 미국에 연수를 갔습니다. 그때 모험상담 프로그램(adventure-based counseling program)을 알게 됐습니다. 그 프로그램을 접하면서 '이렇게 재미있게 상담을 하는 법이 있구나' 하는 생각을 했습니다. 제가 알던 상담은 그냥 상담자와 피상담자가 서로 마주 앉아서 이야기를 주고받는 것이었는데 몸을 막 움직여 가면서 상담을 주고받다 보니까 재미도 있고 분위기도 좋아지고 하는 거예요. 그때부터 거기에 미쳐가지고 돌아와서 아이들한테 적용했죠."

그는 국내 최초로 모험상담론 박사학위도 받았고, 특허도 출원하였다. 모험상담에 어떤 것이 있냐고 물었다. 그러자 "서로 양손을 마주 잡고 발등 밟기 게임을 합니다. 서로 공격을 해 먼저 발등을 밟는 사람이 이기는 거죠. 이런 놀이들을 반복하다 보면 학생들은 마음의 벽을 허물고 상담에만 집중하게 됩니다. 놀이를 하면서 잡생각들을 다 털어냈기 때문에 자기 생각을 솔직하게 털어놓게 됩니다. 중요한 건 상담을 하는 제가 먼저 마음을 열어야 한다는 거고 재미있어야 한다는 거죠."라고 하였다.

셋째, 전교생이 학교에서 담배를 100% 안 피우게 하였다. 당연한 일인 것 같지만 대단히 힘든 일이다. "인문계 고등학교 교장을 하면서 정말 힘들었던 게 학생들의 흡연이었어요. 어느 날 여학생한 명이 찾아왔어요. 담배냄새 때문에 화장실에서 양치질을 못하겠다는 거예요. 제가 기타를 들고 화장실 앞에 가서 노래를 불렀어요. 그걸 아이들이 SNS에 올려서 외부로도 알려지게 됐죠. 누가 아예 금연송을 만들어서 부르는 것은 어떻겠느냐고 하기도 했고요. 마침 히트작곡가 안영민 씨와 인연이 돼서 가사는 제가 쓰고 곡은 그분이 붙인 '노 타바코'라는 금연송이 나왔습니다. 그게 대중적으로 의외의 폭발력을 발휘한 거죠."

그의 '노 타바코'는 학교에서 일어나는 내용들을 재미있게 적어서 더 공감이 간다. "아이들이 화장실에서 담배를 피우다가 걸리면 거기에 가서 노래를 부르죠. 요새는 아이들이 학교 이웃에 있는 국민은행 지점 쪽으로 가서 흡연을 하는 경우가 있어요. 그러면 거기까지 가서 노래를 하죠. 혼내는 것보다 훨씬 나아요." 담배를 피우러 왔다가도 교장선생님이 기타를 치고 금연송을 부르니 아이들이 씩 웃으면서 그냥 간다고 한다. 교장실에서도 노래 한 곡을 부탁드렸더니 거침없이 노래를 불러주었다. 7집까지 음반을 냈고 판매수익은 모두 재능기부를 했다고 한다. 그의 명함 한 면은 '가수' 방승호로 되어 있다.

넷째, 학교에 최고급 PC방을 설치하였다. "게임에 몰입하는 아이들은 대부분 가정이나 학교생활에 근원적인 문제가 있습니다. 우리 교육은 늦게 따라오는 친구들에 대한 배려가 없습니다. 아이들 눈높이에서 교육을 진행하니, 생활지도 교육이라는 말이 필요가 없을 정도로 아이들 스스로 열심히 했습니다. 게임이 문제가 아닙니다." 아이들이 불안감, 불만의 탈출구로 게임을 하거나 담배를 피운다는 것이다.

"상담을 하다 보니까, 제일 힘들어하는 게 게임하는 아이들이었어요. 그 아이들을 위해서 학교에 아예 PC방을 만들어보자. 대한민국에서 제일 좋은 PC방을 만들자고 했죠." 학부모들의 반대도 엄청났지만 PC방을 만들고 게임학과를 개설하였다. 게임하는 학생들의 진로는 프로게이머가 되든가 프로그램 개발자가 되는 것이다. 프로그램을 개발하려면 영어를 알아야 하므로 자동으로 영어공부를 한다고 하였다. 지금까지 학생들이 전부 대학에 진학했다고 한다. 얼마 전세계 게임대회에서 한겨레 군이 1등을 했다고 한다. 처음 게임할 때는 부모가 10일을 울었다고 한다. 그런 부모님이 게임발대식에 참석해서 아들을 자랑스러워했다. 한 군은 SKT에 입단했다.

다섯째, 끊임없이 자기개발을 하였다. 방승호 교장은 항상 배움의 끈을 놓지 않았다. 새로운 교육을 받으면 즉시 실습을 통하여 자기 것으로 소화하려고 한다. 필자와는 코칭교육을 같이 받았는데, 토요일에 학생 2명의 코칭 일정을 잡았다. 토요일 오후 방 교장에게서 전화가 왔다. "코칭에서 배운 대로 학생에게 코칭을 했는데 기가 막히게 효과가 있습니다. 학생이 스스로 자기 사명서를 적는데 7장을 적었어요." 방 교장은 매주 신문 칼럼을 쓴다. 이것을 또 책으로 엮는다. 『기적의 모험놀이』, 『우리 집 모험놀이』 등이 있는데, 책 30권 쓰기가 목표이다. 또한 매년 음반을 내는 등 꾸준히 노력하고 있다.

방승호 교장은 수업시간에 조는 학생들을 위하여 호랑이 탈을 쓰고 돌아다닌다. 야단을 치면 반항하는 아이들이 있어서 재미있게 개선을 시키기 위해서이다.

"학생들은 무한한 가능성과 잠재력이 있습니다. 교장은 여건조성이 중요합니다. 학교가 재미있어야 합니다. 그래서 선생님들의 마인드가 중요합니다. 선생님 설득이 중요한데 이것이 교장의 역할이라고 생각합니다."

또한 자신이 실천하여 효과를 크게 본 '성공하는 사람들의 7가지 습관'의 프로세스를 학교에 도입해서 많은 효과를 보았다고 한다.

첫째, 학교가 유명해졌다. 아현산업정보학교는 특성화고임에도 정원이 넘친다.

둘째, 선생님들이 편해졌다. 학생별로 리더가 선정되어 스스로 일처리를 하여 말 그대로 선생님은 본연의 가르치는 일에 집중할 수 있다. 또한 학생들과의 벽이 없어져서 유대감도 좋아진다.

셋째, 학생들의 성적이 좋아졌다. 스스로 리더이므로 주도적인 학생이 되는 것이다.

방승호 교장은 개인적으로 2가지 원칙을 지킨다. 하나는 근무시간에는 절대로 학교를 벗어나지 않는 것이고, 다른 하나는 절대 돈을 받지 않는 것이다. 특허도 내고 책도 냈다. 방송출연, 영화출연, 음반도 7집이나 냈다. 남들은 그를 보고 돈을 많이 벌겠다고 말한다. 하지만 그는 모두 재능기부로 돌렸다. 돈을 탐하면 스스로 떳떳하지 못하고 학생들에게 당당하지 못한다고 하였다. 사소하지만 정말 지키기 힘든 내용이다.

"공부를 포기한 아이들도 우리 학교에선 자신의 재능을 발견하고 꿈을 이루기 위해 노력해요. 입학 경쟁률도 엄청 높아졌어요. 아이들이 전부 다 공부를 잘할 순 없잖아요. 아이가 어떤 재능이 있는지, 뭘 잘하는지 발견하는 부모의 역할도 중요해요. 그런데 어떻게 해야 할지 몰라서 막막해 하는 부모들도 있죠. 그런 분들께 저는 명상을 권해요. 내면을 살펴보다 보면 해야 할 일이 보이거든요."

교직이 규칙이나 따지고 권위적이어서는 안 된다. 자신들만의 리그가 되어서도 안 된다. 평가를 위한 교육, 등수를 따져서 서열을 정하는 학교에서는 더 이상 미래가 없다. 학교생활이 즐거운 장이 되어야 한다. 아이들 각자의 재능을 찾아주고 개발해주는 학교와 선생님들이 많아야 한다. 지식을 전달하는 교육자는 이제 더 이상 필요 없다. 방승호 교장은 끊임없이 연구하고 아이들의 꿈을 찾아준다. 틀에 맞는 제품을 찍어내는 선생이 아니라 아이들이 스스로 꿈을 찾아가도록 도와주는 스승이다. 그는 B급 교장이 아니다.

방승호 교장의 모습에서 교육의 희망을 보았다.

장애물도 삶의 기회가 될 수 있다

"우리 인생의 최대 영광은 한 번도 실패하지 않는 데 있는 것이
아니라 넘어질 때마다 다시 일어서는 데 있다. 가장 성공한 사람
은 한 번도 실패하지 않은 사람이 아니다. 실패할 때마다 조용히,
그러나 힘차게 다시 일어난 사람이다."(올리버 골드스미스)

살면서 어려운 일이 많다. 하지만 어둠이 짙으면 새벽은 가까이
있다. 어려운 시기는 삶의 방향을 잡아준다. 정말로 원하는 일, 정
말로 가고자 하는 방향을 알려준다. 하루하루가 힘들다고 하면 지
금 정상을 향하여 올라가는 중이다. 온실 속에서 자란 화초는 절대
비바람을 견뎌내지 못한다. 뿌리가 얕은 나무는 태풍에 버틸 수 없
다. 좋은 대학을 위해 공부만 했던 모범생들의 문제점들이 사회 곳
곳에서 터져 나오고 있다. 자살, 탈선, 갑질, 각종 비리 등으로 나
타난다. 조금만 힘들어도 견디지 못한다. 봄꽃이 더 화사해 보이는
것은 한겨울 추위를 이겨냈기 때문이다.

서울신문 강경윤 기자의 기사를 보면 '열혈 장사꾼'의 실제 모델
'매왕' 박상면의 글이 있다. '열혈 장사꾼'은 KBS 주말 특별기획 드
라마로 배우 박해진이 열연하였다. 원작 만화를 그린 박인권 화백
이 수소문을 하여 찾아낸 자동차 영업의 신화적인 인물이다. 입사

1년 6개월 만에 '판매왕'이 되었다. 평생 한 번도 하기 힘든 자동차 전국 판매왕에 9년 연속 올랐다. 지금껏 자동차 4,300대를 팔면서 고객에게 한 번도 "자동차를 사 달라"고 말해 본 적이 없다. "차를 팔려면 먼저 마음을 팔아라." 이것이 그의 영업 노하우이다.

박상면 이사는 패기로 시작한 가방 제작 사업을 하다가 망하였다. 그 뒤 분식집, 냉차 장사, 포장마차 사업이 연달아 실패하였다. 유서 한 장을 남기고 삶을 포기하려고도 하였다.

"밀항을 하려고 부산항을 전전하다가 허탈하게 집에 돌아갔는데 차갑게 식은 방에서 4살짜리 아들과 아내가 식빵을 설탕물에 찍어 먹으며 허기를 달래는 것을 봤어요. 마음이 찢어졌죠. 그때 우연히 자동차 영업사원 모집 신문광고를 보게 됐어요." 31살의 늦은 나이에 마지막이라 생각하고 지원을 하였다. 20일이 지나도 연락이 없자 박 이사는 호기롭게 회장실을 찾아갔다. 당시 기아자동차 김선홍 회장과 독대를 하였다.

"준비해간 이력서와 표창장 등을 회장님께 보여드렸어요. '사나이로 태어나서 자동차 한번 팔아보고 싶다. 입사하게 해주면 판매왕이 꼭 되겠다'고 큰소리쳤죠. 회장님께서 용기를 가상하게 여겨주셔서 입사를 허락하셨어요."

정육점이 즐비한 독산동으로 첫 영업을 나갔다. 쑥스러워 하루종일 전봇대 뒤에 숨어 있었다. 보다 못한 한 정육점 주인이 와서 "영업사원이 숫기가 그렇게 없어서 어떻게 하냐."고 말하면서 근처 상인들에게 자신의 조카로 소개를 해주었다.

"첫 달에 그렇게 20대를 팔아 치우고서는 '모든 판매는 사람과의 만남에서 시작된다'는 값진 진리를 얻었죠. 점심식사는 무조건 오후 3~4시에 하며 하루 대부분을 사람들을 만나러 뛰어다녔어요." 박 이사는 1년 6개월 만에 회장실에서 약속한 전국 판매왕이 되었다. 과로와 영양실조로 세 번이나 쓰러지고도 9년 연속 판매왕의 신화를 만들었다. 그는 사람과의 인연을 소중하게 여긴다. 악연도 인연으로 만들 만큼 온 정성을 다한다.

"아들이 초등학생일 때 교통사고를 당한 적이 있었어요. 그 일을 계기로 알게 된 운전자와의 인연을 소중히 여겼고, 그분이 지금껏 지인들을 소개해줘 차를 40여 대나 판매했어요." 직장을 구할 때 문전박대한 한 기업의 간부에게 "그때 매몰차게 쫓아주신 덕에 이 자리에 올랐다."고 찾아가 인사를 하였다. 그 간부는 "사람을 몰라봐 미안하다."며 회사 차 200여 대를 기아차로 바꾸어 주었다. 박 이사는 한 번 맺은 인연은 소중히 여겨 고객 4,000여 명에게 직접 카드를 쓰고 경조사를 챙길 뿐만 아니라, 고객 관리 장부를 만들어 스스로 감동 도장 세 개를 찍어야 고객에게 정성을 다했다고 생각한다.

"포기하는 사람보다 더 나쁜 사람은 시작하길 두려워하는 사람이다."(얼 나이팅게일)

위대한 성공은 시련에서 탄생한다. 실패는 더 단단한 사람으로 만들어준다. 회복탄력성은 모범생이 아니라 모험생들에게 있는 요소다. 어려움은 이기는 것이 아니라 견디는 것이다. 끈기가 암기력보다 중요하다.

조앤 K. 롤링은 영국의 아동문학 작가이다. 우리에게는 『해리포터』 시리즈의 작가로 더 알려져 있다. 1997년 처음 책을 출간하여 2011년까지 8권의 시리즈를 발간하였다. 지금까지 67개의 언어로 번역되었고 4억 5천 부 이상 판매되었다. 역사상 가장 많이 판매된 베스트셀러이다. 또한 가장 많은 수익률을 낸 영화 시리즈이다. 조앤 롤링은 작가 등단 5년 만에 '무일푼에서 갑부'가 되었다. 2008년 '선데이 타임스'가 발표한 자료에 의하면 재산이 5억 600만 파운드(한화 약 1조 169억 원)이다. 영국에서 두 번째로 부유한 여성이다. 해리포터는 현재 15억 달러의 가치가 있는 글로벌 브랜드이다.

해리포터 영화 시리즈는 10년 동안 총 8편의 영화로 제작되었다. 영화관 입장권 판매로만 64억 달러(한화 약 6조 7,700억 원)의 엄청난 수익을 거뒀다. 전세계적인 성공과 공헌을 인정받아 마이클 밸컨 공로상을 받았다. 2013년 2월 BBC 라디오에서 그녀를 영국에서 가장 영향력 있는 여성 13위에 선정하였다.

조앤 롤링은 1965년 잉글랜드의 예이트(Yate)에서 태어나 세인트 마이클스 초등학교(St Michael's Primary school)를 다녔다. 이때 교장 알프레드 던(Alfred Dunn)은 해리포터에 등장하는 알버스 덤블도어의 영감이 되었다. 그녀의 10대 시절은 어머니의 질병과 아버지와의 갈등으로 불행하였다. 1982년 옥스퍼드 대학교 입학시험을 쳤지만 떨어지고 엑세터 대학교에서 불문학을 전공하였다.

1990년 어머니가 다발성 경화증으로 죽었을 때 큰 충격을 받게 되어 그의 저서에도 많은 영향을 미쳤다. 1991년 포르투갈 포르

투에서 영어교사로 취직을 하였다. 거기서 텔레비전 저널리스트인 조르주 아란테스와 1993년 결혼하였다. 딸을 출산하고 같은 해 11월 이혼을 하였다. 생후 4개월 된 딸을 데리고 에든버러의 여동생이 사는 곳에 정착했지만 직장이 없어서 생활고로 많은 어려움을 겪었다. 3년 동안 주당 약 15,000원의 생활 보조금으로 연명하였다. 조앤 롤링은 우울증으로 "자살도 생각했었다."고 하였다. 하루 종일 엘리펀트 하우스의 카페에 죽치고 앉아 집필을 하는 일이 많았다. 가난하여 집안의 냉·난방비를 아끼기 위해서였다. 아이를 유모차에 태워 잠든 후에 카페에 들어가 집필을 한 것이다.

싱글맘에다 경제적으로 극심하게 어려워 주위의 눈총이 따갑고 삶이 고통스러웠지만 조앤 롤링은 집필의 의지를 꺾지 않았다. 오히려 이때의 자살을 생각할 만큼 고통스러웠던 생활이 그의 작품에 고스란히 녹아 들어갔다. 해리포터 시리즈에 등장하는 디멘터의 근원이 된 것이다. 마침내 1995년에 조앤 롤링은 원고를 마감하였다. 그리고 12개의 출판사에 원고를 제출했지만, 내용이 너무 길다는 이유로 모든 출판사들이 거절하였다. 그때 블룸즈버리 출판사가 커다란 행운의 기회를 잡게 되었다. 출판사가 이를 간행하게 된 이유가 재밌다. 편집자가 원고를 읽기 전에 그의 8세 된 딸이 먼저 읽고 "아빠, 이것은 다른 어떤 것보다 훨씬 재미있고 멋져요."란 반응을 보였던 것이다.

행운의 선택을 받아 마침내 해리포터는 세상에 빛을 보게 되었다. 신인작가의 작품으로는 폭발적인 반응을 받았고 많은 문학상을 수상하였다. 아동문학으로 시작되었지만 성인 독자층까지 매료시켰다. 수많은 외국어로 번역되어 세계적인 베스트셀러가 되었다. 영화로도 제작 상영되어 세계인의 가슴에 큰 밀물처럼 밀려들어왔다. 본인뿐만 아니라 작품을 쓰던 카페, 영화촬영 장소도 여전히 많은 인기를 누리고 있다. 특히 해리포터에 등장하는 킹스 크로스 역은 유명한 관광명소가 되었다.

필자는 해리포터 영화를 보다가 조앤 롤링의 기지에 깜짝 놀랐다.

고아가 된 해리포터는 마법학교에 입학하러 가기 위해 킹스 크로스 역의 9와 3/4 플랫폼에 간다. 메시지는 그곳으로 들어가라고 했지만 해리포터의 눈에는 벽만 보였다. 그때 해리포터는 난처해서 어쩔 줄 모르는 그의 앞으로 카터를 밀고 벽을 향해 들어가는 사람들을 보았다. 해리포터도 벽을 향해 돌진했더니 놀랍게도 벽이 문이 되는 장면이 나온다. `

'벽도 문이 될 수 있다니' 정말 놀라웠다. 이것은 조앤 롤링이 싱글맘으로 극심한 생활고를 겪으면서 우울증에 자살까지 생각했던 어려움들이 바탕이 된 것이다. 바닥을 치고 올라온 것이다. 더 이상 내려갈 곳이 없을 만큼 절박함이 벽으로 등장했고, 벽을 뚫는 심정으로 자신을 극복한 것이다. 어려움이 조앤 롤링을 더 강한 사람으로 만들어 주었다. 인내심과 실패를 극복하는 회복탄력성이 강하였다. 삶은 평지만 걸어가는 길이 아니다. 모범생만으로는 대처하기 힘들다. 아이들이 자신이 주도적으로 삶을 살아가도록 도와주어야 한다. 자신의 삶을 살도록 해야 한다. 작금의 청소년들이 조금만 어려워도 쉽게 포기하고 탈선하는 것을 보면 알 수 있다.

봄에 새싹이 더욱 파릇파릇하게 보이는 것은 한겨울의 눈을 뚫고 나왔기 때문이다. 장애물이 삶의 기회가 될 수 있다.

"인생길에 비가 내려도 마음속에 해를 띄우라. 장애물은 뛰어 넘으라고 있는 것이지 걸려 넘어지라고 있는 것이 아니다. 일을 해나가는 데 있어서 어떤 것보다 치명적인 실수는 일을 포기해 버리는 것이다."(정주영)

나만의 전공기술이 학력보다 우선이다

"인간은 자신이 원하는 만큼 위대해질 수 있다. 자신을 믿고 용기, 투지, 헌신, 경쟁력 있는 추진력을 가진다면, 그리고 가치 있는 것들을 위한 대가로 작은 것들을 희생할 용의가 있다면 가능하다."(빈스 롬바디)

KBS 인간극장 '그녀를 보라'에서 천재 재즈 피아니스트 진보라가 나온 것을 보았다.

진보라는 1987년 인천에서 태어났다. 3살 때부터 피아노를 시작하여 5살 때 바이올린, 10살 때에는 장구를 배웠다. 오로지 피아노를 치고 싶어 잘 다니던 중학교를 자퇴하였다.

"하루 종일 피아노를 치고 싶어서 학교를 그만두게 되었어요. 어느 날 오스카 피터슨이라는 캐나다 출신 피아니스트의 음악을 듣게 되었는데, 그동안 클래식만 공부하다가 재즈를 접하면서 느낄 수 없는 영역을 경험하게 되었고, 하루 종일 그 음악만 연상이 되었죠. 그리고 학교수업에서는 음악에서 얻은 흥분으로 집중을 할 수 없었기 때문에 자퇴를 하게 되었어요."

진보라는 피아노를 치고 싶어서 중학교를 자퇴하고, 그 후 중·고등학교를 검정고시로 통과하였다. 그리고 2001년 한전 아츠폴

센터 재즈 콩쿠르 피아노 부문 1위를 하며 주목을 받았다.

그녀는 국악과 재즈, 다양한 영역의 음악을 접목하여 자신만의 독특한 음악을 연주한다. 세상의 모든 소리를 피아노 음계로 표현하고 즉흥적으로 연주를 하는 것이다. 그녀의 이런 재능으로 버클리 음대에서 두 번이나 러브콜을 받았지만 모두 거절하였다. 그녀는 음악을 듣고 자기만의 즉흥적인 연주로 음악세계를 만들어 가기 때문에 대학에서 음악을 지도받을 필요성을 못 느낀 것이다. 한국에서는 예술계에서 학연, 지연을 많이 따진다. 버클리 음대를 나왔다면 활동하는 데 많은 도움이 될 것인데 자신만의 음악세계를 위하여 두 번이나 거절한 것이다.

그녀가 이렇게 당당하게 자신의 길을 갈 수 있게 된 것은 부모님의 이해와 노력이 밑받침되었기 때문이다. 그녀의 부모님은 어릴 때부터 딸의 재능을 알아보고 공부보다는 예술 방면을 많이 접하도록 환경을 조성해 주었다. 더하기, 빼기도 초등학교에 들어가서 처음 보았다고 한다. 자녀를 둔 많은 부모들은 이런 행동이 얼마나 어려운지를 알 것이다. 학교를 자퇴한다고 했을 때도 딸의 음악에 대한 열정을 이해해 주었다. "보라가 온종일 피아노 생각만 나서 학교를 그만두겠다고 했을 때 공감했어요. 독창성이 생명인 문화, 예술교육 분야에서도 표준화된 교육시스템은 한계가 있어서 홈스쿨링을 택했죠. 하지만 본인의 확고한 의지와 구체적인 목표가 있어야 해요."라고 어머니는 말하였다. 자녀의 능력을 발견하고 그것이 극대화되도록 이끌어 준 진보라의 어머니에게 자녀교육의 답이 있었다. "어린 엄마들이 가장 많이 하는 실수가 대충 보고 버릇처럼 말하는 칭찬입니다. 사랑으로 잘 지켜보고 아이의 장점을 발견해주는 진심이 담긴 칭찬이 아이의 미래가 됩니다."라는 그녀의 말이 큰 울림으로 다가온다. 진보라의 "음악은 한결같이 언제나 내 삶의 중심입니다."라는 말에서 음악에 대한 열정이 느껴진다.

"세상에서 가장 중요한 일들의 대부분은 아무도 도와주지 않을 때에도 계속 노력한 사람들에 의해서 이루어졌다."(데일 카네기)

스포츠한국 이창호 기자의 기사에서 위조지폐 감별 전문가 서태석의 글을 접하였다. 중학교도 졸업하지 않은 그가 대한민국 최고의 위조지폐 감별 전문가가 된 것이다.

경북 영천에서 삼형제의 막내로 태어난 서태석은 부모님의 속을 많이 썩였다. 중학교를 중퇴하고 빈둥거리다 군대에 가겠다고 하니 아버지가 "이제 인간이 되려나 보구나."라고 말했다고 한다.

군대를 카투사로 입대하여 미7사단 경리 담당을 하게 된 것이 인연의 시작이었다. 어느 날 흑인병사가 환전하려고 가져온 돈이 이상해서 상부에 보고했는데 그게 위조지폐였다. 이를 계기로 미군 장교에게 신임을 얻었다. 경리 담당 장교가 미국으로 돌아가기 전 위폐감별 1급 비밀까지 노하우를 알려 주었다. 전역 후 외환은행의 문을 두드렸지만 학력이나 자격증이 없어 정규직은 꿈도 꾸지 말라는 핀잔을 들으며 겨우 일용직의 일자리를 얻었다.

"가시밭길이었어요. 언제나 학벌 문제가 걸림돌이었고, 견디기 힘든 인간적인 모욕도 숱하게 당했지요. 그런 순간마다 달러의 비밀을 알고 있는 행원은 나뿐이란 자부심을 갖고 버텼습니다. 외국 돈에 대한 정보 수집을 더 많이, 더 자세히 하려고 노력했고요." 열정을 가지고 환경에 굴복하지 않고 능력을 개발했던 것이다.

서태석은 전세계 달러화의 위조지폐를 수사하는 비밀 수사국 USSS(US Treasury & Secret Service)도 인정한 감별 노하우를 지닌 전문가로 성장하였다. 1981년 미국 연방준비은행(FRB)에서 사들인 200만 달러의 위조지폐를 감별하였다. 그 공로를 인정받아 1983년 한국은행으로부터 청백 봉사상을 받았고, 꿈에 그리던 정식 은행원이 되었다. 1999년에는 범국민추진위원회로부터 금융 분야 신지식인으로 선정되었다. 전문가로 걸어온 41년의 경력은 감별기보다 더 정확하다. 미 연방은행의 오판을 입증하기도 하였다. 서태석은 외길 인생을 살았다. 고학력 행원들이 IMF 때 명예퇴직을 하고 은행이 구조조정을 할 때도 고액 연봉자로서 제자리를 지켰다. 달러는 물론 외국 화폐와 각종 채권에 이르기까지 그의 감별 실력과 노하우가 뛰어났기 때문이다. "각 나라의 화폐마다 숨겨진 1급 비밀은 발권 책임자만 알지요."라고 말하는 그에게서 실력과 자부심을 느낄 수 있었다.

"진짜 어려움은 극복할 수 있다. 정복할 수 없는 것은 상상 속의 어려움들뿐이다."(시어도어 N. 베일)

'지아이홀딩스'의 대표이며 코오롱에프엔씨(FnC) 브랜드 '헤드'의 크리에이티브 디렉터인 최범석은 고등학교 1학년 때 학교를 중퇴하였다. 자칭 '날라리'라고 하였다. 떡집 아들이었던 그는 멋쟁이 아버지를 닮아 학창시절부터 옷에 관심이 많았다. 홍대 앞에서 벽 하나를 빌려 옷장사를 했으나 실패하였다.

"홍대에서 망한 뒤 남대문에서 신발 등을 떼다 부산에 내려가 노점을 했죠. 그때 꿈은 지붕이 있는 곳에서 장사를 하고 싶다는 것이었다."고 말한다. 한 달에 40만 원을 받는 원단 아르바이트도 하고, 남대문 시장에서 노점 신발장사도 하였다. 거기서 모은 돈으로 의정부에 옷가게 '치즈'를 차려 성공을 하였다. "의정부 치즈에서 옷을 안 사 입으면 멋쟁이가 아니다."라는 말이 나올 정도였다. 1997년 동대문에 진출하여 직접 디자인한 옷으로 매출을 극대화하여 상가에서 입소문이 나기 시작하였다. 2002년 파리 출장에서 컬렉션에 참가한 뒤 세계적인 디자이너가 되기로 결심하였다. 2003년 '제너럴 아이디어'라는 브랜드로 서울 컬렉션에 데뷔하였다. 경력과 학벌이 앞길을 막았지만 실력으로 극복하였다. 그를 두고 사람들은 "동대문의 신화", "패션계의 개천에서 용났다."고들 한다.

"디자이너로 신문에 난 기사를 보고 전화를 해온 아버지는 '대학을 보냈다면 더 성공했을 텐데…'라고 하시더군요. 아버지께 말씀드렸습니다. 만약 대학에 갔으면 바보처럼 살았을 거라고 했지요. 부족한 것이 많다는 열등감이 있었기 때문에 더 노력하고 성장할 수 있었어요. '깡'과 '끈기'로 버텼던 것이지요." 그의 몸에는 'General idea'라고 문신이 새겨져 있다. 제너럴이 망하면 그도 죽는다는 각오를 새긴 것이다. 2009년 많은 사람의 걱정에도 불구하고 뉴욕 패션 위크에 진출하여 2017년까지 17번의 컬렉션을 이어가고 있다.

그는 끊임없이 새로운 것에 도전을 하였다.

"그냥 내가 할 일은 이것뿐이라고 생각했다. 지금도 이게 버티는 이유다. 처음부터 '네가 되겠냐?'는 만류를 무릅쓰고 했던 일이라 이기고 싶었다. 처음에는 다섯 번만 하자 그랬다가 열 번만 하자, 지금은 스무 번만 하자고 결심한다. 이제는 프레스도 바이어도 브랜드를 알아본다. 최범석이라고 하면 뉴욕에서 활동하는 디자이너인 줄 안다. 뉴욕타임스나 패션 전문 매체 WWD 같은 곳에서 인터뷰나 리뷰를 실어줄 정도는 되었다. 매출을 떠나 손해 나는 일은 아니었다. 그간 많이 배웠고, 여전히 배우고 있다."고 말한다.

SBS 드라마 '패션왕'의 실제 모델이기도 한 최범석은 그냥 만들어진 것이 아니다. 자신이 좋아하는 것을 찾아서 끊임없이 도전하였다. 실패를 하고 어려움에 봉착해도 꿈을 포기하지 않은 것이다. 본인의 몸에 문신으로 각오를 다질 만큼 배수진을 쳤다. 후원이나 인맥 없이 새로운 것에 도전해서 성공을 거둔 것은 모두 깡과 끈기였다. 명문고를 나와 명문대를 들어가야 성공한다는 것과는 정반대의 논리이다. 명문대의 모범생에게는 없는 비인지적 능력이 그를 성공으로 이끌어 주었다. "가난해 배우지 못한 게 내 경쟁력"이라는 그의 말은 진정으로 자신이 좋아하고 잘하는 것이 학력보다 우선임을 우리에게 일깨워준다.

"숯이 압력을 받으면 다이아몬드가 된다고 합니다. 당신 안에는 얼마나 많은 다이아몬드가 숨어 있어 이제나 저제나 세상 밖으로 나가기를 기다리고 있을까요? 고통은 바로 숯을 다이아몬드로 바꾸는 압력입니다. 고통은 우리를 보다 완전한 인간이 되도록 해주는 축복입니다."(버니 S. 시겔의 『내 마음에도 운동이 필요해』 중에서)

지금 세계 IT계의 최고 리더들은 대학 중퇴자

빌 게이츠는 하버드 대학교를 중퇴하고 폴 앨런과 마이크로소프트 회사를 공동 창업하였다. 어려서부터 컴퓨터 프로그램을 만드는 것을 좋아했던 빌 게이츠는 1974년 프로그램 언어인 베이직 해석 프로그램과 앨테어베이직을 개발하였다. 1980년 MS-DOS 개발, 그리고 1985년 윈도우 1.0을 개발하여 31살의 나이에 억만장자가 되었다. 1987년 윈도우 2.0 ,1990년 윈도우 3.0, 1995년 윈도우 95, 1998년 윈도우 98을 개발하였다. 세계에서 제일 돈이 많은 부자 순위 1위를 수년에 걸쳐 유지하였으며, 2000년 자신과 부인의 이름을 딴 빌 & 맬린다 게이츠 재단을 설립하여 자신이 번 돈을 사회공헌 사업에 기부하였다. 2007년 하버드 대학교 교무처장은 "빌 게이츠는 친구들이 중간고사를 준비하느라 공부에 매진할 때 컴퓨터 혁명을 꿈꾸다 학업을 포기했지만 이제 졸업장을 줄 때"라고 하였고, 빌 게이츠는 32년 만에 명예 졸업장을 받았다.

마이클 델은 텍사스 의대를 중퇴하고 단돈 1,000달러로 델컴퓨터를 창업하였다. 12살부터 접시 나르는 일을 통하여 번 돈으로 우표를 샀다. 중간상인을 거치지 않고 경매로 직접 판매해 돈을 모았다. 이 방법은 그가 컴퓨터 업계의 새로운 강자로 떠오르게 하는 비결이 되었다. '무조건 고객에게 미쳐야 한다'는 것이다. 또한 중간상인을 거치지 않고 최종 소비자에게 직접 PC를 공급하였다. 개인별 맞춤판매를 하는 혁신기법을 도입하여 비약적인 성장을 하였다. 젊은 나이에 억만장자가 되었고, PC와 서버 시장에서 미국 1, 2위를 다투고 있다. 특히 스스로 상장을 폐지하고 PC제조업에서 IT솔루션 기업으로 탈바꿈하기 위해 적극적인 투자를 하였다. 이 결정을 두고 IT매체들은 '세계 최대 규모의 스타트업이 탄생했다'고 평가한다. 기업의 단기적 이익이 아닌, 미래의 사업을 위해 상장폐지를 하는 것은 아주 드문 일이다.

마크 저커버그는 하버드 대학교를 중퇴하고 페이스북을 설립하여 33세의 나이로 세계 5위의 억만장자가 되었다. 그는 어려서부터 컴퓨터에 뛰어난 재능을 보였다. 11살 때 병원의 컴퓨터에 환자 도착을 알리는 프로그램을 개발할 정도로 영재였다. 하버드 대학교 재학 당시 동문들을 관리하는 프로그램으로 개발한 것이 페이스북이다. 이것을 전세계인 대상의 소셜 네트워크 서비스(SNS)로 확장하였다. 사람은 본능적으로 관계를 맺고 싶어 하는 것에 착안하여 이를 인터넷상에서 구현한 것이다. 인터넷을 활용하여 사람과 사람을 연결하는 비즈니스를 한 것이다. 저커버그는 전 재산의 99%를 전세계의 빈곤퇴치와 교육을 위하여 기부하였다.

래리 엘리슨은 대학을 두 번이나 다니다 중퇴하고 세계적인 소프트회사 오라클을 창업하였다. 관계형 데이터베이스 관리시스템(DBMS)을 만들어 2017년 포브스 기준 세계 7위의 부자가 되었다. 영화 '아이언맨2'에 깜짝 출연해 화제를 모으기도 했다. 실리콘밸리의 독설가로서 마이크로소프트 회사와 빌 게이츠 회장에 대하여 대립각을 세웠다. "MS와 빌 게이츠가 SW시장을 독점함에 따라 정보 기술의 혁신을 가로막고 있다."고 공격하였다. 입양아로서 젊은 시절의 방황과 독단적인 경영을 하는 스타일이 스티브 잡스와 공통점을 갖고 있다. 이로 인해 래리 엘리슨은 스티브 잡스를 자신의 모델로 삼고 친밀한 관계를 유지하였다. 래리 엘리슨의 예일 대학교 졸업식 축사는 인터넷을 뜨겁게 달구었다. 많은 사람들의 공감과 환호성을 받을 정도로 관심을 일으켰다.

대학교육의 문제점에 대하여, 그리고 대학과 졸업장이 우리의 인생에 무엇을 줄 수 있는지 많은 사람들이 다시 생각하게 하였다. 대학교육은 창의력을 죽이고 틀에 맞는 삶을 살아가게 한다. 사회적 인맥과 습관에 맞추어 살아가는 것은 결코 큰 성공을 거둘 수 없다. 새로운 것에 도전하는 배짱과 아이디어를 낼 수 없다. 래리 엘리슨은 실리콘밸리의 산 증인이다. 73세의 나이에도 오라클을 지휘하며 활동하였다. 오라클 주식이 폭락할 때도 주식을 팔지 않고 매입하였다. "나와 오라클은 하나다. 회사는 내 몸의 일부이다. 몸의 일부를 잘라내고 싶은 사람은 어디에도 없다."라고 말할 정도로 회사에 애착을 가지고 경영하였다.

스티브 잡스는 리드 대학교 물리학과를 다니다가 중퇴하고 워즈니악과 애플컴퓨터 회사를 창업하였다.

이들의 공통점은 모두 대학을 중퇴하고 젊은 나이에 세계적 기업을 일군 거부라는 점들이다. 영국의 인터넷 마케팅 기관인 버브서치가 세계의 자수성가형 부호들의 최종학력을 살펴보니 조사대상자의 4분의 1은 대학 또는 고등학교 중퇴자들이었다고 '파이낸

셜 타임스'가 보도하였다.

마이크로소프트의 폴 앨런은 워싱턴 주립 대학교를 중퇴하였다. RIM의 마이크 라자리디스는 워털루 대학을 중퇴하고 억만장자가 되었다. 케빈 로스는 네바다 주립 대학교를 중퇴하고 쇼셜 뉴스 웹사이트 디그(DIGG)를 1,200달러의 자금으로 창업하였다.

지금 세계적 IT기업들의 CEO는 공통적으로 대학을 중퇴하였다. 대학교육의 틀을 벗어버리고 창의력을 바탕으로 새로운 문을 연 것이다. 프린스턴 대학교를 중퇴하고 모바일 앱스 제조업체인 언드립(UNDNIP)을 창업한 믹 헤이전은 "실리콘밸리에서 대학 중퇴는 명예로운 훈장"이라고 하였다. 또한 『백만장자 교육: 대학에서 배울 수 없는 성공비결의 모든 것』이라는 책을 쓴 마이클 엘스버그는 "대학이란 결국 관리자를 양성하는 곳이다. 하지만 경제는 그렇게 많은 관리자들을 필요로 하지 않는다."고 말하였다. 심지어, 페이팔의 공동창업주인 피터 A. 틸은 "성공적인 삶을 위해선 대학 졸업장이 필요하다는 번드르르한 속임수에 많은 사람들이 속아 넘어가고 있다. 값비싼 대학교육으로 학생들은 사회에 첫발을 내딛기도 전에 학비 융자금이라는 엄청난 빚더미에 올라앉게 된다."라고 대학교육을 비판하기도 했다.

MIT미디어랩 소장이 된 벤처투자가 이토 조이치는 두 군데의 대학을 중퇴했지만 영화제작자, 시민운동가를 거쳐 벤처투자가로 성공하였다. MIT는 그의 다양한 경력을 인정해 미디어기술 융합연구소장으로 초빙하였다.

우리나라에서는 대학을 중퇴하는 것을 개인적 실패로 받아들인다. 아직까지도 대학교육을 성공의 유일한 통로로 생각한다. 성공의 문을 여는 것이 명문대 진학이라는 고정관념이 단단히 뿌리박힌 사회이다. 궤도이탈을 하는 것은 치명적인 자해행위로 비춰진다. 대학을 중퇴하면 직장에서 설자리가 별로 없다. 세계 IT 기업을 이끄는 힘은 졸업장보다 창의성에서 나온다. 암기위주의 주입식 교육으로는 창의력을 개발하기 어렵다. 입시위주의 교육은 창의력을 죽이고, 획일적인 사람으로 만들어 나간다. 개인의 장점과 능력보다는 대학입학에 맞는 사람으로 만들어 가는 것이다. 가정과 학교, 학원에서 반복적·지속적으로 세뇌시킨다.

하지만 지금은 인터넷과 SNS를 통하여 세계인이 한 공간에서 대화하고 숨을 쉰다. 더 이상 우리만의 리그가 아니다. 명문대를 졸업하는 것이 취업을 위한 목적이었다면 다시 생각해야 한다. 명문대를 졸업해도 50%가 정규직 취업을 하지 못하는 세상이다. 이러한 현상은 점점 가속화되고 있다. 얼마 전 EBS에 탈북 출신 전철우 사장이 나와서 강연을 하였는데, "주위에 1,000억 되는 중소기업 사장들은 다 좋은 대학을 나오지 않았다. 좋은 대학을 나온 사람들을 자기 밑에 두고 쓴다."라고 하였다. 한류 열풍을 만든 K-POP 스타들은 대학보다 어릴 때부터 자신의 재능에 집중한 덕분에 스타가 되었다.

졸업장을 평생 통행증으로 여기는 학벌사회는 세계시장에서 도태되기 마련이다. 지금 세계 IT 기업의 최고 리더들은 모두 대학을 중퇴하였다. 변화무쌍한 사회에서는 더 이상 모범생들이 설 자리가 없다. 모험생들이 새로운 영역을 개척하고 이끌어 갈 것이다.

최고의 전문가가 되기 위해서는 10년 내공이 필요하다

그리스 속담에 "인내의 나무에 금이 열린다. 1시간의 인내는 10년의 안락이다."란 말이 있다.

인생을 살아가면서 무슨 일이든지 자기 생각대로 되지 않는다고 초조해하거나 포기해서는 안 된다. 조급하게 단번에 형세를 반전시키거나 임시로 모면하려는 태도를 취하게 되면 오히려 역효과가 날 수 있다. 성공에는 끈질긴 인내와 집념이 뒷받침되어 있다. 우리는 분명 인내를 갖고 행동하면 더 나은 미래가 기다리고 있다는 것을 알고 있다.

『곤충기』로 유명한 곤충학자 J. H. 파브르는 31세 때 곤충에 대한 글을 읽고 곤충을 연구하기 시작하였다. 파브르가 곤충에 대한 연구를 바탕으로 책을 처음 출간한 것은 56세였다. 자그마치 25년이 지나서야 책으로 엮은 것이다. 어떤 일이든지 그 일을 성공으로 이끌어주는 것은 집중력과 인내력이다. 무언가를 할 때 길게 내다보고 꾸준하게 몰입하는 인내력이 필요하다.

제임스 카메론 영화감독은 할리우드 흥행사의 전설적인 사람이다. 스티븐 스필버그, 조지 루카스와 함께 할리우드의 3대 블록버스터 거장으로 불린다. 제임스 카메론은 새로운 기술과 SF적 상상력을 바탕으로 한 영상에 고전적인 이야기를 합쳐 자신만의 독자적인 영역을 개척하였다.

제임스 카메론은 캘리포니아 주립 대학교를 중퇴하였다. 어린 시절부터 잡동사니로 로켓, 비행기, 탱크 등을 만들면서 미니어처 제작의 습작을 좋아하였다. 독서광이었던 제임스 카메론은 특히 SF물을 탐독하였다. 트럭운전사, 만화가 어시스턴트 등의 직업을 전전하다 영화 '스타워즈'를 보고 본격적으로 영화계에 뛰어든 제임스 카메론은 1984년 SF 액션 영화 '터미네이터'로 실질적인 영화감독에 데뷔하였다. 이 영화는 640만 달러의 저예산으로 제작했는데 개봉 후 미국에서만 3,840만 달러, 해외에서는 8,000만 달러의 수익을 올렸다. 제작비의 20배에 달하는 대성공을 거둔 것이다.

터미네이터의 성공으로 제임스 카메론은 '람보2'의 각본, '에일리언2'의 감독으로 발탁되었다. 속편은 성공하기 힘들다는 속설을 깨고 두 편의 영화는 대성공을 거두었다. 람보2는 2,550만 달러의 제작비로 3억 400만 달러의 흥행 성적을 거두었다. 에일리언2는 1,800만 달러의 제작비를 투여하여 1억 8,330만 달러의 흥행 성공을 가져왔다. 이후 '터미네이터2', '폭풍 속으로', '트루 라이즈'를 통하여 흥행감독으로 발돋움하였다. 이들은 흥행뿐만 아니라 평단의 호평도 받았다. 또한 반드시 봐야 할 영화 리스트에 꼽힌다. 제임스 카메론은 영화감독으로 데뷔 후 13년째인 1997년 '타이타닉'을 개봉하였다. 그는 영화 타이타닉에 최고의 테크놀러지를 동원한 특수 효과의 향연과 스펙터클, 멜로드라마를 결합하여 최고의 작품을 만들어 장인의 경지를 보여주었다. 2억 달러의 제작비를 들여 21억 8,700만 달러의 엄청난 극장 흥행을 가져왔다. 타이타닉은 15주 연속 박스 오피스 1위에 등극했고 북미에서 6억 달러라는 전대미문의 흥행 성적을 거두었다. 1998년 아카데미 시상식에서는 작품상과 감독상을 포함한 11개 부문을 수상하였다.

타이타닉의 흥행기록은 총수입 9억 2,000만 달러를 벌어들인 '쥬라기 공원'의 흥행기록보다 2배 이상 높다. 지금까지 최고의 제작비를 들여 최고의 수익을 올린 전대미문의 블랙버스터 영화가 되었다.

제임스 카메론의 10년 동안의 내공이 최고의 영화를 제작하게 하였다. 더 나은 영화를 만들려고 각종 새로운 기법을 개발하고 도입한 카메론은 2009년 타이타닉 영화 이후 12년 만에 신작 '아바타'를 개봉하였다. 그리고 극장 개봉 2개월 만에 12년 동안 흥행의 아성을 지켜온 타이타닉을 제쳤다. 아바타는 2억 3,700만 달러의 제작비로 27억 8,800만 달러라는 어마어마한 수익을 거뒀다. 자신이 세운 기록을 자신이 뛰어넘은 것이다. 그는 영화감독 데뷔 후 10년에 한 번씩 전무후무한 흥행의 대성공을 가져왔다. 지금까지도 흥행 순위 1위, 2위를 차지하고 있다. '터미네이터2'부터 '아바타'에 이르기까지, 제임스 카메론은 영화계에 기술적인 혁신을 주도해 왔다. 그 예로 터미네이터2의 T-1000의 변신장면은 몰핑기법으로 창조하였다. 그는 새로운 특수효과를 개발해 가면서 시각세계의 표현영역을 넓히고자 주력했고, 구분이 모호한 실사와 컴퓨터 그래픽의 합성 등 불가능해 보이는 표현의 한계에 도전했으며, 매번 기록을 갱신하였다. 한 가지 일을 10년을 하면 '달인'이라고 한다. 20년을 하면 '명인', 30년을 하면 하늘이 내렸다 해서 '천인'이라 한다. 제임스 카메룬은 끊임없이 연구하고 새로운 것에 도전하면서 자신이 하는 일에 창의력을 결합하여 달인의 경지를 넘어 영화계의 세계적인 거장으로 우뚝 섰다.

마거릿 미첼은 『바람과 함께 사라지다』로 유명한 작가이다. 그녀는 미국의 조지아주 애틀랜타에서 태어났으며, 남북전쟁의 일화를 들으며 성장하였다. 명문 여자대학인 스미스 대학교에서 의학을 공부하던 중 스페인독감으로 어머니가 세상을 떠나자 학교를 중퇴하였다. 독서광이었던 마거릿 미첼은 어린 시절부터 듣던 전쟁 일화와 자료 수집을 바탕으로 10년간 『바람과 함께 사라지다』를 집필하였다. 1936년 출판된 이 소설은 폭발적인 인기를 얻으며 베스트셀러가 되었고, 1939년 클라크 케이블과 비비안 리의 주연으로 영화화되면서 세계적으로 유명해졌다. 마거릿 미첼은 하나의 작품을 10년간 포기하지 않고 끈질기게 몰입하였다. 10년간의 자료 수집을 통하여 방대한 내용의 대작이 완성된 것이다.

에드워드 기번은 『로마제국쇠망사』를 12년에 걸쳐 완성하였다. 2세기부터 콘스탄티노플 함락까지 1,400년의 로마사를 유려하고 방대하게 다루었다. 이 책은 뛰어난 역사서이자 훌륭한 문학작품이다. 에드워드 기번이 사학자로서의 통찰과 수려한 문장으로 완성한 대작이다. 오랜 시간 끊임없이 노력한 결과, 방대한 자료와 촘촘히 연결된 글은 흔들리지 않는 명저로 자리 잡았다. 『로마제국쇠망사』는 나폴레옹에게 제국의 야망을 갖게 했고, 처칠이 자신의 회고록을 집필하는 데도 큰 영향을 미쳤다. 또한 수많은 소설과 영화, 드라마에 영감을 주었다.

영국의 사회사상가 존 러스킨은 "성공한 사람과 실패한 사람의 궁극적인 차이는 인내이다."라고 하였다. 자신이 하는 일이 어렵더라도 포기하지 않고 끈질기게 물고 늘어져야 한다.

노아 웹스터는 『웹스터 사전』을 집필하기 위해 36년간 자료를 수집하고 두 번이나 대서양을 횡단하였다. 플라톤의 『국가론』은 무려 아홉 번이나 대필한 다음에 완성된 것이다. 시인 브라이언트는 자신의 시를 보통 99번씩 다듬어 완성하였다. 미켈란젤로의 '최후의 심판'은 8년 동안 땀 흘려 완성한 대작이다. 레오나르도 다빈치의 '최후의 만찬'도 10년의 세월이 걸렸다. 작가는 일에 너무 열중한 나머지 식사하는 것도 잊어버린 적이 많았다. 슈만 하이크는 위대한 가수가 되기 위해 20년간 가난과 싸웠다.

영국의 시인 존 밀턴은 "가장 잘 인내하는 자가 무엇이든지 가장 잘할 수 있다."고 말하였다.

중요한 것은 '누가 끝까지 지속하느냐'이지, '얼마나 능력이 있고 학력이 좋으냐'가 아니다. 목적지에 이르는 가장 확실한 방법은 인내하고 끝까지 가는 것이다. 성공은 마라톤과 같다. 누가 오래 버티느냐로 승패는 갈린다. 도쿠가와 이에야스는 약육강식의 전국시대를 끝내고 260년이 넘는 에도 막부시대를 열었다. 그는 천재적 자질을 가진 것도 아니고 시대를 잘 타고난 것도 아니다. 오로지 참고 기다린 덕분이다. "사람의 일생은 무거운 짐을 지고 먼

길을 가는 것과 같다. 서두를 필요 없다."고 말하였다. 때를 기다릴 줄 아는 인내의 대명사이다. 직장이나 어떤 분야에서 조금만 어려워도 포기하는 사람은 큰 성과를 거둘 수 없다. 어떤 일이든 전문가가 되려면 10년의 내공이 필요하다

자기 삶의 주인이 되자

임제선사 어록에 "수처작주隨處作主 입처개진入處皆眞"이란 말이 있다. 우리가 부딪히는 모든 일마다 주인의식으로 행하면 하는 일마다 진실하지 않은 것이 없다는 뜻이다. 매일매일 정신없이 달려가는 시대에 '나는 누구인가? 나는 행복한가? 내가 원하는 삶은 무엇인가?'를 진지하게 한 번쯤 생각해야 한다.

세상은 결코 만만하지 않다. 요즈음 우리나라 젊은 세대는 '3포 시대'에 살고 있다. 취업을 포기하고, 결혼을 포기하고, 출산을 포기하는 힘든 시대를 마주하고 있다. 공부하는 것도 성적이나 경쟁이 아닌 오롯이 나 자신을 위한 것이어야 한다. 바쁜 일상이라도 나를 찾고 내 삶의 진짜 주인으로 살아야 한다. 자존감이 떨어지는 것은 자신을 사랑하지 않기 때문이다. 자신을 의심하고 점점 자신감을 잃어간다. 불만과 책임전가가 늘어가면서 내 삶의 주인으로서 나를 잃어간다. 내가 세웠던 장기적인 비전과 목표를 제대로 인식하지 못함으로써 오는 하인의 삶을 만들게 된다. 자신의 삶에서 주체가 되어야 한다.

EBS 방송 '세상에 나쁜 개는 없다'에 나온 강형욱 씨가 신선하였다. 세간에서는 '개통령'이라고 부른다. 개와의 소통을 통하여 개를 훈련시키는 방법이 독특하였다. 개가 짖는 것과 행동을 보고 개의 생각을 읽는다. 반려견과 진정으로 행복한 공존을 하려는 훈련사다. 애견인구 1,000만 시대를 맞아 새로운 반려견 훈련법은 애견인들에게 큰 반향을 불러일으키고 있다. 이런 마음은 그의 성장 배경과 무관하지 않다.

강형욱의 어린 시절 그의 아버지가 개 사육장을 운영하였다. 우리 속에서 열악하게 사육되는 강아지를 보는 것이 괴로웠다. 그는 한글도 강아지 잡지를 보고 떼고 연습장에 강아지 사진을 스크랩할 정도로 개를 사랑하였다. 그래서 초등학교 때 강아지와 관련된 봉사활동을 열심히 하였다. 아버지 농장에서 키우는 개들의 여건을 바꿔주지 못하는 미안함에 다른 곳에서 활동하였다. 그는 자연스럽게 유기견 훈련사라는 직업에 관심을 갖기 시작하였다.

"제 가장 큰 꿈은 개와 오랫동안 즐겁게 사는 것이었습니다. 강아지와 가장 행복하게 오래 살 수 있는 일이 무엇일까 고민하다가 훈련사가 되기로 했죠. 강아지들과 많이 접하는 직업은 수의사, 미용사, 훈련사입니다. 수의사, 미용사 둘 다 중요한 일을 하지만 가끔씩 악역이 돼야 해요. 주사를 놓거나 털을 깎는 등 강아지들이 싫어하는 것을 해야만 하죠. 반면 반려견 훈련사들은 항상 강아지들과 놀아줍니다. 강아지들에게 수의사, 미용사, 훈련사 셋의 인기투표를 해보면 어떻게 될까요? 아마도 훈련사가 가장 많은 표를 받을 겁니다. 강아지들과 자주 놀아 주니까요."

훈련사가 되기로 마음먹은 그는 중학교 3학년 때부터 훈련사들을 찾아가 많은 것을 배웠다. 고등학교 입학도 일반고등학교가 아닌 방송통신고등학교로 진학을 하였다. 2주에 한 번 학교에 가면 됐기 때문이다. 군대에 입대하기 전까지 4년 반을 그곳에서 일하였다. "그 시절은 참 혹독했죠. 월급 5만 원으로 한 달을 버텨야 했기 때문에 1년에 4~5번을 제외한 대부분의 삼시세끼를 마트에서 파는 900원짜리 동그란 청국장으로 때웠습니다. 쉬는 날도 없고 새벽 4시에 일어나 밤 12시까지 꼬박 일했습니다. 혹독한 방식의 개 훈련만큼이나 훈련사에 대한 처우도 열악했습니다. 육체가 정신을 지배한다잖아요. 개와 함께하고 싶다는 바람으로 견뎠지만 참 힘든 시기였죠." 아직 30대 초반인데 노안이라고 언급되어 화제가 된 것도 이 때문이 아닌가 싶다. 강형욱은 자신이 좋아하는 일을 위해 인고의 시간을 견딘 것이다. 꿈이 있기에 가능하였다. 군 생활 중에도 유학 준비를 하였다. 제대 후 일용직 노동자, 헬스장 아르바이트 등으로 500만 원을 모아서 호주, 일본, 노르웨이 등 여러 나라를 다니며 반려견 훈련에 대해 많은 것을 배우고 체험하였다. 노르웨이에서 만난 안네 릴 크밤 선생님은 지금의 강형욱이 있게 해준 사람이다.

강형욱은 유학을 간 것에 대하여 "좋아하는 것은 해야 한다는 생각이 강했습니다. 꼭 배우고 싶었고, 새로운 것을 배우는 데 대한 두려움은 없었어요. 대가는 얼마든지 치를 준비가 돼 있었습니다."라고 말하였다. 외국 유학 중 "강아지를 안 짖게 만드는 것이 아니라 이들이 왜 짖는지를 이해해야 한다."는 말을 듣고 자신이 지금까지 해왔던 훈련이 잘못됐다는 점을 깨달았다. 강아지들과 함께 공존하는 긍정의 훈련법을 배운 것이다. 반려견이 아닌 보호자, 사람의 행동을 변화시켜야 된다고 생각하였다.

"반려견의 행동은 크게 3가지 요소에 영향을 받습니다. 유전적인 요인, 보호자가 만들어 준 환경, 보호자가 만들어 준 기회죠. 유전적인 요인은 우리가 어떻게 할 수 없지만 환경과 기회는 바꿀 수 있습니다. 간식을 주거나 주지 않는 등 반려견이 보고 생각하고 배울 수 있는 기회를 주는 것이죠. 보호자가 먼저 바뀌어야 강아지가 바뀝니다. 가령 산책의 경우도 보호자가 원해서가 아니라 반려견이 원해서 나가야 하죠. 북극곰에게 열대지방에서 살라고 가르치진 않습니다. 사자에게 채식을 교육시키지도 않죠. 반려견이 짖는다고요? 개가 짖는 건 당연한 거예요. 강아지들이 우선 왜 이런 행동을 하는지 먼저 이해할 필요가 있습니다."

강형욱 훈련사는 현재 반려견 행동 클리닉 '보듬컴퍼니'의 대표이다. 그곳에는 견사가 없다. 견주가 반려견을 데려와 함께 교육받고 돌아간다. "훈련을 위해 반려견을 시설에 맡겼다가 찾아가는 방식은 참 엉뚱해요. 부모가 자신의 자녀를 착한 아이로 만들어 달라고 훈련소에 맡겼다가 찾아가지는 않잖아요. 게다가 부모와 자녀 모두에게 교육이 필요한데 말이죠. 반려견의 문제행동은 산책만 잘 시켜줘도 해결되는 경우가 많아요. 결국, 반려견만의 문제가 아니라 견주 교육도 필요한 겁니다."

대학입시에 떨어져 산속이나 외딴 곳의 기숙학원에 가서 공부하는 학생들의 모습이 겹쳐진다. 자녀들의 재능과 능력, 학업의지도 중요하나 부모의 역량과 환경도 중요하다. '학원에 가면 공부하겠지'라고 생각한다든가, 방안에 있으면 안심이 되는 부모들은 깊게 생각해 봐야 한다.

　강형욱은 "'당신은 당신의 강아지를 너무 외롭게 했습니다. 당신은 강아지를 키울 자격이 없습니다', '당신은 당신의 강아지를 너무 오래 묶어 두었습니다. 당신은 강아지를 키울 자격이 없습니다', '당신은 좁은 공간에서 너무 많은 강아지를 키우고 있습니다. 강아지도 고통스럽습니다. 당신에게는 2마리의 강아지만 허락합니다.' 이런 판결이 있다면 정말 감동할 것 같아요."라고 말하였다. 그가 진정으로 자신의 일을 좋아하고 사랑하고 있음을 느끼게 된다. "훈련소에 있던 강아지 40마리의 변에 각각 이름을 써서 매일 맛보고 건강상태를 체크한 적이 있다."고 방송에서 말하는 것을 보고 깜짝 놀랐다. 중학교 때 반려견 훈련사가 되고 싶다고 했을 때 어머니가 오열하면서 반대해도 굽히지 않았다. 해외에서 반려견 훈련에 활용되는 카밍 시크널(Calming Signal)을 한국에 도입해 주위의 조롱에도 굽히지 않고 전파하고 있다. 그 밖에도 반려견의 표정으로 기분을 맞추기도 하고, 반려견 보호자들을 위한 다양한 정보를 공개하고 있다.

　주체적으로 산다는 것은 늘 용기와 인내를 필요로 한다. 많은 사람들이 자기 자신으로 살기보다는 보이는 형식, 외부 권위자, 세상의 시선에 자기를 맞추며 살아간다. 타인의 눈으로만 바라보는 나는 만족감은 없고 공허함만 커진다. 일그러진 거울을 깨는 용기가 필요하다. 내 삶의 주인이 바로 나 자신이라는 것을 깨달아야 한다. 어떤 선택을 하든지 주체가 나 자신이고 자신을 믿는 것에서 출발해야 한다. 자신이 가고자 하는 곳이 어딘지를 분명히 알아야 한다.

내 삶의 방향키를 다른 사람에게 맡기는 우를 범하지 말아야 한다. 인생의 항해길에 맞닥뜨리게 될 암초와 풍랑이 두려워 자신의 삶을 다른 사람의 판단에 맡겨서는 안 된다. 자신이 좋아하는 일을 하고 자신이 원하는 길을 걸어가야 한다. 그리고 때로 멘토의 도움을 받는 것은 자신이 가고자 하는 길을 한 단계 점프시킬 수 있다. 강형욱 훈련사처럼 자신이 좋아하는 일을 포기하지 않고 끝까지 도전하는 것이 중요하다. 내가 내린 결정, 내 선택과 의지로 이루어진 삶을 살아야 한다. 자신이 선택한 것에 책임지는 자세가 될 때 주도적인 삶이 된다. 자신이 좋아하는 일을 하므로 역량도 극대화할 수 있다. 자신이 좋아하는 일을 하므로 행복감을 느낄 수 있다. 이런 삶이 지속될 때 충만한 삶이 되는 것이다.

겸손과 인내, 낮추어야 높이 올라간다

조선시대 세종 때 좌의정을 지낸 맹사성의 일화이다.

당대의 수재였던 그는 19세에 장원급제하여 20살에 경기도 파주 군수가 되었다. 맹사성은 자만심으로 가득 차 있었다. 어느 날 그가 한 고승을 찾아가 물었다.

"스님이 생각하기에 군수로서 지표로 삼아야 할 것이 무엇인지요?"

고승이 대답하였다.

"나쁜 일을 하지 말고 착한 일을 많이 베푸시면 됩니다."

맹사성은 "그건 삼척동자도 다 아는 사실 아닙니까? 먼 길을 온 내게 해줄 말이 고작 그것뿐입니까?"라고 거만하게 말하며 자리에서 일어나려 하였다.

그러자 고승은 녹차나 한잔 마시고 가라며 붙잡았다. 맹사성은 못 이기는 척 자리에 앉았다. 그런데 고승은 찻잔이 넘치는 데도 계속 찻물을 따르는 것이 아닌가.

"스님, 찻물이 넘쳐 방바닥을 망칩니다."

맹사성이 소리쳤다.

하지만 고승은 태연하게 계속 찻물을 따랐다. 그리고 잔뜩 화가 나 있는 맹사성을 쳐다보며 말하였다.

"찻잔이 넘쳐 바닥을 적시는 것은 아시면서 지식이 넘쳐 인품을 망치는 것은 왜 모르십니까?"

고승의 이 한마디에 당황한 맹사성은 부끄러움에 황급히 일어나 자리를 뜨려다 문지방에 머리를 부딪치고 말았다. 그 모습을 보며 고승이 빙긋이 웃으면서 말하였다.

"고개를 숙이면 부딪치지 않았을 것을."

세상의 이치가 그렇다. 고개를 숙이면 부딪칠 일이 없다. 뻣뻣하거나 모나면 정 맞는다.

최근 들어 고위층 인사들의 오만한 태도가 자주 문제를 일으키고 있다. 성공의 사다리를 오를수록 잠재되어 있던 교만이 드러난다. 높은 권위로 다른 사람을 내리누르고 사리사욕을 채우는 데 지위와 능력을 사용하고 마는 것이다. 한동안 나라를 떠들썩하게 했던 대한항공 조현아 전 부사장의 '땅콩 회항 사건'은 교만으로 가득 찬 리더의 행태가 어떤 결과를 초래하는가를 생생히 보여주었다. 직원들을 마치 하인 다루듯이 멸시하며 욕보이는 갑의 횡포는 잘못된 리더십의 전형이다. 리더가 겸손의 덕을 갖추지 못한 채 아랫사람들 위에 군림하면 함께 일하는 사람들이 상처를 받는다. 뿐만 아니라 자기 자신도 추락하고, 조직에도 막대한 손실을 입히게 된다. 사람은 누구나 겸손한 사람에게 끌린다. 겸손한 리더는 조직원의 자연스럽고 진심어린 존경을 끌어내어 관계를 신뢰로 다져 나간다. 신뢰 안에서 상대를 설득하여 근본적인 변화를 이루어낸다.

독일의 철학자 니체는 "겸손은 힘에 바탕을 두고, 교만은 무력에 바탕을 둔다."고 말하였다. 교만한 사람은 힘이 많은 자가 아니고 무력을 휘두르는 자라는 것이다. 교만한 사람은 무능력한 사람이고 지혜로운 사람은 겸손한 사람이다. 교만한 사람은 자만심과 허영에 빠져 있다.

미국의 군인 한 명이 휴가를 받아서 스웨덴에 여행을 갔다. 그는 버스에 탄 후 옆 사람에게 말을 걸었다. "저는 미국에서 왔습니다. 미국은 세계에서 제일 부강하고 민주적인 국가입니다. 국민이 대통령을 만나고 싶으면, 백악관에 신청을 해서 대통령을 만날 수 있습니다." 그러자 스웨덴 사람이 말하였다. "대단하네요. 우리 스웨덴에는 왕이 있습니다. 우리 왕은 겸손해서 우리와 같이 버스도 타고 대화도 나눕니다." 그 사람이 버스 정거장에서 내리자, 옆에 있는 사람들이 미국 군인에게 속삭였다. "방금 당신과 대화한 사람이 스웨덴의 국왕입니다." 미국 군인은 깜짝 놀랐다. 국가도 겸손한 나라가 잘 산다. 성공의 사다리를 오를수록 겸손을 회복해야 한다.

일찍이 노자는 『도덕경』 제66장에서 이렇게 말하였다. "강과 바다가 온갖 계곡물의 왕이 될 수 있는 까닭은 잘 낮추기 때문이다. 그러므로 온갖 계곡물의 왕이 될 수 있다. 이러하기 때문에 백성 위에 서고 싶으면 반드시 자신을 낮추는 말을 써야 하고 백성 앞에 서고 싶으면 반드시 자신을 뒤로 해야 한다." 그래서 인간의 최상의 선善은 상선약수上善若水라고 하였다.

중국 삼국시대 제갈공명의 조카 제갈각은 당대의 천재였다. 어려서부터 그 천재성을 드러내 손권의 사랑을 한 몸에 받았다. 신은 그에게 천재성을 주었지만 겸손의 미덕은 주지 않았다. 어떤 것이 더 소중하고 빛날까. 천재성이 부럽고 우월해 보인다. 그렇지만 제갈각은 '내가 최고'라는 오만함 때문에 목숨까지 잃었다.

현대 사회는 더욱 다원화되고 복잡해지고 있다. 게다가 모바일 시대가 낳은 소셜 네트워크 서비스(SNS)의 급격한 확산은 수평적 네트워크 사회를 만들었다. 사회 환경의 큰 변화를 가져온 것이다. 사회의 방향을 한두 사람이 전적으로 결정하는 것은 불가능하게 되었다. 집단지성의 힘이 비약적으로 강화되었다. 조직의 CEO, 정치지도자, 대통령까지도 새로운 리더십의 변화를 요구받고 있다.

미투(Me-Too) 운동으로 대한민국은 많은 사회적 변혁을 겪고 있다. 유명한 대선후보가 하루아침에 검찰 앞에 서는 나락으로 떨어졌다. 유명연예인은 자살을 하였다. 폭풍으로 바다가 뒤집히면 먹이가 풍부해진다. '미투'라는 큰 폭풍이 지나고 나면 부정부패와 나쁜 관행들에 젖어 있는 대한민국이 달라질 것이라고 긍정적으로 생각한다.

직장에서 1등이 생존하는 것은 꼴찌가 살아남는 것보다 100배는 힘들다. 선두주자에게는 필시 견제 세력이 많다. 질시와 시기로 인한 적들이 많은 것이다. 또한 교만함이 그들을 침몰시킨다. 직장생활을 하던 때 회장 비서였던 한 임원이 대표이사의 말이 마음에 안 든다고 화가 나서 "회장님께 보고한다."고 대들었다. 그 다음 달로 그분은 직장에서 퇴사하였다. 필자가 아는 한 분은 상무만 10년 넘게 달았다. 힘들고 어려울 때도 많았지만 항상 겸손하고 밝은 모습이었다. 지금은 계열회사 대표직을 맡고 있다. 한 회사에서 사원으로 입사해 임원생활을 평사원보다 오래 한 사람은 없을 것이다. 강한 사람이 살아남는 것이 아니라 살아남은 사람이 강한 것이다.

요즘 기업에서 명문대 출신을 임원 발탁에 꺼리는 것도 같은 이치이다. 공부만 하고 자기 것만 챙기는 이기적인 행동이 조직문화에 걸림돌이 되는 것이다. 이들은 함께 나누려고 하지 않고 경쟁만 한다. 다른 사람과의 소통이 불통이어서 조직원들이 그 사람과 함께 일하기를 꺼려한다. 대화할 때도 눈을 쳐다보고 말하지 않고 자신의 말만 하는 것이다. 함께 일하는 사람을 배려하는 마음이 없이 자신의 실적만을 챙기는 것이다. 패배의 DNA가 없이 자신감과 오만이 가득 차 있다.

앞에서도 말했듯이, 최근 코칭을 하면서 보게 되는 공통점 중 하나는 성공한 부모의 자녀들이 어려움을 많이 겪고 있다는 점이다. 성공한 부모들은 자신이 성공한 것처럼 자식들도 당연하게 그래야 한다고 강요한다. 자신의 눈높이에 자녀가 부족해 보이니 항상 질책과 꾸지람을 한다. 부모의 잦은 질책으로 자녀는 자신감이 떨어지고 결국 자존감도 없어진다. 성적이 괜찮던 아이들도 꿈이 없어지고 학교를 자퇴한다. 반항심으로 방황과 가출까지 한다. 자녀에게 문제가 생긴 뒤에야 후회하지만 막대한 대가를 지불해야 한다. 사랑스러운 자녀의 인생이 상처를 받는 것이다.

참존화장품의 김광석 회장은 "인생은 용수철이다."라고 하였다. 누르면 튀어 오른다는 것이다. 낮추는 사람이 결국 이기는 것은 자연의 법칙이다. 겸손하고 자세를 낮출수록 높이 올라간다.

4차 산업, 아무도 모르는 길에 들어서다

4차 산업이란 용어는 2000년 초 독일과 영국에서 '공장자동화 구축'에 대한 열망과 함께 등장하였다. 4차 산업혁명은 초(hyper, 超) 연결, 초지능을 지향한다. 이제껏 인간이 한 번도 경험하지 못했던 세계를 열어 준다. 인공지능, 사물인터넷, 가상현실, 로봇, 빅 데이터, 센서 융합, 양자컴퓨터, 클라우드 컴퓨팅, 바이오 나노기술의 조합과 연결로 지금까지와는 다른 세상이 펼쳐질 것이다. 사람과 사물 간 상호작용에 따른 데이터가 인공지능화되어 모든 산업에 영향을 끼친다. 사물과 인간이 연결된 빅 데이터를 수집하고 인공지능이 분석하여 최적화시킨다. 이것은 전자상거래, 유통, 제조, 금융, 자율주행, 가상현실 등에 영향을 준다. 또한 이 데이터가 다시 축적되어 순환하는 구조로 상호작용을 한다. 데이터와 인공지능이 중요한 위상을 차지하며 시간이 지날수록 순환속도는 점점 더 빨라진다.

글로벌 시장 조사기관 IDC에 따르면 2020년엔 전세계 인구 40억 명이 서로 연결되고 기업은 4조 달러 규모의 새로운 기회를 얻게 된다. 사람들이 생성하는 연간 데이터는 50조 기가바이트(GB)에 이를 전망이다. 세계경제포럼에서는 "1조 개의 센서와 약사 로봇이 등장하고 인공지능이 기업 감사를 수행한다. 미국 도로의

10%는 자율주행 자동차로 채워질 것"이라고 전망하였다. 이런 예측들은 사물인터넷의 데이터 생성과 인공지능 초기 애플리케이션의 폭발적 증가를 예고한다. 초연결 구축과 초지능 전前 단계 완성이 4차 산업혁명의 인프라인 것이다.

기업들도 이에 맞추어 발 빠르게 대처하고 있다. 닛산은 무인자동차 개발에 주력하고 전지, 자율주행 차를 응용분야로 하고 있다. 아마존닷컴은 자체 기술을 개발하여 무인상점을 시범 운영하고 있고 인공지능 비서(에코) 프로그램을 개발하여 신개념 쇼핑 체계를 구축하는 것을 목표로 하고 있다. 제너럴일렉트릭(GE)은 디지털 트윈을 활용하여 고객이 요청하기 전에 불만을 미리 해결해 준다. 일명 비포 서비스(Before service) 구현에 집중하고 있다.

4차 산업혁명은 시대적인 화두이지만 일자리 부분에서는 예측이 밝지만은 않다. 세계경제포럼(WEF) 발표에 의하면 향후 5년간 전세계 고용의 65%를 차지하는 선진국 및 신흥시장 15개국에서 일자리 710만 개가 사라질 것이라고 예측하였다. 한국언론진흥재단 미디어연구센터가 발표한 온라인 설문조사에서도 응답자의 89.9%가 일자리가 줄어들 것이라고 응답하였다. 국민 10명 중 9명은 4차 산업혁명으로 일자리가 줄어들 것이라고 생각하고 있는 것이다. 이제 4차 산업혁명은 거부할 수 없는 시대적 패러다임이다.

자율주행 자동차가 인간 운전자 이상의 신뢰성을 얻는 순간 택시, 버스, 화물차의 운전기사 등 운전을 통해 생계를 유지하는 사람들이 인공지능으로 대체될 것이다. 그러면 인간 운전자처럼 주의 집중력 저하, 피로 누적, 상황 오판단 등이 없어 교통사고율이 매우 낮아질 것이다. 만약 상용화된다면 장시간 운전을 요하는 곳에서부터 본격적으로 실시될 것이다. 실제로 철도에서는 자동 및 무인운전이 활발히 도입되고 있다. 서울메트로와 코레일 일부 노선은 차장이 존재하지 않는다. 신분당선, 경전철 등은 전면 무인운전이고, 사람은 관제실에서 열차 오작동 감독만 한다. 오작동 역시 버튼만 누르면 인공지능이 스스로 오류를 수정한다.

의료전문가 인공지능 왓슨은 현재 웬만한 전문의보다 더 정확한 진단을 내린다. 고난도를 요구하고 체력소모가 심한 외과 수술은 인공지능 수술 로봇으로 대체될 것이다. 의대생들이나 예비 의료인들은 인공지능에 잠식당할 여지가 적은 부분으로 몰리게 된다. 인터넷 광고나 강남에 성형외과들이 성행하는 것도 이런 흐름의 전조현상이다.

변호사 등 문서작업을 주로 하는 직종도 알고리즘의 발전으로 많은 수가 줄어들고 있다. 과거 열 사람의 변호사가 수 주일에 걸쳐 했던 일도 잘 학습된 프로그램은 몇 분 만에 해치울 수 있다. 지금도 포화상태인 변호사들의 시름이 더 깊어질 수밖에 없다. 발 빠르게 진입했던 국선변호사나 최근 시대 조류에 빠르게 편승한 이혼 전문 변호사들도 상황은 마찬가지다. 은행 역시 핀테크의 발전으로 인원을 점점 줄여 나가는 추세이다. 지점이 없는 은행도 속속 등장하고 있다. 인터넷 뱅킹, 인터넷 전문은행이 등장하면서 전세계 기존 은행들이 경쟁력 확보를 위해 지점을 대거 폐쇄하고 있다. 한때 최고의 직장이던 금융업은 인력이 제로가 될 가능성이 높은 직종이 되었다.

증권업도 인간보다 인공지능이 훨씬 많은 변수를 고려하고 더 빠르게 답을 찾아낸다. 현재 미국 주식시장 거래의 70%가 프로그램으로 이루어진다. 최근 로보 어드바이저(Robo-Adviser)라고 하여 인공지능이 금융상품을 빠른 시간 내에 검색하여 알맞은 상품을 추천해 주고 있다. 또 블록체인을 활용해 보험 데이터베이스를 통합 관리하는 솔루션도 등장하였다. 골드만삭스는 딥러닝 방식으로 각종 업무를 자동화하여, 기존에 600명이 하던 일이 2명이면 충분하였다.

제조업에서도 아디다스의 경우 50만 켤레의 신발을 만드는데 10명이면 충분하게 되었다. 이러한 고도의 자동화 시스템은 저렴한 노동력을 찾아 개발도상국으로 떠났던 생산시설들을 자국으로 다시 리턴하게 한다. 단순 반복 작업은 모두 AI로봇이 대체하게 된다. 일본에서는 음식점에 식기세척 로봇을 도입해 인건비 절감을 하고 있다. 신발도 센서를 달아 스스로 움직여 정리정돈을 하고 있다. 배달도 드론이나 자율주행 배달 로봇이 그 자리를 꿰차고 있다. 창의적인 영역이라고 생각했던 작곡, 회화조차도 인공지능이 손을 뻗치고 있다. 원하는 분위기의 곡을 입력하면 그에 맞춰 인공지능이 작곡을 해준다. 간단한 스케치만으로도 디테일한 그림을 뽑아주는 프로그램도 나왔다. 최근의 Prism이라는 앱은 일반 사진을 인공지능을 이용해 팝아트, 유화, 연필스케치 등 다양하게 바꿔준다.

얼마 전 TV 프로그램에서 방송인 사유리 씨의 아버지가 이상민 씨와 대화하는 장면을 보았다. 통역 앱을 통하여 서로의 언어를 몰라도 소통이 가능해진 것이다. 인공지능(AI)이 발전하면 자동 번역 시스템이 구축될 것이고, 이는 어학원에게는 직격탄이 될 것이다. 더 나아가서 통역사나 번역 일을 하는 영역도 어려움은 마찬가지다. 바이오, 생명기술의 발전은 인간건강에 획기적인 발전을 가져오게 된다. 각종 보약도 바이오 기술이 대체하게 될 것이다. 지금도 포화상태인 한의사들은 새로운 고민이 아닐 수 없다. 그러나 4차 산업혁명의 핵심이 반드시 기술인 것만도 아니다. 매출 1조 원이상을 기록한 스타벅스코리아의 성공 비결 중에는 '사이렌오더'와 같이 애플리케이션을 기반으로 사전 주문서비스를 하는 것도 있다. 하지만 컵에 고객 성명을 기입하거나 고객 호출용 진동 벨을 사용하지 않음으로써 고객과 스태프가 보다 친밀하게 소통하도록 하는 비非기술적 전략도 존재한다. 일본의 카페형 서점 츠타야 (TSUTAYA)가 동네 사랑방처럼 모든 이의 안식처로 자리 잡은 것도 같은 맥락이다.

우리를 둘러싸고 있는 세상이 점점 낯설어지고 알 수 없게 되어 간다. 아무도 경험해 보지 못한 길이다. 4차 산업혁명은 정답이 없는 시대이다. 스스로 해답을 찾아야 한다. 매뉴얼대로만 움직이는 모범생들이 살아가기는 점점 어려워진다. 현시점의 인기 직업에만 관심을 갖고 올인하는 것은 불행한 삶이 될 수도 있다. 다보스포럼에서 발표한 것과 같이 10년 안에 현재 직업의 70% 정도가 사라지고 대체될 것이다. 젊은이들이 공무원으로만 몰리는 것은 새로운 위기를 맞이할 수 있다. 우리나라 교육은 희망을 잃어가는 데 교사는 서로 지원하려고 하는 것도 기현상이다.

이젠 좌충우돌하는 교육정책에 중심을 잃지 않는 학부모나 멘토들이 많아야 한다. 입시위주의 교육으로 내몰리지 않는 참다운 부모들이 되어야 한다. 대학교육이 필요한 직업은 40%가 채 되지 않는다. 자녀들의 재능과 역량을 발견하고 개발하도록 도와주어야 한다. 인생이라는 마라톤에서 인성이 지식보다 우선임을 알게 해야 한다. 창의력을 바탕으로 도전하는 정신을 가지게 해야 한다. 또한 세계시장이 하나로 연결되어 있으므로 글로벌로 나가는 배짱과 시야가 필요하다. 이젠 정해진 절차, 부모가 지시하는 대로 따라가는 모범생들은 경쟁력이 떨어진다.

삶의 흐름에 중심을 잡아야 한다

김경원 디큐브시티 대표의 부친은 서해안의 한 항구도시에서 어선 10여 척을 보유한 수산업체를 경영하고 있었다. 선친 회사의 어선들 중 유독 한 척의 배가 같은 회사의 배는 물론이고, 그 항구의 모든 어선들보다 훨씬 높은 어획고를 올리고 있었다. 특이한 것은 그 배가 태풍철인 7월에서 9월까지의 기간에는 집중적으로 고기를 많이 잡아 온다는 것이었다. 어린 시절 김 대표는 호기심이 많아 그 선장을 따라다니면서 고기를 많이 잡는 비결을 알려달라고 졸랐다. 꼬맹이의 집요함에 말없는 웃음으로 대하던 그가 어느 날 허름한 매운탕 집으로 데려가서 원하던 대답을 해주었다.

그는 태풍이 부는 시기에 고기를 잘 잡는 것은 태풍이 부는 바다에서 잘 버티기 때문이라는 말부터 꺼냈다. 바다에서 조업 중 라디오를 통해 태풍 예보가 뜨면 다른 배들은 죄다 근처 섬으로 피하지만 자기 배만은 그 자리에 닻을 내리고 남았단다. 그리고 태풍이 닥치면 바다에서 몇 시간 동안 태풍이 지나가길 기다려서 날씨가 개면 조업에 나선단다. 태풍이 바다의 바닥까지 뒤집어 놓고 지나가면 이때 떠오른 먹이를 따라 엄청난 양의 고기떼가 따라온다. 여기에 그물을 던지면 바로 만선이 되곤 했단다. 태풍이 불면 배가 위험하지 않느냐고 물었더니 배는 바람의 방향으로 뱃머리가 향해 있으면 아무리 거친 파도에도 끄떡없는 법이라고 하였단다. 따라서 문제는 바람의 방향을 잘 예상해서 제때에 바람 방향으로 뱃머리를 돌려놓는 것이 중요하다고.

선장의 경험과 판단력뿐만 아니라 정보수집 노력도 중요한 역할을 하였다. 출항 전에 남쪽에서 발생한 태풍의 예상 경로를 기상 정보를 통해 머릿속에 넣어 와야 하기 때문이다. 그는, 태풍 뒤에는 잔잔한 바다와 함께 큰 고기떼가 올 것이라는 희망과 확신이 자신과 선원들을 버티게 하고 두려움을 이기게 해준다고 하였다. 아울러 태풍 후 만선의 큰 기회를 잡기 위해서는 준비를 철저히 해야 했다. 태풍이 오기 전 그물을 꼼꼼히 손질해 놓고 이를 어창에 넣어 태풍에 손상되지 않도록 잘 보전해야 태풍이 지나가고 난 뒤 제대로 그물을 펼칠 수 있기 때문이다. 나가레 정신이란 물결을 잘 타고 삿대를 박아 격류에 버티듯이, 흐름을 잘 읽어 어려움을 견디어 내는 것이다.

우리나라는 개인적인 이기주의가 점점 심화되고 있다. 인간만이 느낄 수 있는 정이 없어지고 세상이 각박해지고 있다. 부자는 더욱 부자가 되고, 가난한 사람은 더 이상 현실을 벗어나기가 어렵다. 사회의 양극화는 점점 심화될 것이다. 그리고 이로 인한 갈등은 이념문제보다 더 심각하다.

출산율 감소로 인한 인구의 급격한 감소는 산부인과나 대학 등 당장 직접적인 대처가 필요한 곳도 있지만 장기적으로 사회 전반적인 문제로 확산된 것이다.

늘어나는 가계부채는 삶의 희망을 잃게 하고 국가의 부채 증가는 국민을 안보만큼이나 불안하게 한다. 국가의 재정이 증가한다는 것은 그만큼 세금이 늘어난다는 의미이다. 무분별한 포퓰리즘과 인기주의는 큰 대가를 치러야 한다. 로마가 멸망한 이유는 빵과 서커스 때문이다. 로마시민에게 인기 있는 지도자가 되려고 빵과 서커스를 통하여 무상복지와 재미를 주었다. 거기에 젖은 시민들은 더 이상 과거의 로마인이 아니었다. 도전정신, 판단력, 이성보다는 서로 헐뜯고 현실에 젖어 스스로 멸망의 나락으로 떨어진 것이다. 한국은 지금 리더십의 부재로 지도층에 대한 불신이 팽배하다. 부패와 자기들만의 리그로 지도자에 대한 희망을 포기한 사람들이 갈수록 늘어난다. 새로운 전략과 리더십, 교육이 필요하다.

얼마 전 한솔섬유의 문국현 대표이사와 식사를 하였다. 유한킴벌리를 세계적인 회사로 키우고 대선출마까지 했던 문국현 대표는 "피터 드러커와 스티븐 코비 박사가 자신의 인생에서 제일 큰 영향을 끼친 분"이라고 하였다. 얼마 전까지 102살이 된 피터 드러커 부인과 교류관계를 유지했다고 한다. 문국현 대표는 남은 삶을 우리나라 젊은이들의 일자리 창출에 기여하겠다고 하였다. 국내 청년들의 일자리를 시급히 해결하기 위하여 발걸음을 바삐 하는 그분에게 찬사를 보낸다. 뒤안길에서 나름대로 역할을 다하려는 사람들을 보면서 희망을 가진다.

정보통신의 발달로 교육환경도 상당히 변하였다. 지식을 배우고자 하면 e러닝, 원격강의, 온라인강의, 사이버학습 등 다양한 방법들이 있다. 지식인들은 우리나라 학교교육에 더 이상 희망을 가지지 못한다. 교육현장에 몸담고 있는 교사들도 학교교육에 걱정들이 많다. 이구동성으로 이래서는 안 된다고 한다. 교사 1명당 가르치는 학생의 수는 과거의 절반도 안 된다. 가구당 지출되는 많은 교육비가 잘못 쓰이고 있다. 최대비용을 쓰고 효과가 나지 않는 교육을 받고 있다. 교실이 더 이상 지식을 전달하는 곳이 되어서는 안 된다. 교사는 학생들에게 지식을 떼어 주는 중간도매상이 되어서는 안 된다. 교육의 목적은 학생에게 무엇을 알게 하는 것이 아니고, 무엇인가 할 수 있는 능력을 배양해 주는 것이어야 한다.

대학에 대해서도 새롭게 인식해야 한다. 우리나라의 대학 진학률은 89%나 된다. 독일은 20%에도 못 미친다. 그러나 60세가 되면 독일이 우리나라보다 경쟁력이 훨씬 높다. 독일, 스위스, 오스트리아는 평생학습으로 경쟁력이 지속되고 가속화된다. 독일은 전문학교가 2,000개가 넘는다. 한국은 대학교육 이후 평생교육의 토대가 약해 성인의 경쟁력이 떨어진다. 우리는 일자리와 상관없는 학력과 자격증만 남발한다. 더 이상 대학만 나온다고 경쟁력을 가지는 시대가 아니다. 고민하는 청년들에게 몇 가지 당부한다.

첫째, 속도보다는 방향이 중요하다. 자신의 큰바위 얼굴을 가져야 한다. 차가 어디로 가는 줄 모르고 차의 대시보드만 보고 있어서는 안 된다. 바깥의 풍경을 볼 수 있어야 한다. 닥쳐오는 세상의 흐름을 보고 중심을 잡아야 한다. 4차 산업이라는 태풍에 방향을 잘 잡고 격류를 잘 넘어야 한다.

둘째, 중소, 중견기업으로 눈을 돌려야 한다. 우리 젊은이들은 언어 능력 수준, 컴퓨터 능력 수준, 견문들이 상당히 높다. 우리나라 중소기업들은 투명성, 글로벌, 디지털, 커스터마이제이션에 약하다. 젊은이들의 능력과 자질이 이런 곳에서 역량을 발휘해야 한다. 기업의 오너들이 창업은 잘했으나 글로벌화에는 취약하다. 이젠 대기업이나 공기업, 공무원으로만 눈을 돌려서는 안 된다. 중소기업에서 역량강화를 위해 힘을 쏟아라.

셋째, 글로벌로 눈을 돌려라. 블루오션은 대한민국의 밖에 있다. 좁은 국내에서만 찾지 말고 세계로 뻗어 나가야 한다. 대한민국은 고령화되고 있으며 출산율이 낮다. 기업들도 정체되어 있다.

직업은 개인의 긍지를 높이고 사회적 역할을 찾는 것이다. 청년실업자 수는 100만이 넘는다. 구직을 아예 안 하는 사람을 합치면 200만이 된다. 쏟아져 나오는 대졸자들이 합쳐지면 금방 300만, 400만이 넘는 청년실업자가 된다. 직업이 있어야 자긍심을 가지고 인생을 잘 살아갈 할 수 있다. 앞으로의 성장 가능성을 볼 때 중국이나 아시아 국가들과 관련되는 사업을 고민할 필요가 있다.

넷째, 이젠 평생학습의 시대이다. 대학입시에만 청춘을 걸지 마라. 자신이 좋아하고 잘하는 일에 역량을 집중하라. 배움의 길이 널려 있다. 평생학습의 자세로 역량을 증가시켜야 한다. 시험만 잘 보는 것으로는 앞으로의 삶이 어려울 것이다. 명문고, 명문대 학생들이 왜 자살을 많이 하는가? 이젠 인지적 능력보다 비인지적 능력이 더 중요하다. 아이큐(IQ)와 지식만 있는 모범생들이 살아갈 사회는 이제 더 이상 없다. 창의력, 인성, 회복탄력성, 용기, 끈기, 성실 등이 더 중요하다. 앞으로의 시대는 모험생들의 시대이다. 좋은 인성으로 협력하고 공생 공존해야 한다. 평생학습으로 개인의 경쟁력을 높여 나가야 한다.

유발 하라리는 "호모데우스 이것이 진화의 다음 단계"라고 하였다. 호모데우스는 말 그대로 신이 되려는 인간이다. 굶주림과 전염병, 전쟁문제를 해결한 인류가 다음 단계로 불멸, 행복, 신의 지위를 원한다. 교육, 복지, 노동을 신성으로 재구성해야 한다고 한다. 지식정보 시대를 넘어 지혜창조 시대를 맞이하였다. 4차 산업혁명 시대에는 자율성과 다양성이 존중된다. 따라서 1인 소기업이 대세를 이룰 것이므로 개인들은 협업을 통해 함께 시너지를 내야 한다.

4차 산업혁명으로 생명공학의 발전은 인간의 수명연장과 신체 기능 향상을 가져오고, 인공지능은 인간의 지적 능력을 향상시킨다. 앞으로의 10년은 아무도 예측하기 어려울 정도로 빠르게 우리를 향해 달려올 것이다. 중심을 잘 잡고 대처해 나가야 오래 사는 것이 축복이 될 수 있다.

3부

모험생들이 갖추어야 하는 요소들 —

꿈, 고래의 꿈을 좇아야 바다를 얻는다

"태양을 보면서 살자. 앞을 못 보는 사람은 불쌍한 사람이다. 그러나 더 불쌍한 사람은 비전이 없는 사람이다. 나는 일생 동안 태양을 보면서 살았다. 결코 어둠을 볼 여가가 없었다."(헬렌 켈러)

"꿈은 이루어진다(Dreams come true)."

2002년 한일월드컵에 등장하여 온 국민의 가슴을 뛰게 했던 구호다. 꿈은 반드시 이루어진다. 꿈을 꾸고 그 꿈을 이루기 위해 부단히 노력하면 꿈은 이루어진다.

거스 히딩크 감독이 이끈 대한민국이 폴란드를 이기고 미국과 비기고 강력한 우승후보였던 포르투갈까지 이기면서 국민들은 열광하기 시작하였다. 16강전에서 한국은 연장 접전 끝에 안정환의 골든골로 이탈리아를 이겼다. 8강전에서 한국은 스페인과 승부차기 끝에 5 대 3으로 극적인 승리를 일궈 아시아국가 최초로 월드컵 4강에 올랐다. 선수들과 감독은 국민들에게 많은 사랑을 받았

다. 특히 히딩크 감독 신드롬은 대통령으로도 출마하라고 말할 정
도였다. 대한민국의 경기가 있을 때마다 사람들은 광화문 앞 사거
리와 서울시청 앞을 가득 메웠고, 거리는 붉은색으로 뒤덮였다. 전
국의 거리마다 사람들이 쏟아져 나왔다.

시범경기에서는 5 대 0으로 항상 패하기만 해 히딩크 감독을 오
대영 감독이라고 불렀다. 하지만 히딩크 감독은 굴하지 않고 강팀
과 연습경기를 이어갔다. 선수 선발도 박지성처럼 잘 알려지지는
않았지만 경기에 이기기 위한 사람으로 발굴하였다. 박지성은 월
드컵이 끝나고 영국 프리미어리그의 맨체스터 유나이티드에서 활
약하게 된다. 히딩크 감독은 일반적인 생각과 달리 우리 선수들의
체력이 떨어진다고 분석하여 체력을 기르는 데 많은 노력을 기울
였다. 그 노력의 결과들이 월드컵 기간 동안 세계를 놀라게 하고
한국 국민들에게 큰 기쁨을 안겨 주었다. 꿈을 이루기 위하여 끝까
지 노력하면 결국 그 꿈은 이루어진다는 것을 보여준 것이다.

Kakaostory 성공장터에 나오는 호텔왕 콘래드 N. 힐튼의 글을
접하였다. 힐튼은 미국의 뉴멕시코주 샌안토니오에서 가난한 노르
웨이계 독일인 이민자의 아들로 태어나 호텔 벨보이로 시작하여
전세계에 4,000개가 넘는 힐튼 호텔을 세운 입지전적 인물이다.

가난했던 젊은 시절 힐튼은 아테네 은행의 수위직에 응모하였
다. 시험관이 글자를 쓸 줄 아느냐고 묻자 그는 자신의 이름밖에
쓸 줄 모른다고 대답하여 퇴짜를 맞았다. 나중에 사업가로서 성공
한 뒤 기자회견에서 "회고록을 쓰면 좋을 텐데요."라는 기자의 말

에 힐튼은 "나는 글자를 쓸 줄 모릅니다. 내가 글자를 알았다면 아직도 은행 수위로 있을 겁니다."라고 대답하였다.

호텔을 한창 늘려갈 때 그의 아들들이 질문을 하였다. "아버지! 아버지는 무일푼으로 시작해서 세계적인 호텔 재벌이 되었습니다. 대체 아버지의 무엇이 그런 일을 가능하게 한 거죠?" 힐튼이 대답하였다. "노력, 끝을 모르는 노력, 그것 하나뿐이란다." 그러자 장남이 못마땅한 표정으로 대꾸하였다. "아버지, 물론 노력이 중요하긴 하지만 그것만으로는 아버지 같은 일을 할 수는 없어요. 아버지 회사만 해도 아버지보다 더 열심히 일하는 직원들이 얼마나 많은데요."

정곡을 찌르는 아들의 말에 다소 머쓱해진 힐튼은 말을 슬쩍 바꾸었다. "그래, 생각해보니 노력에 덧붙여진 나의 재능이었어."

그러자 이번에는 차남이 끼어들었다. "아버지 호텔에서 일정 직위에 오른 사람치고 아버지만한 재능을 갖지 못한 사람은 한 사람도 없다고요." 그러자 힐튼은 씩 웃으면서 아들에게 이렇게 말하였다.

"You have a dream! 꿈을 가져야 한다. 사람들은 보통 노력과 재능이 성공의 절대 비결인 줄 알고 있지. 그러나 그것은 기본에 불과한 것이란다. 꿈이 없는 노력과 재능은 가장 열심히, 가장 빠르게 도는 쳇바퀴라고나 할까? 38센트의 봉급을 받던 벨보이 시절, 나는 세계에서 제일 큰 호텔 사진을 벽에 붙여 놓고 하루에도 수십 차례 '나는 할 수 있다'라고 외치면서 그 호텔의 주인이 되어 있는 나를 강렬하게 꿈꾸곤 했단다. 그때 내 주위에는 나보다 더 열심히 일하고 나보다 더 뛰어난 재능을 가진 사람들이 많았지. 하지만 나처럼 강렬하게 꿈을 가졌던 사람은 한 사람도 없었단다. 지금도 여전히 호텔직원으로 머물러 있는 그들과 호텔왕으로 성장한 나 사이에는 '꿈이 있느냐, 없느냐, 그 차이밖에 없단다.'

사람들은 재능과 끈질긴 노력이 성공의 비결이라고 생각할 것이다. 그러나 진짜 비결은 자신에게 주어진 현실을 다른 사람들과는 다른 방식으로 받아들이고 자신이 원하는 바를 생생하게 꿈꿀 수 있는 능력이다.

힐튼은 사업을 확장하던 시기에 세계 대공황으로 파산의 위기를 겪게 된다. 부채가 100만 달러를 넘는 상황에서 모두가 파산을 권고했지만 그는 포기하지 않았다.

힐튼은 "신용은 나의 생명입니다. 파산할 수 없습니다. 신뢰를 버리면 희망을 잃는 것입니다. 이것들을 잃으면 나는 죽은 거나 마찬가지입니다."라고 말하였다. 신뢰를 생명과도 같이 여긴 것이다.

호텔왕 콘래드 N. 힐튼은 2014년 기준 91개국에서 4,000여 개의 호텔을 운영하고 있다.

사람은 가슴속에 별을 가질 수 있는 유일한 존재이다. 꿈이라는 별을 갖지 못한 사람은 아무리 높게 뛰어도 땅을 벗어날 수 없다. 그러나 별을 가진 사람은 하늘을 날 수 있다.

"꿈을 양육하라. 꿈이 성장하도록 격려하라. 꿈을 돌보라. 그러면 언젠가 꿈이 당신을 돌볼 것이다." 나폴레옹 힐이 한 말이다. 자신의 꿈을 자녀로 생각하고 돌봐야 한다. 꿈은 자녀처럼 오늘의 기쁨이고 내일의 소망이 되는 존재이다. 그리고, 꿈을 가져야지 망상을 가져서는 안 된다. 꿈은 이루어지지만 망상은 이루어지지 않는다. 꿈은 본성에서 나오고 뿌린 대로 거둔다. 망상은 탐욕의 관념에서 나온 산물이고, 욕심의 산물이다. 꿈을 가진 사람은 어려움이 와도 포기하지 않고 계획적인 자세로 노력한다. 영어를 잘하고 싶은데 노력을 하지 않는다면 망상이다. 세상에 공짜는 없다. 절대적인 시간이 따라야 꿈은 이루어진다. 힘들이지 않고 갈 수 있는 방법은 없다. 구름이 모이면 비가 오고 날씨가 추우면 눈이 내리는 것은 자연의 이치다.

일본인들에게 관상용으로 인기가 있는 코이(KOI)라는 물고기가 있다. 이 물고기는 어항에서 기르면 5~8cm까지 자란다. 그런데 수족관이나 연못에서 기르면 15~20cm까지 자라고, 강물에 방류하면 90~120cm까지 자란다.

꿈은 코이란 물고기가 처한 환경과 같다. 더 큰 꿈을 꾸면 더 크게 자랄 수 있다. 꿈의 크기는 제한을 받지 않는다. 대사대성大思大成이므로 꿈을 크게 가져야 한다. 그러면 언젠가는 그 꿈을 이룰 수 있는 능력 또한 갖게 된다. 성공의 크기는 꿈의 크기에 비례한다.

많은 사람들이 꿈이 없다고 하는 까닭은 첫째, 자신은 꿈을 꿀 자격이 없다고 생각하기 때문이다. 나이가 많아서, 바빠서, 현재 희망이 없어서라고 말한다.

둘째, 두려움 때문이다. 꿈을 좇다 보면 지금 하고 있는 것도 잃을까봐 가진 것을 놓지 못한다. 자신감이 없기 때문이다.

셋째, 시키는 일에 익숙하기 때문이다. 습관적이라는 말은 '습관'이 '적'이라는 말이다. 익숙한 것에서 벗어나라. 고르디우스의 매듭을 끊어야 한다.

눈동자의 색을 바꿀 수는 없지만 눈빛은 바꿀 수 있다. 입의 크기는 바꿀 수 없지만 입의 모양은 미소로 바꿀 수 있다. 지금 이 순간 운명의 모습을 바꿀 메스를 쥐어라. 나의 운명은 물론이고 내 표정 하나하나까지도 내가 주인이다. 내가 찡그리면 다른 사람도 찡그리고, 내가 나를 가볍게 다루면 다른 사람도 나를 가볍게 다루고 만다. 꿈이 없다면 지금 즉시 가슴 뛰는 꿈을 가져야 한다.

꿈을 꾸고 그 꿈을 이루기 위해 노력하면 언젠가는 반드시 꿈은 이루어진다. 아니, 꿈이 성공하는 나로 이끌어 준다.

"내 뒤에는 무한한 능력이 있다.

내 앞에는 끝없는 가능성이 있다.

내 주위에는 무한한 기회가 있다.

내가 두려워할 이유가 있는가?" (스텔라 스튜어트)

역경을 이겨낸 영혼의 목소리

폴 포츠는 한국에 수십 차례나 다녀갈 정도로 우리에게 친숙한 영국 출신의 가수다. 레이디경향(2007년 9월호)에 세계를 울린 폴 포츠의 감동스토리가 실려 있다.

폴 포츠는 영국의 스타 발굴 프로그램에서 우승하며 단박에 휴대폰 세일즈맨에서 유명인사가 되었다. 오페라 가수의 꿈을 꾸며 살아가던 평범한 사람이 세계적 오페라 가수가 된 것이다. TV 오디션 프로그램 '브리튼즈 갓 탤런트(Britain's Got Talent)' 예선전에서 폴 포츠는 허름한 정장에 불룩하게 나온 배, 부러진 앞니, 자신감 없어 보이는 표정으로 무대에 올라왔다. 3명의 심사위원은 별 기대 없다는 심드렁한 표정으로 지켜봤다. 심사위원 중에는 독설가로 유명한 사이먼 코웰도 있었다. 심사위원 중 한 명인 아만다가 "무슨 노래를 준비하여 오셨나요?"라고 묻자 폴 포츠는 "오페라를 부르겠다."고 하였다.

별로 기대하지 않는다는 표정으로 팔짱 끼고 있는 심사위원들을 뒤로 하고 폴 포츠는 노래를 시작하였다. 푸치니의 오페라 「투란도트」의 아리아 '공주는 잠 못 이루고'를 열창하였다. 자신감 없는 표정과 볼품없는 외모의 폴 포츠에게서 전혀 상상하지 못했던 목소리가 흘러나왔다. 심사위원들이 놀라서 자세를 고쳐 앉았고, 관객들도 놀라움에 숨을 죽이고 그의 노래를 경청하였다. 고음으로 올라갈수록 객석에서는 박수와 탄성이 쏟아졌다. 심사위원 아만다는 감격스럽다는 표정으로 노래를 듣고 있었다. 독설가로 유명한 사이먼은 믿을 수 없다는 표정으로 그를 바라봤다. 곡의 마지막 부분 하이라이트에서 안정적으로 고음을 뿜어내자 관객들은 일제히 일어나 기립박수를 치며 그에게 열광하였다. 심사위원들 역시 놀라움을 금치 못하며 환하게 웃으면서 기립박수를 치고 있었다.

노래가 끝나고 얼떨떨하게 서 있는 폴 포츠에게 사이먼은 "당신 진짜로 휴대폰 세일즈맨이냐?"고 믿을 수 없다는 표정으로 물었다. 그리고 "당신은 우리가 찾아낸 최고의 보석이다."라고 찬사를 보냈다. 동료 심사위원 아만다는 "너무 깜짝 놀라서 온몸에 소름이 돋았다."며 어쩔 줄 몰라 하였다. 심사위원 피어스는 "우리 대회는 진흙 속의 진주를 찾아내서 세계에 자랑스럽게 보여주는 게 목적이다. 그리고 우린 지금 막 세계를 놀라게 할 보석을 찾았다. 그건 바로 당신"이라며 경이롭다는 표정으로 말하였다. 이 동영상은 전세계 네티즌을 감동시키면서 유튜브에서 9일 만에 1,000만 명이 다운받았다. 유튜브 사상 최고의 조회수를 기록한 주인공이 되었다. 예선전 이후 폴 포츠는 영국 내에서 폭발적인 인기를 얻으며 결국 '브리튼즈 갓 탤런트'에서 우승을 하였다. 그리고 자신의 첫번째 일범인 'One Chance'를 세상에 내놓았다.

폴 포츠에게 우승소감을 묻자 그는 "우승했을 때 생각은 'God, why Me!'였다. 믿을 수가 없었다. 지금까지 내 인생의 절반을 세일즈로 보냈다면 이제 남은 절반은 음악을 하면서 보내고 싶다. 나의 'One Last Chance'가 여기 있지 않은가!"라고 말하였다.

세상 사람들이 폴 포츠에게 열광하는 이유는 그의 목소리에도 있지만 꿈에 대한 그의 열정 때문이다. 36살이 되도록 자신이 좋아하는 꿈을 포기하지 않고 도전한 스토리에 감명을 받은 것이다. 그 과정은 길고도 험하였다. 그는 볼품없는 외모와 비사교적인 성격으로 어릴 때부터 따돌림을 당하였다. 설상가상으로 교통사고와 신장암의 고통에 빠졌다. 그때의 상황을 폴 포츠는 "2003년 충수염으로 입원했다가 양성 종양이 발견돼 오랜 시간 병원 신세를 져야 했다. 게다가 같은 해 자전거를 타고 가다 교통사고를 당해 쇄골이 부러지는 중상을 입고 2년간 아무 일도 할 수 없었다. 특히 쇄골 골절로 성대를 다쳐 다시는 노래를 부를 수 없을지 모른다는 말을 들었다. 당시는 하루하루 사는 것 자체가 스트레스였다."고 말하였다.

　그는 휴대폰을 팔아 생활해야 하였다. 그럼에도 오페라 가수가 되겠다는 꿈을 한 번도 포기하지 않았다. "여러 가지 힘든 일들이 많았지만 언젠가는 나에게도 절호의 기회가 올지도 모른다고 생각하였다. 그 희망의 꿈이 지금까지 나를 지탱해준 힘이 됐다."고 말한다. 그가 평소에 자주 하는 말은, 꿈을 가지고 있다면 그것을 위해 끊임없이 도전하라는 것이다.

　"사람들은 대개 자신이 가진 능력을 과소평가한다. 나도 해냈다. 당신도 충분히 해낼 수 있다. 꿈을 이루기 위해 최선을 다해 노력하고 자신이 정한 길은 뒤돌아보지 마라. 사람 일은 어떻게 될지 모른다. 바로 나처럼 기적이 일어날지도 모른다."

　폴 포츠의 1집 앨범 'One Chance'는 전세계적으로는 500만 장 이상 팔리는 밀리언셀러의 성공을 거두었으며, 2014년 그의 실화를 담은 영화의 제목으로도 사용되었다. 그는 계속해서 2집 앨범 'Passion'과 3집 앨범 'Cinema Paradiso'를 발매하였다.

　꿈이란 마음속 깊은 곳에서 간절히 원하는 것이다. 이루어질지 안 이루어질지 확실하지 않지만 반드시 도달하고 싶은 목표점이다. 이루기만 하면 무척이나 행복할 것 같은 일, 기뻐서 가슴 뛰는 일, 내가 살아 있는 이유라고 느끼는 일이 바로 꿈이다.

　스티븐 스필버그는 12살 때 영화감독이 되는 꿈을 가졌다. 자신의 꿈을 향해 도전하는 일 때문에 "매일 아침 가슴이 두근거려서 도저히 식사를 할 수 없었다."고 하였다. 킹 질레트는 40살에 면도기 회사 사장이 되는 꿈을 가졌다. 그는 "사람들이 내일 아침 수염이 돈다는 생각에 가슴이 설레어서 잠을 이룰 수 없었다"고 하였다. 미국의 33대 대통령 해리 트루먼(Harry S. Truman)은 "나는 스스로 위대한 인물이라고는 생각하지 않지만 위대해지고자 노력하는 동안만큼은 위대한 시간을 보냈다."고 말하였다.

꿈의 특성은 첫째, 비가시성(보이지 않는다)이다. 그래서 꿈은 기록되어야 한다. 꿈을 적어서 가시화시켜야 이룰 확률이 높다. 둘째, 유연성(움직인다)이다. 꿈은 움직이고 날아갈 수 있다. 그래서 로드맵을 만들어 특정 틀로 두고 되뇌어야 한다. 셋째, 꿈은 전염성이 있다. 사람들에게 자신의 꿈을 말해야 한다. 큰 꿈은 옆의 사람들도 동화시킨다. 자신의 꿈대로 이루는 것이 아니라 꿈이 이끄는 곳으로 자신이 걸어간다. 넷째, 비현실성이다. 꿈은 인간만이 가지고 있는 4가지 영역으로 만들어지고 달성된다. 자아인식, 상상력, 양심에 따라 꿈을 품는다. 독립의지로 환경에 굴복하지 않고 꿈을 이루어 내는 것이다. 콜럼버스가 '지구는 둥글다'고 상상하지 않았다면 신대륙을 발견하지 못했을 것이다. 다섯째, 꿈은 미래지향성이다. 몇 십 년 뒤에라도 꿈을 이루기 위해 도전하는 것이다. 라이트 형제의 가슴이 '사람이 하늘을 날 수 있다'는 꿈으로 가득차지 않았다면 비행기는 훨씬 뒤에 세상에 선보였을 것이다. 어떤 사람은 꿈을 이루고 어떤 사람은 젊은 날의 허상으로 그치는 이유는 무엇일까? 된다는 믿음을 가진 사람과 그렇지 않은 사람의 차이는 하늘과 땅 차이다.

얼마 전 모 초등학교의 캠프에서 꿈을 적어 벽에 붙여 놓은 것을 보았다. 주로 현재 인기 있고 돈을 많이 벌고 안정적인 직업들이었다. 이젠 아이들의 꿈도 부모가 대신 꿔주는 세상이 되었나 싶어 쓸쓸하였다. 공부를 잘하는 젊은이들에게 물어봐도 자신의 미래 꿈이 없다. 명문고, 명문대 학생들에게 꿈에 관해 물어봐도 얼버무리는 것은 단지 명문대에 들어가는 게 인생 목표였고 더 이상의 꿈을 꾸지 못했기 때문이다. 꿈은 이타적이어야 한다. 단지 내가 잘 먹고 잘 사는 데서 끝나면 큰 의미를 찾을 수 없다. 꿈은 개인이나 사회에 이익을 주는 꿈이어야 한다. 꿈을 꾸면 반드시 적어 놓고 매일매일 되뇌고 말하고 다녀야 한다. 또한 꿈을 이루고 나면 꿈 너머 꿈이 있어야 한다. 대통령 당선이 수단이 되어야 하는데 목적이 되어서 우리나라의 대통령은 불행해진다. 내가 대통령이 되어서 '무엇을 할 것인가'라는, 꿈 너머의 꿈이 없이 단지 대통령이 되는 것이 목적이었기 때문에 방향을 잃은 것이다.

젊은이들은 지금 공식 하나를 더 외우기보다는 자신의 가슴이 뛰는 꿈을 먼저 품어야 한다. 그리고 그 꿈을 향해 열정으로 도전해야 한다. 그냥 미치면 바보가 되지만 꿈에 미치면 신화를 만들 수 있다.

"사람이 꿈이나 목표를 가지면 눈앞에는 반드시 벽이 나타난다. 그 꿈을 가지지 않았더라면 벽이라고 느끼는 일 없이 살아갔을 것들이 눈앞에 나타나게 된다. 큰 꿈을 가진 사람에게는 큰 벽이 나타난다."(기타가와 야스시,『편지가게』에서)

재능, 내 안에 숨어 있는 화려한 광맥을 캐내라

사람들은 저마다의 재능을 한 가지씩 가지고 태어난다. 공부에 재능을 보이지 않더라도 다른 사람보다 운동을 살하는 경우도 있고, 음악을 잘하는 경우도 있다. 또는 공감능력이 뛰어난 경우도 있다. 미국 하버드 대학교의 하워드 가드너(Howard Gardner) 교수는 "'누가 비범한가?'라는 질문은 잘못된 것이다. '어디에 비범성이 있는가?'라고 물어야 한다."고 말하였다. 그에 따르면 사람마다 강한 재능과 약한 재능이 있다. 어떻게 하면 강한 재능을 더 강하게 계발하느냐에 따라 성공의 여부가 판가름난다고 한다. 그러므로 자신의 내면에 있는 재능을 발굴하는 것이 중요하다.

역대 대한민국 오디션 프로그램에서 발굴한 최고 스타들 중 하나가 남매 혼성그룹인 악동뮤지션이다. 악동뮤지션의 가장 큰 특징으로는 자작곡을 할 수 있는 싱어 송 라이터라는 점을 꼽을 수 있다. 이찬혁이 작곡한 곡은 약 150곡 이상이며, 장르의 스펙트럼도 굉장히 넓다. 재즈 스타일의 'RE-BYE', 발라드곡인 '시간과 낙엽', 힙합 스타일의 OST 'RED CARPET'가 있다. 댄스곡인 '사람들이 움직이는 게', 'DINOSAUR' 같은 EDM, 레게곡 등 여러 장르를 자신들의 스타일로 소화한다. 본인들은 나중에 '악뮤'라는 게 하나의 장르가 되었으면 좋겠다고 한다. 곡의 소재도 일상의 사소한 순간을 포착하여 감수성을 얹은 가사를 쓴다. 귀에 달라붙는 멜로디를 작곡하고 재치 있거나 의미 있는 가사를 쓰는 것이 엄청난 장점이다. 언어의 유희, 재치, 때로는 솔직한 감성을 담은 가사들이 기존 가요계의 노래와 다른 참신한 음악성을 가지고 있는 데다 아기자기한 개성으로 대중성을 확보하였다. 서울대학교 작곡과의 모 교수는 멜로디라인을 뻔하지 않게 진행하는 데 탁월하다며 이찬혁을 천재라고 극찬하였다. 이수현은 가요계 대표 음색 깡패 중 한 명이다. 가창력도 중요하지만 음색이 사람들로 하여금 음악을 더 듣게 한다. 이찬혁의 창작 능력, 그것을 구현하는 이수현의 능력이 악동뮤지션 음악의 근간이다. 이찬혁의 창작 능력과 그의 진가를 100% 이상으로 발휘하게 하는 이수현의 음색이 조화를 이룬다. 남매가 서로의 능력을 최대치 이상으로 뽑아내는 환상의 팀이다.

악동뮤지션은 몽골에서 살다 왔다. 경제적인 문제로 학교도 다니지 못하고 홈스쿨링을 하였다. 심지어는 가난해서 간장에 밥을 비벼 먹었다고도 한다. K팝스타 시즌2에서 우승을 차지하면서 한국의 부모들이 악동뮤지션의 교육에 대하여 새롭게 관심을 가졌다. 악동뮤지션은 "홈스쿨링을 하지 않았더라면 'K팝스타'에 도전하지 못했을 거고 악동뮤지션도 없었을 것"이라고 하였다. 그들의 부모는 "진짜 홈스쿨링이 시작된 건 아이들이 하고 싶은 대로 자유를 주기 시작한 때부터"라고 말하였다. 악동뮤지션의 노래 가사들의 근원에는 푸른 몽골초원도 있겠지만 부모의 남다른 교육관도 있는 것이다.

"아이들이 스스로 재능을 찾게 놔두고 기다려 준 게 다였어요.

찬혁이가 처음 곡을 쓴 것도, 홈스쿨링이고 뭐고 다 포기한 이후였고요. 홈스쿨링을 시작한 건 경제난 때문이었어요. 학교 보낼 돈이 없어서 아이들을 집에서 공부시킬 결심을 했죠. 한 1년은 시간표도 빡빡하게 계획해 짰고요. 그러다 아이들과 싸우는 일이 잦아지고 서로가 힘들어지면서 홈스쿨링을 그만뒀습니다. 홈스쿨 대신 '언스쿨' 교육을 시작한 거죠. 그런데 6개월쯤 있으니 찬혁이가 작곡을 시작하더라고요. 교회에서 형들이 노래 부르는 걸 봤다며 처음 써온 곡이 '갤럭시'였습니다. 우리 부부는 아이에게 폭발적인 응원을 보냈어요. 그랬더니 몇 십 곡을 한꺼번에 쏟아내더라고요."

악동뮤지션은 공부보다는 자신들이 관심 있는 음악에 많은 시간을 투자했고 두각을 나타냈는데, 그들의 부모가 틀에 맞춘 교육으로 아이들을 관리한 것이 아니라 자신들이 하고 싶은 대로 풀어줬기 때문에 가능했다. '너희 마음대로 해'가 아니라 '정말로 자신들이 하고 싶은 걸 마음대로' 하게 했기 때문이다. 어머니 주세희 씨는 "찬혁이는 고등학생이 되기 전까지는 음악에 전혀 관심이 없었다. 작곡을 하면서 갑자기 터져 나온 거다. 자신도 감당할 수 없을 정도로 곡이 터져 나왔는데, '하고 싶은 대로 마음껏 해보라'고 말해줬기 때문에 드러난 것 같다. 갑자기 찬혁이가 음악에 관심을 갖고 노래를 만들기 시작했을 때 우리는 '얘가 왜 갑자기 안 하던 짓을 하고 그러지'라고 생각하지 않았다. 간섭하지 않고 그냥 놔뒀다. 한국 교육의 현실은 아이들의 재능을 쉽게 발견하기 어려운 분위기가 있는 것 같다. 아이의 재능이 마음껏 발휘될 수 있는 환경이 주어지지 않는다. 공부해야 하고 학원을 가야 하니까. 무척 하고 싶은 것이 있어도 할 수 있는 시간이 주어지지 않는 거다. 본인 조차도 모르고 지나가는 경우가 많은 것 같다."고 아임홈스쿨러와의 인터뷰 때 말하였다. 한국에서 자랐다면 대학입시와 학원의 굴레에 갇혀 자신이 하고 싶어 하는 음악을 하지 못했을 것이다. 그들이 낸 책『오늘 행복해야 내일 더 행복한 아이가 된다』중에 이런 글귀가 있다.

"누군가가 재능은 심심할 때 나온다고 했다. 아이들이 할 게 없으니까 딴짓을 하게 되고 그러다 보면 뭔가 튀어나온다는 것이다. 찬혁이가 처음 노래를 만들었을 때 우리는 찬혁이의 재능 발견에 초점을 맞추었다기보다 지금까지 한 번도 보여준 적이 없는 새로운 모습에 폭발적인 반응을 보였다. 그러한 우리의 반응에 찬혁이는 물 만난 물고기가 되어 자신도 모르게 재능을 쏟아냈다. 그때 우리가 별 반응을 보이지 않았거나, '뭘 그깟 것 가지고 호들갑 떨어'라고 했다면 지금의 악동뮤지션은 탄생하지 못했을 것이다. 아이들은 에너지 덩어리이기 때문에 언제 어떤 것에 반응을 보일지 모른다. 아이가 어제와 다른 모습을 보일 때, 부모가 예상하지 못하는 행동을 할 때, 그 순간을 놓치지 않고 잘 잡아낸다면 아이의 새로운 가능성을 발견할 수도 있다."

대한민국에서는 누구나 고통스러운 입시전쟁, 스펙경쟁, 취업경쟁에 직면한다. 대학에 가서 전공을 골라 공부하기에는 너무나 늦다. 악동뮤지션의 아버지 이성근 씨는 "예전에 찬혁이가 대학에 가고 싶어 한 건 친구들이랑 놀아야 한다는 이유 때문이었다. 지금은 본인이 하고 싶은 일이 생겼기 때문에 대학에 대한 구체적인 계획이 없다. 지금은 기획사에서 이미 다 배우고 있으니까, 대학에서 다른 걸 배울 만한 일이 없어졌다. 열심히 곡을 만들고 악기를 배우는 걸 더 재밌어 한다."고 말하였다.

자녀의 개성과 가치를 존중하고 지지해주니 스스로 길을 찾아간다. 자신이 하고 싶은 일에 몰두할 때 성취감이 들고 결과가 창출된다. 하워드 가드너는 인간의 지능을 언어지능, 논리 – 수학 지능, 공간지능, 신체–운동 지능, 음악지능, 자연탐구지능으로 나누었다. 이들은 서로 독립적인 능력으로 구성되어 있다. 획일적인 잣대로 공부만 잘할 것을 강요하는 것은 자녀를 망치는 것이다. 자녀가 어떤 분야에 소질이 있는지를 찾아내는 것이 중요하다.

자녀의 성공은 6가지 요소가 갖추어져야 이루어진다.

1요소, 학습이나 연습에 대한 스스로의 강한 동기가 있는가?

2요소, 하고자 하는 일에 대한 재능(탤런트)이 있는가?

3요소, 부모나 교사가 자녀를 격려하고 동기부여를 하는가?

4요소, 부모나 교사가 자녀를 도울 능력이 있는가?

5요소, 교육 환경이나 방법이 자녀에게 동기부여를 해주는가?

6요소, 교육 환경이나 방법이 자녀의 능력을 키워주는가?

아이들 자신이 좋아하고 능력이 있어야 한다. 그러나 자신들이 좋아하고 능력만 있다고 성공하는 것은 아니다. 1, 2요소는 자녀의 성공에서 100%가 아닌 40%의 비율을 차지한다. 부모나 교사가 자녀에게 동기부여를 하고 능력이 있어야 한다. 악동뮤지션이 음악을 좋아하고 재능이 있어도 부모가 칭찬과 격려를 하지 않았다면 동기부여가 되지 못했을 것이다. 악동뮤지션의 아버지 이성근 씨는 "아이를 믿어주세요. 찬혁이가 홈스쿨링을 하면서 중학교 검정고시를 준비한 적이 있어요. 제가 옆에서 보니 공부량이 턱없이 부족했는데, 아이는 '충분히 공부했다'고 하더라고요. 결국 좋은 점수를 받아서 시험에 통과했습니다. 그걸 보면서 제가 아들의 능력을 무의식중에 너무 낮게 평가했다는 생각이 들더라고요."라고 말하였다. 작곡을 처음 해왔을 때 부모는 폭발적인 반응을 보여주었다. 부모가 자녀에게 동기부여를 해준 것이고 부모의 준비가 갖추어진 것이다. 부모는 정비사가 아닌 정원사로 자녀를 지지해야 한다. 만약 자녀를 구속하고 틀에 맞춘 학교나 학원으로 내몬다면 자신들의 능력을 발휘하지 못하고 사그라질 것이다. 부모나 교사의 동기부여와 능력은 자녀의 성공에서 30%의 중요성을 가진다.

아이의 성공에서 중요한 비중을 차지하는 또 하나의 요소는 환경이다. 악동뮤지션이 한국에서 성장했다면 대학입시와 학원의 굴레를 벗어나지 못하고 자신이 하고 싶은 것을 하지 못했을 것이다. 한국에서는 아이들을 간섭하지 않고 기다렸어도 환경 때문에 컴퓨터게임에 빠지거나 스마트 폰, TV에 빠졌을 것이다. 몽골은 인터넷도 잘 안 되고 푸른 초원만 있다. 결국 환경이 자신이 좋아하는 음악에 몰입할 수 있게 해준 것이다.

모든 사람에게는 자신만의 재능과 역량이 있다. 내면에 있는 화려한 광맥을 캐주어야 한다.

이스라엘의 교육에서 배우다

"사과 속에 있는 씨는 헤아려 볼 수 있지만, 씨 속에 있는 사과는 하늘만이 안다."는 말이 있다. 사과를 자르면 씨는 보인다. 그러나 씨 속에 얼마나 많은 사과가 들어 있는지는 알 수 없다. 우리는 작은 도토리 속에서 거대한 숲을 보아야 한다. 우리 내면에 있는 재능을 발굴하고 개발하여 무궁무진한 능력을 발휘해야 한다. 오스트리아의 신경의학사 에코노모 박사의 연구에 의하면, 사람의 뇌세포는 136억 5,300만 개나 된다. 대부분의 사람들은 뇌세포를 거의 못 쓰고 죽는다. 독일의 시인 괴테는 뇌의 약 4%를 사용하였다. 천재 물리학자인 아인슈타인도 6%밖에 사용하지 못하였다. 에코노모 박사는 우리가 뇌의 10%만 사용할 수 있다면 역사를 바꾸어 놓는 엄청난 일을 할 수 있다고 한다.

한국인의 평균 IQ는 106점으로 세계에서 최고 수준이다. 유대인의 IQ는 94점으로 우리보다 12점이나 낮다. 유대인의 IQ는 동아시아 국가보다 낮으며 유럽, 미국보다 뒤진다. 세계 최고의 두뇌를 갖고 있는 한국인은 노벨상을 받지 못했지만 유대인은 노벨상을 휩쓸고 있다. 한국에서 대학을 졸업해도 선진국의 고졸보다 못한 수준이다. 대다수가 일자리를 잡지 못하고 창업에는 엄두도 못 낸다. 한국에서 명문대인 서울대를 나와도 취업률이 50%에도 못 미친다. 9급 공무원이 한국 젊은이의 희망직업 순위 1위라는 사실이 암울하다. 이스라엘의 경우 대학 졸업생의 80~90%가 취업보다 창업을 택한다. 나스닥에 상장한 기업의 수는 유럽 전체의 2배에 달하며, 국민 1인당 벤처펀드 규모는 세계 1위다. 하버드 대학교를 비롯하여 아이비리그 대학에는 압도적으로 많은 수의 유대인 학생들과 교수들이 있다. 이들은 이곳에서 최첨단 연구를 하고 결과물을 내놓으며 세계적인 기업들을 키워내고 세계의 철학과 사상을 만든다. 그리고 세계 최고의 과학자와 예술가로 만들어진다.

유대인의 격언에 "자녀의 두뇌는 비교하지 말되 개성은 비교하라."란 말이 있다. 이스라엘 사람들은 100명이 있다면 100개의 답이 있다고 생각한다. 정답이 하나라고 생각하지 않는다. 다름을 인정한다. 심지어 그 답 안에서도 또 다른 답이 나올 수 있다고 생각한다.

알렉산더 대왕이 이웃 나라 왕으로부터 사냥개 두 마리를 선물로 받았다. 알렉산더 대왕은 매우 기뻐하며 사냥개 두 마리를 데리고 사냥을 나갔다. 그런데 사냥개들은 눈앞에 있는 토끼를 보고도 잡지 않았다. 알렉산더 대왕은 '낯선 곳에 오니까 익숙하지 못해서 사냥을 못하는구나'라고 생각하였다. 세월이 지난 다음 다시 사냥을 하러 나갔다. 두 마리의 개는 토끼를 보고도 역시 사냥할 생각조차 하지 않았다. 화가 난 알렉산더 대왕은 "사냥개를 죽여라."라고 지시하였다. 얼마 후 사냥개를 선물한 이웃 나라의 왕이 방문하였다가 알렉산더 대왕의 이야기를 듣고는 한탄하며 말하였다. "그 두 마리의 사냥개는 사자나 호랑이를 잡도록 훈련 받았지 토끼를 잡도록 훈련 받지 않았습니다. 굉장히 귀중한 개인데 대왕께서 그 소질을 몰라서 죽이셨군요."

누구나 개성과 능력이 다 다르다. 유대인은 우리나라 사람보다 지능지수가 떨어진다. 그렇기 때문에 머리가 좋아지도록 사회 전반의 문화를 만들었다. 각자의 다름을 인정하고 교육하는 시스템이 학교와 가정에서 이루어진다. 교과목을 누가 더 잘 외워서 100점을 맞느냐로 평가하지 않는다. 자녀가 어디에 관심을 보이고 무엇에 흥미를 느끼며 어떤 분야에 역량과 특별한 창의력이 있는지 주의 깊게 관찰하여 계발해 준다. 그래서 각 분야에서 세계 1위를 꿈꾸고 꿈을 이루어낸다. 개성에 초점을 맞추어 모두가 잘되게 만들어 주는 문화가 확고하다. 우리나라처럼 수능을 잘 본 소수만 살리고 나머지는 루저가 되는 교육이 아니다.

단 한 명의 낙오자도 만들지 않는 것이 유대인 교육의 핵심이다. 유대인 어머니는 형제간에도 비교를 하지 않는다. 공부로 1등하는 자식도 있고 과학이나 운동 또는 음악으로 1등하는 자식도 있는 것을 알기 때문이다. 각자의 장점을 계발해 주는 교육을 하고 있다.

각자의 적성과 능력에 맞는 모든 가능성을 열어 두어야 한다. 내가 물건을 잘 팔면 사업을 해서 명문대 출신의 사람을 직원으로 쓰면 된다. 천재는 타고나는 것이 아니라 길러지는 것이다. 스티븐 스필버그 감독은 영화부문의 세계적인 거장으로 예술적 성취와 상업적 성공을 모두 거머쥔 현존 최고의 영화감독 중 한 명이다. 우리에게도 '조스', '인디애나 존스 시리즈', '쉰들러 리스트', '쥐라기 공원' 등으로 대중적인 인지도를 얻고 있다. 스필버그는 어릴 때부터 너무나 영화를 좋아하여, 13살의 나이에 벌써 식구들을 배우로 기용한 작품을 만들기도 하였다. 16살에는 500달러를 들여 '불꽃'이란 영화를 만들어 극장에 개봉하였다. 타임지는 스필버그를 20세기의 가장 중요한 인물 '100인'에 올렸다.

아인슈타인의 초등학교 1학년 때 담임은 그에게 "이 학생은 앞으로 어떤 일을 해도 성공할 수 없을 것"이라고 말했지만 아인슈타인은 세계적인 학자가 되었다. 프로이트는 "어머니의 사랑을 받으며 자란 남자는 일생 동안 정복자와도 같은 마음, 다시 말해 성공에 대한 확신을 지니고 살고 그러한 확신은 대개 진짜 성공으로 이어진다."고 말하였다.

글로벌 시장에서는 한 분야에 뛰어난 사람이 선택되고 결국 위대해진다. 모든 과목을 잘해야 명문대학에 입학하는 대한민국의 구조에서는 한 분야에 뛰어난 인물이 명문대학에 입학하기는 쉽지 않다. 그래서 뛰어난 머리를 가졌음에도 노벨상을 받지 못하는 것이다.

유대인은 『탈무드』를 통해서 세상을 입체적으로 보고 사고하는 트레이닝을 7년 동안 집중적으로 한다. 탈무드는 '바다'라는 뜻으로, 바다와 같이 무한대의 지혜를 추구하라는 의미를 담고 있다. 실제로 그들의 삶의 지침서라고 할 수 있다. 『탈무드』는 한마디로 말하면, 생각하는 능력을 키워 주는 책이다. 평생 공부를 하게 한다. 학교에서도 과제물을 내줄 때 정답이나 결과가 아니라 자료 해석력에 초점을 둔다. 결과보다는 내용을 이끌어 가는 과정에 초점을 두고 평가를 한다. 그런 것들이 인생을 살다 문제가 생겼을 때 스스로 생각하고 문제를 해결할 수 있는 힘이 된다. 그래서 상대성 이론이나 공산주의 같은 혁명적인 것을 창조해낸다.

『탈무드』에서는 이렇게 말한다. "세상에서 가난한 것보다 더 슬픈 것은 없다. 가난은 모든 고통 중에서 가장 지독한 것이다.", "자녀에게 경제교육과 기술교육을 제대로 시키지 않는 부모는 자녀를 도둑으로 키우는 것과 마찬가지이다."

유대인은 자신이 잘 살고 세상을 더 좋은 곳으로 만들겠다는 포부가 있다. 우리나라는 9급 공무원에 젊은이들이 몰리고 있다. 안타깝게도 이런 현상은 점점 더 증가하고 있다.

우리나라는 모든 것이 하나의 평가 시스템으로 하나의 답을 말하게 한다. 옛날 차인태 씨가 진행하던 장학퀴즈라는 프로그램이 있었다. 중학생들이 나와서 퀴즈의 정답을 맞히는데, 답이 고구마였다. 한 학생이 '고메'라고 하였다. 차인태 씨가 안타까워하며 세 글자라고 하니까 학생이 '물고메'라고 말해서 결국 틀렸다고 했다. 고구마의 사투리인 고메를 써서 틀렸다고 하는 평가 시스템에서 결국 무엇을 얻겠는가? 그 학생은 어떤 생각을 했을까? 다양성과 창의성을 인정할 수 있을까? 모두가 개성이 없으며 획일적인 사람을 원하는 사회가 되는 것이다.

유대인은 히브리어를 쓰는데, '히브리'라는 말은 '혼자서 다른쪽에 선다'는 의미이다. 공무원, 대기업 쏠림현상에 동참해서는 창업하기란 쉽지 않다.

남과 같은 길을 선택하면 많은 경쟁을 해야 하지만, 내가 잘하는 것에 집중하거나 다른 길을 가면 오히려 경쟁 없이 수월할 수 있다.

대한민국에도 타고난 재능을 일찍 발굴하고 연마하여 성공한 사람들이 많이 있다. 피겨스케이팅 선수 김연아, 바둑기사 이창호,

골프선수 최경주, 수영선수 박태환, 발레리나 강수진, 지휘자 정명훈 등이 그들이다.

　사람은 얼굴도 다르고 성격도 다르고 능력도 다르다. 모두 각자의 개성을 가진 존재이다. 그 개성과 능력을 살려주는 것이 교육의 핵심이고 성공의 핵심이고 행복의 핵심이다.

창의력, 기존의 틀에서 벗어나야 새로운 길에 들어선다

정해진 틀에서 벗어나 창의적으로 생각하고 다른 시선으로 바라보는 것은 늘 신선하다. 프랑스의 시인 앙드레 브르통은 어느 화창한 봄날 공원을 지나가다가 거지를 만났다. 그 거지는 '나는 맹인입니다'란 푯말을 놓고 앉아서 구걸을 하고 있었다. 이를 본 앙드레 브르통은 잠시 동안 그를 바라보다가 맹인 앞에 놓인 푯말을 집어 들었다. 그리고는 그 푯말의 뒷면에 짧은 두 문장의 글을 썼다. 시간이 얼마 흐르지 않아 이 맹인의 적선함에는 수많은 동전이 쌓이게 되었다. 도대체 왜 이런 일이 벌어진 걸까? 앙드레 브르통이 적어준 푯말에는 이렇게 적혀 있었다. "봄이 오고 있습니다. 하지만 나는 봄을 볼 수 없답니다."

창의성이란 누구나 생각하는 일반적인 틀에서 벗어날 때 발휘된다. 앙드레 브르통은 '내가 맹인이니 나를 도와주시오'라는 일반적인 표현의 틀을 과감히 깼다. '나도 사람들과 똑같이 봄을 보고 싶다. 하지만 그럴 수 없다'는 안타까운 마음을 감정에 호소하였다. 말이나 글의 표현을 기존의 틀에서 조금만 탈피해도 그 효과와 영향력은 큰 차이가 난다.

1902년 사업에 문외한이던 철도회사 간부와 의사, 정육점 관리자, 변호사 등 5명이 미국 미네소타주에서 회사를 설립하였다. 그 지역의 돌을 채취하여 숫돌 제조업체에 공급하기 위해 설립한 회사의 이름은 미네소타 채광 제조회사(Minnesota Mining and Manufacturing Company)이다. 회사 이름의 머리글자에 M이 3개여서 3M으로 불렸다. 3M은 굴뚝산업 시대를 대표하는 혁신의 아이콘으로 떠올랐다. 각 대학의 경영학과에서는 창의성과 발상 전환의 대표적 학습 사례로 3M을 단골 소재로 활용하였다.

3M과 혁신을 동일시하게 만든 대표적인 발명품이 바로 '포스트 잇'이다. 이 제품이 탄생한 배경은 한 연구원의 개발 실패에서 비롯되었다. 1970년 3M의 중앙연구소에 근무하던 연구원 스펜서 실버는 3M의 기존 제품보다 더 강력한 접착제를 개발하기 위해 연구에 매달렸다. 그가 개발한 것은 용해되지 않을 뿐더러 일부러 녹일 수도 없는 매우 특이한 성질을 지닌 접착제였다. 새로운 접착제를 사내 기술 세미나에서 발표했으나 아무런 호응이 없었다. 4년 후 아서 프라이는 교회 성가대에서 노래를 부르기 위해 찬송가집을 뒤적이다 그 속에 끼워둔 종잇조각들을 떨어뜨리는 실수를 저질렀다. 그는 어떻게 하면 끼워둔 종잇조각을 떨어지지 않게 할 수 있을까 고민하였다. 그러던 중 그의 머릿속을 스쳐간 아이디어가 바로 사내 세미나에서 보았던 실버 박사의 실패한 접착제였다. 그 접착제는 접착력이 약해 쉽게 떼어낼 수 있을 뿐 아니라 끈적거리지 않아 떼어낸 후에도 자국이 남지 않을 것이라고 생각하였다.

아서 프라이는 자신의 아이디어를 회사에 보고한 후 정식으로 상품화를 제안했지만 회사에서는 회의적인 반응을 보였다. 그럼에도 불구하고 아서 프라이는 혼자 연구에 매달려 1977년 포스트잇을 출시한 후 종합경제지 '포춘'이 선정한 500대 기업의 비서들에게 견본품을 보냈다. 그 결과 비서들의 주문이 쇄도하기 시작했고, 1981년에는 캐나다와 유럽 등지로 수출까지 하게 되었다. 포스트잇의 탄생에는 3M의 고유한 연구 풍토와 업무 분위기가 큰 역할을 하였다. 3M에서 가장 중요시하는 경영 이념은 직원들의 실패를 인정하는 것이다. 실패를 비판할 경우 직원들의 창의성 역시 말살된다고 생각하기 때문이다. 이 같은 기업풍토로 인해 실버 박사는 자신의 실패작을 사내 세미나에서 떳떳하게 발표할 수 있었다. 그리고 아서 프라이는 거기서 포스트잇의 발명에 대한 아이디어를 얻을 수 있었다.

3M에는 '15% 규칙'이라는 독특한 연구 문화가 있다. 전 직원이 업무시간의 15%에 해당하는 시간을 자유롭게 개인 아이디어 구상에 사용할 수 있게끔 한 규칙이다. 이 때문에 아서 프라이는 포스트잇의 개발 연구에 매달릴 수 있었다. 구글에서 시행하고 있는 20% 규칙은 3M을 벤치마킹한 시스템이다.

기술 연구와 제품 개발 현황 등을 공유하는 문화도 3M을 강하게 하는 비결이다. 매년 9월 미네소타주 3M 본사에서 열리는 '글로벌 테크 포럼'에는 전세계에 흩어져 있는 연구 관련 인력들이 함께 모여 아이디어를 공유한다. 창의성과 아이디어를 중시하는 3M에서는 아무리 경기가 좋지 않을 때에도 건드리지 않는 2가지 불문율이 있다. 연구개발비와 개발인력이 바로 그것이다. 경기침체 시 비용절감을 위해 근로시간을 줄이거나 월급을 깎는 경우가 있어도 연구개발비와 개발인력만은 미래를 위해 그대로 유지한다. 덕분에 굴뚝산업 시대가 지난 최근에도 3M은 혁신기업으로 꼽힌다. 2011년 글로벌 컨설팅 회사인 부즈앤컴퍼니가 글로벌 기업 임원들을 대상으로 세계에서 가장 혁신적인 10대 기업을 조사한 결과 3M은 애플과 구글에 이어 3위를 기록하였다.

창의력의 핵심은 기존 것이나 한 가지 방식에 얽매이지 않고 새로움에 도전하는 것이다. 많은 연구 결과들은 "창의성은 타고나는 것이 아니다."라고 말한다. 창의성은 긴 시간에 걸쳐서 여러 가지 노력과 영감과 직관의 결합으로 나타난다. 21세기는 지식에서 가치를 창출하는 지식기반 정보화 사회이다. 이런 사회에서 요구되는 인간의 특성은 지식을 활용하여 부가가치를 능동적으로 창출하는 능력이다. 기존의 틀에서 벗어나 새로운 발상으로 자신의 일을 창조하는 사람이다. 개인의 타고난 창의적 잠재성을 최대한 계발시켜야 한다.

창의인성교육넷(크레존)에서 창의력을 기르는 5가지 방법을 다뤘다.

첫째, 남보다 뛰어나려 하지 말고 남과 다르게 생각해야 한다. 창의력은 남과 달리 생각하는 능력이다. 사물의 새로운 면을 파악하고 볼 수 있는 능력이고 새로운 방법으로 문제를 해결할 수 있는 능력이다. 유대인 부모들은 '남보다 뛰어나려 하지 말고 남과 다르게 되라'고 가르친다.

피카소가 기차를 타고 여행을 하고 있었다. 옆 자리의 신사가 그를 알아보고 "당신의 그림은 너무 난해하여 알아볼 수가 없습니다. 실제를 너무 왜곡하는 것이 아닌가요?"라고 물었다. 이에 피카소는 "그러면 실제가 무엇인지 가르쳐 주시지요."라고 말하였다. 신사는 사진 한 장을 꺼내 보여주며, "이것이 실제 제 아내의 모습입니다."라고 하였다. 피카소가 그 사진을 받아 이리저리 살피더니 "당신 부인은 끔찍하게 작군요. 게다가 납작하고요. 이 사진은 종이지 실제 당신 부인이 아닙니다."라고 말하였다. 그 여행자가 외면만 보려 했던 것과 달리 피카소는 사람이나 사물의 외면과 내면을 함께 보고 표현하고자 했던 것이다. 창의성을 개발시키기 위한 가장 기본적인 방법은 경직된 사고를 피하고 유연한 사고방식을 키우는 데 있다.

둘째, 호기심을 가져라. 창의성은 어떤 것에 의문이나 호기심을 가지고 꾸준히 생각할 때 발휘되는 것이다. 일상의 지루함에서 벗어나고 싶으면 호기심을 가져라. 언제 어디서든지 자신에게 '왜'라는 질문을 던져야 한다. 타인의 의지, 세상의 고정관념이나 선입견을 정당한 것으로 받아들이지 않도록 해야 한다. '왜'라는 질문을 하면 개선이나 혁신에 관련된 내면세계로 가득 차게 된다.

토머스 에디슨, 아이작 뉴턴, 스티브 잡스, 스티븐 스필버그 등 과학자로부터 영화인까지, 자신만의 새로운 영역을 구축한 사람들의 공통점은 호기심에서 출발한다는 것이다. 누구든 호기심에 비례해서 성장한다.

셋째, 문제의식을 가져야 한다. 문제의식을 갖게 되면 문제를 발견하고 해결방안을 모색하게 되어 주위의 사물이나 현상에 대하여 개선방안을 생각하고 찾으면서 습관적으로 해오던 것의 틀을 깨부순다. 3M의 포스트잇은 좀 더 다른 방법이 없을까 하는 문제

212

의식에서 시작되었다. 문제의식은 현재의 틀에서 벗어나 새로운 길을 가는 출발점이 된다.

넷째, 기본기가 튼튼해야 한다. 기초 지식이 없으면 아이디어나 창의성이 생기기 어렵다. 기본기는 모든 것의 밑바탕이다. 축구선수도 기본기와 기초체력이 튼튼해야 창조적인 축구를 할 수 있다. 화가도 기본기가 갖추어져 있어야 새로운 영역을 구축하는 것이다. 작가가 되고 싶다면 책을 많이 읽어야 한다. 책을 통하여 언어를 확장하고 가치체계를 구축할 수 있기 때문이다. 높은 건물을 올리려면 기초를 튼튼하게 다져야 하듯 창의력을 갖기 위해서는 독서를 많이 해야 한다. 독서는 다양한 사고력을 바탕으로 창의력을 갖게 하는 밑거름이기 때문이다.

알리바바그룹의 마윈 회장은 12살 때부터 9년간이나 45분 거리의 항저우 호텔 앞으로 갔다고 한다. 영어에 매료되어 영어를 배우기 위해서였다. 마윈은 호텔 앞을 지나가는 외국인을 붙잡고 무료로 도시를 안내해 주었다. 이때 배운 영어로 그는 남들보다 빠르게 인터넷 세상을 예측할 수 있었다. 마윈은 "알파고의 계산을 인간이 따라잡을 수는 없습니다. 인간이 기계와 경쟁한다면 인간이길 포기하는 것입니다. 그런데 지식은 뇌에서 나오지만 지혜는 마음에서 나옵니다. 우리 아이들이 기계와 경쟁하게 하지 말고 기계가 절대 못하는 것을 하도록 가르쳐야 합니다."라고 말하였다. 지식은 얻을 수 있지만 지혜는 짜내는 것이다. 지혜는 지식이라는 기본기에서 출발한다.

다섯째, 고정관념을 깨는 발상의 전환이 필요하다. 기원전(B.C.)

12세기 그리스와 트로이 간에 10년 동안 전쟁이 지루하게 이어지고 있었다. 트로이를 침공한 그리스군은 어떤 수단을 동원해도 견고한 트로이의 성문을 뚫을 수 없었다. 이때 전쟁의 판도를 바꾼 것은 하나의 새로운 발상이었다. 바로 트로이의 목마를 만든 것이다. 그리스군은 무장한 군사들을 숨겨 놓은 거대한 목마를 선물로 가장하여 성안에 들여보냈다. 한밤중에 트로이 군사들이 잠들어 있을 때 목마에서 그리스 군사들이 나와 성문을 열고 트로이를 점령하였다. 그리스의 오디세우스 장군이 발상을 전환하여 오랜 전쟁을 단숨에 끝낸 것이다.

바퀴는 6,000년 전 메소포타미아 문명에서 처음 나타난 중요한 발명품이다. 이 발명품은 바퀴 없는 세상은 상상하기 힘들 정도로 실생활에 많은 변화를 일으켰다. 이처럼 바퀴가 발명된 것은 6,000년 전이지만 바퀴가 달린 여행용 가방(carrier)은 최근에 나타났다. 이렇게 바퀴를 응용해서 만들 수 있는 제품은 새로운 것을 찾아내는 호기심과 문제의식에서 출발한다. 기존의 틀에서 벗어나야 새로운 길이 열린다.

믹싱이 아니라 퓨전이다

IT산업은 IT 관련 융합기술의 부각과 IT기술의 기반 기술화가 동시에 진행되는 커다란 변화를 맞이하고 있다. 디지털 컨버전스의 가속화에 따라 IT, BT, NT 등 기술 간 융합과 연결로 혁신기술들이 출현하고 있다. 이들 융합기술에 기반한 신제품, 신산업이 등장하면서 IT를 기반으로 한 산업의 패러다임이 크게 변화하고 있다.

첫째, IT기술과 기존산업 간의 결합과 통합으로 새로운 상품과 서비스를 창출한다. 휴대폰, PDA, MP3가 결합한 휴대형 PC의 탄생이 그것이다. 둘째, IT와 이종 기술, 산업 간의 융합이 활발해지고 있는데, 지능형 자동차가 대표적이다. 셋째, IT신기술의 화학적 융합이다. 미래사회에 필요한 신상품 신서비스에 필요한 융합기술로 미래TV기술, MIT의 RFID기술 등이 그것이다.

이처럼 자동차, 건설 등 전통산업에서의 IT 비중과 중요성이 증가하고 있다. IT산업과 전통산업의 융·복합화 촉진은 산업경쟁력 확보에 절대적으로 필요하다.

기업이 성공적으로 4차 산업혁명에 대응하기 위해서는 디지털 컨버전스 마스터가 되어야 한다. 디지털 컨버전스 마스터는 디지털 기술을 활용하여 수익, 생산성, 성과를 업계 평균보다 향상시킨다. 바야흐로 융합과 연결의 시대이다. 모든 것이 섞이고 혼합된다.

화장실에 있는 거울 속에 TV를 탑재한 'Mirror' TV가 등장하였다. 2007년 세빗(CeBIT)에서 선보인 Mirror TV는 평상시에는 거울 기능을 하고 전원을 켜면 TV 기능이 되는 색다른 컨버전스 제품이다. 거리를 다니다 보면, 건물에 설치된 거울인 줄 알고 옷매무새를 다듬다 광고화면이 나와 깜짝 놀라 지나가는 사람들을 볼 수 있다. Mirror TV는 미용실, 백화점, 공항, 지하철역, 호텔, 극장 등에서 고급 인테리어 제품으로 인기를 얻고 있다. Mirror TV는 거울과 TV의 '본다'라는 같은 기능을 접목시킨 컨버전스 제품이다.

국내 연구진에 의해 개발되어 상용화에 박차를 가하고 있는 '스마트의류'도 컨버전스의 흐름이다. '스마트의류'는 의류 고유의 감성적 속성을 유지하면서 첨단 디지털 기능이 접목되었다. 의류에 식물 신호선과 직물 버튼을 내장시켜 MP3플레이어를 사용할 수 있는 MP3플레이어 의류, 외부 온도 및 습도 그리고 체온을 감지하여 발열과 보온 기능이 자동으로 되는 아웃도어 스포츠 의류, 옷을 입은 사용자의 체온이나 심전도, 혈압 등 건강과 관련된 신체 정보를 확인할 수 있는 의류 등 다양한 기능이 탑재된 컨버전스 의류들이 지속적으로 개발되고 있다.

호주의 SMS 테크놀로지가 개발한 손목시계형 휴대폰도 컨버전스의 융합체이다. 최근에 많은 사람들이 사용하고 있다. M500은 쿼드밴드 GSM 방식의 휴대폰이다. 기본 기능인 통화 기능 및 SMS 전송 기능을 탑재했고, 1.5인치 터치스크린에 블루투스를 내장했으며, 128MB의 내장 메모리를 탑재해 음원 및 비디오 재생도 가능하다.

국내에도 방영된 미국 ABC의 TV 시리즈물 '맥가이버'의 주인공 맥가이버가 쓰던 칼로 알려진 빅토리녹스(Victorinox)사는 나이프에 MP3플레이어와 USB 스토리지 등을 탑재하여 출시하였다. S. BEAT모델은 기본적인 나이프 기능에다 최대 4기가바이트 용량의 MP3플레이어와 USB 스토리지 기능을 탑재하였다. 나이프를 사용하면서 음악을 감상할 수 있는 컨버전스 제품이다. 리튬 폴리머 배터리로 한 번 충전하여 8시간 정도 사용이 가능하다. 여기에 FM 라디오 기능도 추가하여 다양한 디지털 기능을 아날로그 나이프에 접목한 획기적인 제품이다.

브레인 브릭스(Brain Bricks)는 블록 간 커뮤니케이션이 가능한 작은 센서가 삽입된 레고 블록이다. 자동차를 만들고 해당 자동차를 블루투스를 통해 모바일 디바이스에 전송하여 온라인 레이싱을 즐길 수 있는 서비스이다. 브레인 브릭스는 레고의 빅팬이자 비디오 게임을 사랑하는 Bas Van de poel과 Daan Van Dam이 2가지의 열정을 결합하여 나온 결과물이다. 물리적인 놀이와 디지털 놀이를 융합한 것이다.

이처럼 동종 분야는 물론이고 각기 다른 분야의 기능들도 새로운 컨버전스의 제품으로 거듭나고 있다. 단순히 기본 기능을 합쳐 놓는 것만으로는 소비자에게 외면 받기 쉽다. 이종 분야의 충실한 기능을 '컨버전스' 개념으로 재탄생시킨 제품들이 경쟁력을 갖추면서 새로운 디지털 컨버전스 시장을 창출하고 있다. 앞으로도 기업들이 경기 침체 및 불황 탈출을 위한 새로운 개념의 '컨버전스' 제품 출시에 박차를 가할 것이다.

인공지능(AI), 빅 데이터, 사물인터넷(Lot), 소셜미디어, 공유경제, 드론, 증강현실(AR), 가상현실(VR), 3D프린팅 등 쉴 새 없이 쏟아지는 디지털 기술들은 마케팅에서 기존 비즈니스 모델에까지 급격한 변화를 주고 있다. 이러한 디지털 기술들은 서로 융합하고 사람과 접목되면서 진화하고 있다.

인터넷의 발달로 당뇨, 고혈압, 각종 질병에 대한 정보를 직접 찾아서 건강관리를 할 수도 있다. 텔레비전이나 인터넷상의 강의를 통해서도 정보를 접할 수 있다. 병에 대하여 생판 모른 채 병원에 가지를 않는다. 농산물도 홈페이지나 SNS, 블로그 등 소비자들과 직거래를 하여 판매를 한다. 소비자들은 신선하고 믿을 수 있는 농산물을 저렴하게 구매할 수 있다. 농민들도 거래처가 확보되어 안전하게 농산물을 재배하여 서로 윈윈한다. 정보통신기술의 발달로 교육 환경도 상당히 많이 변하였다. 책이나 도서관, 지식인 등 현실의 공간과 매체에서나 존재하던 정보를 사이버 공간에서 얼마든지 접할 수 있다. e러닝, 원격강의, 웹기반 교육, 화상수업, 온라인 강의 등 언제 어디서나 누구라도 배울 수 있게 되었다.

컨버전스는 우리 환경의 많은 것을 변화시켰으며 그 변화는 점점 가속화되고 있다. 피터 드러커는 "현재 일어나고 있는 모든 일이 미래이다. 미래를 예측하기 전에 현재에서 미래를 찾아라. 현재, 지금 기회를 찾고 살아라."라고 말하였다. 새로운 것을 발견하려는 노력보다 현재 있는 것들을 잘 엮는 창의력이 중요하다. 주위 사물에 대하여 항상 관찰하고 호기심을 가져야 한다. 이것들을 실생활과 어떻게 연결시키는가 하는 것이 중요하다.

창의력은 믹싱이 아니라 퓨전이다. 믹싱은 섞기만 하지만 퓨전은 섞어서 전혀 새로운 것을 창출해낸다.

몰입, 태양열을 모으는 렌즈처럼 몰입하라

월간 조선에 위기를 극복한 화승그룹 고영립 회장에 관련된 글이 있다.

고영립 회장은 경남 진주에서 태어나 고려대학교를 졸업하였다. ㈜동양고무산업에 입사하여 부사장을 거쳐 화승그룹의 회장이 되었다. '르까프'라는 국내 유명 신발 브랜드를 가지고 있던 화승그룹은 1998년 외환위기 여파로 경영위기를 겪다가 2,832억 원을 막지 못해 부도를 냈다. 이후 뼈를 깎는 구조조정을 하였다. 12개의 계열사 중 절반인 6개의 회사를 정리하였다. 이때 구조조정을 맡았던 고영립 회장은 "말이 좋아 구조조정이지 화의를 벗어나기까지 6년간은 생존을 위해 전 직원이 밤낮 없이 뛰어다닌 힘든 세월이었다. 회사를 꼭 살려달라며 울면서 떠나간 직원들을 생각하면 지금도 가슴이 미어지는 것 같다."고 말하였다. 2005년 화의和議에서 벗어난 화승은 2008년 그룹 매출 2조 3,000억 원을 달성하여 부도 전에 비해 280% 증가한 성과를 냈다. 2020년에는 그룹 매출 20조 원을 목표로 하고 있다.

고영립 회장이 화승에서 성공하고 부도에서 벗어나 제2의 창업을 한 내용을 5가지로 정리할 수 있다.

첫째, 중소기업에 취직하여 자신의 능력을 발휘하였다. 고영립 회장은 진양고교, 고려대학교 법대를 나왔다. 명문대학교를 나와 은행이나 대기업이 아닌 화승그룹의 전신인 ㈜동양고무산업 공채 1기로 입사하였다. 자신의 일을 좋아하여 별을 보고 출근하고 별을 보고 퇴근할 정도로 몰입하다 보니 경쟁자가 없을 정도로 역량이 출중하게 되어 부사장, 회장이 되었다. 고 회장은 "정말 목숨 걸고 일을 했습니다. 코피도 많이 흘렸고요. 중소기업에 와서 열심히 일만 하다 보니 출세하기 좋더라고요. 일을 잘한다는 소문이 나니까 여기저기서 스카우트 제의가 들어왔습니다. 하지만 당시 자리를 옮겨간 사람은 거의 실패했어요. 우리처럼 제조업에 종사하는 사람들은 한 우물을 파야 성공합니다."라고 말하였다. 그는 "요즘 대학생들이 취직이 안 된다고 아우성치면서 막상 중소기업에는 가지 않으려는 것을 보면 안타깝습니다. 젊을 때는 자기 실력을 발휘할 수 있는 회사에 가서 승부수를 던지는 자세가 필요합니다. 젊은이들이 회사와 같이 성장하면서 보람을 느끼는 삶이 얼마나 중요한지 모르는 것 같아요."라고 말한다. 대기업, 공무원만 좇아가는 젊은이들이 깊이 새겨 둘 말이다.

둘째, 과감하게 경영방법을 바꾸었다. 부도난 회사를 다시 일으키고 3배로 성장시키게 된 배경은, 고정비용의 부담을 줄이고 신규 사업을 착실히 준비하여 웬만한 어려움에는 흔들리지 않는 기업체질을 갖춘 데 있다. 구조조정에서 과감히 아웃소싱 전략을 펼쳤고, 한편으로는 회사가 안고 가기 부담스러운 사업과 기술은 과감하게 제휴업체나 협력업체에 이전을 하였다. 한국에서 인건비가 비싸 경쟁력이 없는 사업체는 해외로 옮겨 고정비용과 생산원가를 줄여 내실을 기했다. 14개(해외계열사 포함)의 계열사를 6개로 정리하여 몸집을 줄이고 체질을 바꾸었다. 이때 선택과 집중을 한 덕분에 세계경제의 위기에서도 별 영향을 받지 않고 경영의 유연성을 가질 수 있게 되었다. 고 회장은 "예전에는 매출이 오르면 그만큼 투자를 늘리고 사람을 늘리곤 했는데, 그렇게 되면 고정비용이 늘어납니다. 우리가 인원을 줄이고도 매출을 올릴 수 있었던 것은 미래를 내다보는 구조조정을 했기 때문입니다. 기업이 약간의 환경변화에도 흔들리고 사업이 잘 안 되는 이유는 경영기법이 나쁘기 때문입니다. 과감하게 경영방법을 바꾸는 자만이 살아남을 수 있습니다."고 말하였다.

셋째, 자신의 일에 몰입을 하였다. 고 회장은 자신이 좋아하는 일에 집중하고 '올빼미'란 별명이 생길 정도로 자신의 일에 목숨 걸고 노력하다 보니 주위에 그만한 실력과 능력을 발휘하는 사람이 없게 되었다. 또 어려운 일만 생기면 투입되어 해결하다 보니 '소방수'라고도 불렸다. 그는 주위의 스카우트 제의에도 아랑곳하지 않고 한 우물만 파고들었다. 암에 걸렸을 때에도 미국에서 한 달 간 치료를 받은 후 4개월 만에 회사에 출근하였다.

"회사에 나와서 경영에 전념하고 또 그때 회사가 나날이 발전하니까 잡념이 없어졌습니다. 좋아하는 일을 열심히 하니까 면역력이 생긴 것 같아요. 이 일을 겪고 나서, 사람은 은퇴 후에도 절대로 쉬어서는 안 된다는 것을 느꼈습니다. 무엇을 하든지 본인이 좋아서 집중할 수 있는 일을 하는 것이 건강에 도움이 된다고 생각합니다."

사업, 운동, 예술, 학문 등 어떤 일에서나 성공한 사람들의 공통점은 바로 지극한 몰입이다. 모차르트의 생을 그린 영화 '아마데우스'를 보면 악상이 떠오른 모차르트가 잠도 자지 않고 계속해서 곡을 쓰는 장면이 나온다. 그들은 한 가지 의문에 몰입하고 또 몰입해서 해결책을 찾아낸다. 결국 그들은 몰입을 통해 극한의 집중력을 발휘함으로써 두뇌를 100% 활용하였다.

넷째, 욕심을 버려야 한다. 고영립 회장은 일에 묻혀 살던 중 2004년 뜻밖의 위기를 맞았다. 그의 왼쪽 겨드랑이 아래에 큰 혹이 생겨 흑색종이란 피부암 진단을 받았다. "3기 말이어서 의사가 3개월 밖에 못 산다고 하기에 큰 절망감을 느꼈습니다. 어쨌든 수술을 하고 미국에 가서 방사선 치료를 받았어요. 제 키가 186cm인데 덩치가 크다고 일반인보다 3배나 많은 항암제를 투여하더군요. 항암치료의 후유증을 이겨내는 것은 정말 힘든 고통이었습니다." 라고 당시의 힘든 상황을 회상한다. 그는 막상 죽는다고 생각하게 되자 자신의 삶을 정리하였다. 암 투병 후 회사를 경영하는 방식이나 사회를 보는 눈이 달라졌다. 수첩에다 '욕심을 버려라', '주위를 잘되게 하자', '큰 일, 큰 생각, 큰 행동을 하자'라는 글귀를 적어 양복 안주머니에 넣고 다니면서 수시로 돌아보면서 살고 있다. 그 후 어려운 일이 생겨도 누구를 탓하기 전에 스스로를 돌아본다. "회사를 경영하다 보면 별별 일이 다 벌어집니다. 돈 떼이고, 협력회사 부도나고 … 예전에는 협력회사가 부도나면 서로 잘못을 탓하기 바빴지만, 요즘은 '그 회사가 우리 회사에 벌어준 돈이 그동안 얼마인데' 하는 생각이 먼저 듭니다. 그래서 잘못은 나중에 따지고 빨리 수습을 잘하라고 지시합니다. 마음을 편하게 가지니 스트레스가 덜 쌓이는 것 같습니다."라고 그는 말하였다.

다섯째, 경영은 '사람의 마음을 움직이는 것'이고, 이것은 '신뢰'라는 바탕이 있어야 한다. 그는 오랫동안 회사의 최고 책임자 자리에 있어 보니 회사를 운영하는 데 가장 중요한 것이 상호간의 '신뢰'라는 것을 깨달았다. 2,832억 원의 부도를 내고 구조조정을 통해 다시 일어선 계기가 되어준 것도 그에 대한 직원들의 신뢰였다. 직원들이 믿고 따라오게 만들기 위해 개인재산을 전부 은행에 담보로 잡히고 회사를 정상화시키기 시작하였다. "저의 재산을 회사에 위탁한 것이죠. 회사가 살아야 저도 사는 것입니다. 그 후 저는 직원들에게 '나의 모든 것을 걸었다. 운명을 같이해서 위기를 극복하자'고 말했습니다." 그야말로 배수진을 치고 일을 한 것이다.

구조조정 때 노조가 임금 동결은 물론이고 인원 감축까지를 포함한 모든 임금, 단체협상 결정권한을 회사 측에 위임하는 결정을 하였다. 그때의 일을 통해서 경영은 사람의 마음을 움직이는 것이라고 깨달았다. "경영인은 비록 아랫사람이라도 상대편 생각이 맞으면 받아들이는 열린 자세를 가져야 합니다. 지시를 하는 입장에 있는 사람은 자신의 생각이 옳다고 여기는 경향이 있습니다. 또 부하가 시킨 일을 제대로 못하면 전후 상황을 보지도 않고 무조건 못마땅하게 생각하기도 합니다. 상사가 일이 돌아가는 과정을 모르고, 결과만 놓고 문책을 하면 상하 간에 인간관계가 깨집니다. 인간관계가 형성되지 않으면 회사가 제대로 돌아가지 않는다는 것을 수없이 체험했습니다."

중력의 법칙을 어떻게 발견했느냐는 질문에 뉴턴은 "한 가지만을, 그것 한 가지만을 생각했다."고 대답하였다. 아인슈타인은 "몇 달이고 몇 년이고 생각하고 또 생각한다. 그러다 보면 99번은 틀리고 100번째가 되어서야 비로소 맞는 답을 찾아낸다."고 말하였다. 소프트뱅크 손정의 회장도 사고思考를 통하여 수많은 사업 아이디어를 얻었고, 혼다 창업자인 혼다 소이치로도 몰입적 사고로 엔진을 개발하였다. 빌 게이츠는 'Think Week'라는 생각 주간을 1년에 두 번 갖고, 인적 없는 외딴 별장에서 일주일 동안 시간을 가지고 마이크로소프트의 중요한 것들을 개발하고 결정하였다. 극한의 몰입을 통하여 해결점을 찾아내는 것이다.

몰입沒入이란 어떤 일에 깊이 파고들거나 빠지는 것이다. 몰입을 하게 되면 지속적인 쾌감을 가져오고 자신의 하는 일이 진정으로 좋아서 빠져 들게 된다. 태양열을 모으는 렌즈처럼 자신의 일에 빠져야 뜻하는 것을 이룰 수 있다. 몰입을 통한 고영립 회장의 성공 사례는 우리에게 많은 시사점을 준다.

열정으로 미쳐야 이룰 수 있다

"당신이 뜨거운 열정을 갖고 있는 일을 하라. 다른 사람들이 열정을 보이는 대세를 추종하지 마라."
(제프 베조스Jeff Bezos, 아마존닷컴의 최고 경영자)

열정(Passion)은 '아픔, 고통'을 뜻하는 라틴어 Passio에서 나온 말이다. '신들린 상태'라고도 하고, 우리말로 하면 '미친 상태'이다. 불광불급不狂不及, 미치지 않으면 일정한 수준에 도달하지 못한다는 말이다.

강우석 감독의 영화 「고산자, 대동여지도」는 김정호의 지도작업에 대한 열정을 다뤘다. 특히 영화 말미에 김정호가 "가슴이 뛰어서 지도를 만든다."고 한 말이 인상적이다. 대동여지도는 미치지 않고서는 완성할 수 없는 대작이다. 오늘날에 보아도 그 세밀함에 놀라움을 금할 수 없는 걸작이다.

2015년 스포츠서울에 독거미 자넷 리의 이야기가 나온다. '검은 독거미'로 불리는 재미교포 2세 자넷 리는 1971년 뉴욕 브루클린에서 태어난 과학고 모범생이었다. 고등학교를 졸업하고 뉴욕 맨해튼의 어느 컴퓨터 회사에서 파트타이머로 근무하였다. 그녀는 직장동료와 우연히 찾은 당구장에서 무언가에 빠져 온몸을 감싸는 강렬한 인상을 받았다. 할아버지뻘의 한 백인이 세상 근심을 잊은 듯 당구공에 몰두한 채 큐를 들고 테이블에서 고민하는 모습은 그녀에게 신선한 충격이었다. 당구는 그녀의 인생을 송두리째 바꿔 놓았다.

"처음 당구를 쳤을 때 뒤통수를 얻어맞은 듯한 충격을 받았죠. 최고의 당구선수가 되기로 결심했습니다."

파트타이머의 일을 마치면 하루 10시간 이상 당구장에서 살았다. 새벽 3시가 될 때까지 큐를 놓지 않고 미친 듯이 연습하였다. 모범생을 길을 걷던 그녀가 당구에 미쳐 있을 때, 그녀의 부모는 걱정이 이만저만이 아니었다. 하지만 당구에 대한 그녀의 집념을 꺾지 못하였다. 큐를 잡는 손가락 유지를 위해 테이프를 손에 감고 생활할 정도였다. 37시간 연속으로 큐를 놓지 않고 연속 플레이를 하고는 몸살이 나 일주일 간 쓰러지기도 하였다. 그녀는 당구에 미쳐 놀라운 집중력으로 몰입을 하였다. 자넷 리는 "당구를 먹고 마시고 호흡했다."고 말하였다. 자넷 리는 당구 입문 1년 만에 WPBA 챔피언십에서 우승을 하였다. 카슨 트윈시리즈 클래식과 샌프란시스코 클래식, US오픈 9볼 챔피언십 우승이란 결과물을 만들었다. 1995년 열두 번의 세계대회 중에서 다섯 번이나 우승하였고 2년 연속 세계 1위에 올라섰다. 122게임 연속 퍼펙트도 기록하였다. 세계 포켓 랭킹 1위, 1998년 WPBA 올해의 선수상도 차지하였다.

그런데 자넷 리에게는 커다란 핸디캡이 있었다. 바로 선천성 척추측만(척추가 옆으로 휘는 병)이란 병이다. 그녀는 13살 때 척추를 조각내서 다시 붙이고 거기다가 금속막대를 이식하는 큰 수술을 하였다. 몸을 굽힐 때마다 찾아오는 고통이 이루 말할 수 없었다. 고통을 없애기 위해 여덟 번이나 척추교정 수술을 받았다. 그러나 지속해서 당구 연습을 한 탓에 목까지 탈이 났다. 목뼈 탈골로 네 차례나 수술을 받았다. 발작을 일으킬 정도로 통증이 심했지만 그녀는 당구에 미쳐 밤새 연습하였다. 당구장에서 쓰러지기를 반복했지만 신체적 약점을 극복할 수 있는 방법은 '연습'뿐이었다.

그녀는 6개월간 독하게 재활에 매진했고 2000년 6월 WPBA 캘리포니아 클래식에서 5위로 복귀하였다. 2001년 아키타 월드게임, 2003년 레이디스챔피언스, 2004년 애틀랜타 챔피언십에서 우승하면서 다시 정상에 올랐다. 아직도 하루 4시간 이상 당구연습을 한다. 그녀는 "지금까지 나를 이끌고 온 건 내가 들고 있는 이 큐와 내 몸속에 있는 또 다른 큐인 금속막대였어요."라고 웃으면서 말하였다. 자넷 리는 결혼 15년간 아이를 갖기 위해 노력하였다. 수차례 임신과 유산의 아픔을 겪은 끝에 2012년 유럽투어 중 첫아이를 얻었다. 일생일대의 중요한 순간에도 여전히 큐를 놓지 않았다. 몸속에 박힌 금속막대는 여전히 그녀에게 고통을 주지만 당구에 대한 열정과 몰입은 막을 수 없었다.

피터 제임스 배리는 "행복의 비밀은 내가 좋아하는 일을 하는 것이 아니라 내가 하는 일을 좋아하는 것이다."라고 말하였다. 공부든 일이든 마찬가지다. 하는 일을 좋아하면 재미있어지고 몰입하게 된다. 뉴턴이나 아인슈타인처럼 인류 역사상 위대한 업적을 이룬 사람들의 공통점은 '오로지 그 생각만 했다'는 것이다. 1998년 노벨 생리의학상을 받은 루이스 이그내로는 상을 받게 된 비결을 묻자 "과학은 9시 출근, 4시 퇴근하는 일이 아니다. 매일 24시간 '왜, 어떻게'가 머리를 떠나지 않아야 한다."고 말하였다.

네이버 블로그에서 부산롯데호텔 이종규 전 사장의 이야기를 보았다. 그는 고졸학력으로 롯데그룹 계열사의 CEO까지 올라간 사람이다. 그는 어릴 때 집이 가난하여 초등학교를 졸업하고 1년간 농사를 짓다가 중학교에 입학하였다. 또 중학교를 졸업하고 1년간 농사를 짓다가 마산상고에 입학을 하였다. 그리고 군 제대 후 롯데제과에 입사하였다.

"주위를 둘러보니 집안 좋고 재력, 학력, 인맥 등을 두루 갖춘 이들이 많았습니다. 마라톤에 비유하자면 그들은 나보다 앞서서 출발한 것이고 나는 뒤늦게 출발한 거예요. 이 차이를 줄이고 그들과의 경쟁에서 살아남으려면 피나는 노력이 필요했습니다."

이종규 전 사장은 '그래 해보자'며 이를 악물고 노력하였다. 회사에서 하루 동안 어떤 일을 할지 미리 계획을 세우고 새벽에 출근하였다. 상사가 지시를 하든 안 하든 늘 25시간을 산다는 마음으로 일하였다. 일류대 출신 입사 동기들이 전화 한 통으로 일을 해결할 때 그는 수십 번이나 발로 뛰어다녔다. 성실과 열정으로 자신의 일에 몰입을 한 결과, 입사 18년 만에 부장이 되었고 임원부터 대표이사까지 22년을 보냈다. 롯데삼강, 부산롯데호텔, 롯데햄, 롯데우유 등 그룹계열사 CEO를 두루 맡았다. 이종규 전 사장은 자기관리를 위하여 술, 담배를 안 하고 사장실을 투명한 유리방으로 만들어 누구나 들여다볼 수 있게 하였다. 졸음에 잠이 들까봐 사장실 소파도 치워 버렸다. 동창회에서 노래를 하라고 하면 롯데껌 CM송을 부를 정도로 철저한 프로정신과 열정으로 무장하였다.

그는 후배들에게 "사람은 타고난 재능이 각자에게 있는 법입니다. 역량에 맞는, 재능에 맞는 일을 찾아 그것에 미치세요. 일을 통해 자신을 만들어 간다면 무조건 성공할 것입니다."라고 강조한다.

성냥불을 켤 때 성냥을 살살 갖다 대기만 한다고 불이 붙지 않는다. 힘을 주어 팍 그어 불을 붙여야 한다. 에너지를 집중해서 일정한 수준에 올라야만 이 고개를 넘어서는 것이다. 그러나 많은 사람들이 그 고개 문턱에서 포기하고 굴러 떨어지는 경우가 많다. 마지막 1%의 노력이 모자라서 꿈을 이루지 못하는 사람이 많다. 1%를 채우기 위해서는 반복과 몰입을 해야 한다. 열정으로 미쳐야 이룰 수 있다.

"오늘 걷지 않으면 내일 뛰어야 한다. 지금 잠을 자면 꿈을 꾸지만 자지 않으면 꿈을 이룬다."(표도르 도스토옙스키)

장인정신, 장인·명장으로 가는 길

"손님은 발은 긴데 폭이 좁아요. 기성 신발은 안에서 발이 놀아 불편하죠. 또 볼 너비가 양쪽 발이 많이 달라요. 게다가 엄지발가락 옆 관절이 튀어나왔으니 기성 신발은 아플 수밖에 없죠."

그제야 손님은 무릎을 치면서 "막힌 속이 뚫리는 것 같다."며 환하게 웃었다.

서울 성북구 돈암동에는 40년째 수제 등산화를 만드는 알퐁소 등산화의 장인 김택규 씨가 있다. 살이 없어 길쭉한 칼발이라 발목이 자주 삔다는 사람에게도, 볼이 넓고 두툼하여 발이 아프다는 사람에게도 발에 딱 맞는 등산화를 만들어 준다는 것이 그의 장인으로서의 철학이다.

고객 명단에는 지금은 고인이 된 김대중 전 대통령과 김수환 추기경을 비롯, 전두환 전 대통령, 고건 전 총리, 정상명 전 검찰총장 등의 이름이 빽빽이 적혀 있다. 부산, 대구, 제주도 등 전국적으로 마니아도 있지만, 아프리카 케냐, 러시아, 일본에서도 그의 등산화를 주문한다. 김택규 장인은 "대통령님도 추기경님도 내가 만든 등산화만 찾으셨어."라고 자랑스럽게 말하였다. 장인이 되기까지의 노력과 고통이 그의 손가락에 훈장처럼 나타나 있다. 열손가락 모두 손톱 밑이 까맣게 물들어 있었다. 움푹 들어간 왼쪽 엄지손톱은

230

구두 만드는 망치로 수천 번 맞은 듯하였다.

김택규 장인은 전남 곡성 출신으로 근방에서 알아주는 천석꾼 집의 손자로 태어났다. 하지만 부친의 사업실패로 27살에 맨주먹으로 상경하였다. 그는 "논 두 마지기만 있었다면 안 올라왔을 것이다."라고 하였다. 서울로 올라와서는 청계천 수표교 밑에서 미군들이 먹다 버린 꿀꿀이죽으로 연명하며 연탄공장, 노동판을 전전하였다. '배움이 짧으니 나만의 기술을 살릴 수 있는 직업을 찾자'고 생각한 것이 구두 기술이었다. 타고난 손재주와 눈썰미가 있어서 구두 기술을 독학으로 익혔다. 장마당과 공사장을 돌며 손님들의 신발을 수선하였다. 양화점에서 유심히 보았던 걸 토대로 구두를 수선하며 기술을 연마하였다. 몇 끼를 굶었는지 기억이 나지 않을 때도 많았고, 거지들이 남긴 밥을 먹은 적도 있었다. "피눈물 나는 시절이었지만 구두 기술자가 되겠다는 목표가 있었기에 고통도 즐거웠다."고 김택규 장인은 말하였다.

"한 번은 담양 금성면에 갔는데 손님이 구두창을 갈아 달라는 거예요. 부분 수선만 했었지 창갈이는 한 적이 없었어요. 나름 고도의 기술이 필요한 일이거든요. 엄청 긴장해서 작업하고 큰돈을 받았는데 감격스러웠어요. 장터의 거지하숙집으로 돌아가면서 해냈다는 희열에 계속 울면서 걸었어요. 지금도 그 순간을 잊을 수 없어요." 이렇게 담양에서의 창갈이를 계기로 자신감도 생겼고, 구두 기술자로서의 능력도 인정받게 되었다. 1967년 청량리에서 구두가게를 열고 왕십리, 마장동에 분점을 냈으나 무리하게 빚을 내어 확장한 탓에 자금난으로 5년 만에 망하게 되었다. 오뚝이처럼 재기하여 다시 시작했으나 빚을 내 집을 산 것이 화근이 되어 또다시 망하였다. 절망하여 자살하겠다고 마음먹고 북한산을 찾기도 하였다.

방황하던 그에게 우연히 박귀훈 신부가 등산화를 한 켤레 주문하면서 "최선을 다해 정직하게 만들면 최고가 나온다."라고 한 말을 듣고 마음을 다잡았다. 박 신부는 이탈리아 '돌로미테' 브랜드의 가죽 등산화를 보여주며 이것과 똑같이 만들어 달라고 주문하였다. 이것이 알퐁소 수제 등산화의 시초가 되었다. '알퐁소'는 그의 세례명이다. 성인의 이름을 신발에 붙여도 되겠느냐는 그의 물음에 신부님은 "성인이 신발을 받쳐주면 얼마나 편하겠냐?"고 대답하였다. 이 말을 듣고 자긍심을 갖고 노력하여 명품등산화로 브랜드화 하였다. 한때 "도봉산 등산객의 절반이 알퐁소 등산화를 신고 다닌다."는 말이 있을 정도로 유명하다.

알퐁소 등산화가 유명해진 이유를 4가지로 볼 수 있다.

첫째, 반드시 국내산 원자재를 쓰고 통가죽만을 고집한다. 수제화로 유명한 이탈리아 최고급 등산화도 한결같이 가죽조각을 이어 만든다. 통가죽을 고수하는 건 "조각을 많이 내서 박음질할수록 방수능력과 내구성이 떨어지기 때문"이라고 김택규 장인은 말한다.

둘째, 고객의 특성에 맞는 맞춤형 등산화를 만들어 준다. 사람마다 손금만큼이나 발 모양도 다르다는 생각으로 치수를 재고 특성에 맞는 등산화를 만든다. 고객의 나이, 몸무게까지 체크한다. "많은 산에 올랐느냐? 주로 어느 산을 찾느냐?" 등 인터뷰를 하여 수치들을 앞에 놓고 그의 노하우로 등산화를 만든다. 그의 이런 방식에 아들은 불만이 많다. 신발 하나 만드는 데 그렇게까지 까다롭게 해야 하느냐는 이유에서다. 신발에 발을 맞추는 것이 아니라 발에 신발을 맞춰야 한다는 게 장인의 철학이다. 세상에 하나 밖에 없는 내 등산화를 만들어 준다.

셋째, 자신의 제품에 10년을 보증한다. 무상 AS가 가능하여 검소한 성직자들이 즐겨 신는다. 10년 동안 끈, 장식, 안창까지 무료로 수선해 주고 오래된 것은 방수도 무료로 수선해 준다.

넷째, 반드시 수제 등산화만을 고집한다. 아들은 아버지에게 공장에서 표준치수로 기계화·대량화하고 신발가격도 현실화하자고 건의하고, 또 인터넷 판매를 하자고 설득하였다. 하지만 아들은 '내 손으로 세계 최고의 등산화를 만든다'는 자부심을 갖고 사는 아버지를 이길 수 없었다. "대량생산을 위해선 그만큼 직원을 늘려야 해요. 사장 입장에서는 만족도가 높겠지만 신발을 만드는 직원은 꼭 그렇진 않다고 봐요. 대신 지금처럼 소규모로 하면 큰 수익은 나지 않더라도 신발을 만드는 모두의 만족도가 높아요. 적절한 노동시간과 수입이 보장되면 재미있는 일이에요. 그 행복을 지켜가고 싶어요."라고 장인은 말하였다. 그의 꿈은 '알퐁소 등산화'가 구두 역사를 바꾼 '비브람'처럼 세계적인 명품으로 우뚝 서는 것이다.

대우중공업의 김규한 명장은 초등학교도 다녀보지 못하였다. 그는 5대 독자로 태어나 일가친척 없이 15살에 소년가장이 되었다. 그는 너무나 춥고 배고파 자살할 생각도 했지만 어린 여동생을 홀로 둘 수 없다는 생각으로 견뎌냈다. 글도 읽지 못했던 그는 우연히 신문에 난 기사 '대우가족을 모십니다'를 옆집 아주머니에게 듣고 '대우'라는 사람이 외로워서 '가족'을 모집한다고 생각하였다. 나중에 사람을 채용한다는 소리를 듣고 창원공장까지 며칠을 걸어서 갔으나 정문 수위실에서 냄새난다며 거지취급을 당하고 심하게 맞기까지 하였다. 그것을 보고 한 임원이 거둬주라고 해서 사환으로 채용이 되었다. 그는 자신의 일이 좋아서 누가 시키지 않아도 5시에 출근해서 열심히 청소를 하였다. 이런 모습을 본 사장이 그를 기능보조원으로 승격시켰다. 한 번은 선배가 기계를 닦으라고 지시하자 모든 기계를 다 뜯고 하이타이로 닦고 심지어 컴퓨터도 다 뜯어서 물로 닦았다. 말뜻을 못 알아듣고 기계 2,612대를 다 뜯은 것이다. 이 일로 엄청 야단을 맞았지만 우직하게 기술을 익혔다. 나중에는 모든 기술자들이 그에게 묻게 되었다. 그의 실력이 출중했기 때문이다.

그의 성공원칙은 3가지이다.

첫째, 부지런하면 굶어 죽지 않는다. 둘째, 준비하는 자에게는 반드시 기회가 온다. 셋째, 목숨 걸고 노력하면 안 되는 일이 없다.

그는 하루에 3시간을 잔다. 밤 9시경에 잠이 들었다가 자정이 조금 넘어서 일어나 새벽 6시까지 책을 보고 출근한다. 그는 모든 일에 목숨을 걸고 노력한다. 그는 "이제까지 700여 가지의 제품과 신기술을 개발했습니다. 정말 목숨을 걸고 내 인생에 충실했습니다."

회사에 제안한 것만 2만 4천 6백 건이고, 국제발명특허 62개를 받았다. 조금이라도 도움이 되는 건 무엇이라도 개선하려고 한다. "하루 종일 쳐다보고, 생각하고 또 생각하면 해답이 나옵니다. 가공 기계 개선을 위해 3달간 고민하다 꿈에서 해결하기도 했지요."
라고 말하였다. 이렇게 노력한 결과 훈장 2개와 대통령표창을 네
번 받았다. 그는 사환에서 출발하여 대한민국 최고의 명장名匠에
오른 인물이다.

남들이 알아주든 알아주지 않든지 간에 자신의 일에 묵묵히 매
진하는 장인정신이 필요하다. 자신의 일에 대한 소신, 자부심, 열
정을 가지고 노력할 때 창의력도 계발되고 기술도 증진된다. 빨리
빨리 문화가 습관화되고 결과물을 서두르는 것으로 인해 곳곳에
서 사회적 병폐 현상이 나타난다. 새로운 산업사회에서의 개인과
기업, 사회가 생존과 성장을 하기 위해서는 장인이야말로 새로운
인재상이다. 예술이나 기술, 학문, 연구 어느 것이든 돈과 명예에
연연하지 않고 묵묵히 자기 길을 가는 장인정신이 필요하다. 4차
산업혁명시대에 기업이나 교육에서 나아가야 할 방향은 '장인'의
육성이다. 창의성, 유연성, 복합성에 반하는 것 같지만 아이러니하
게도 현대적 장인이 인재상이다. 한 가지 일에 몰입하여 빠져들고
지독하게 학습하여 자신의 영역에서 전문가로 우뚝 서는 것이다.
장인은 일을 통해서 자신의 존재 의미를 실현하고 자신의 높은 숙
련도를 위하여 끊임없이 배우고 넓혀간다. 장인은 지식과 기술을
지속적으로 혁신해서 창조적으로 일하고, 또한 자신의 기술을 베
풀고 나누어 사회적으로 기여하려고 한다.

미켈란젤로에게 장인정신을 배우다

영주가 사는 대저택의 정원을 관리하는 정원사가 있었다. 그는 정원 구석구석을 아주 열심히 관리하였다. 정원사는 일을 끝낼 시간이 지나도 혼자 남아서 꽃과 나무를 정성껏 가꾸고 나무통 화분에 꽃을 조각하였다. 이 모습을 유심히 지켜보던 영주는 정원사를 불러 물었다.

"자네가 화분에다 꽃을 조각한다고 해서 품삯을 더 받는 것도 아닌데 그토록 정성을 들이는 이유가 뭔가?"

영주의 질문에 정원사는 대답하였다.

"제가 이 정원을 사랑하기 때문입니다."

이 말을 들은 영주는 그에게 특별 장학금을 주어 조각 공부를 시켰다. 이 정원사는 훗날 이탈리아 르네상스 시대 최고의 조각가이자 건축가, 화가가 되었다. 그가 바로 미켈란젤로이다.

미켈란젤로가 '천지창조'라는 작품을 그릴 때의 이야기이다.

그는 천장 구석에 인물 하나를 정성을 들여 그렸다. 그러자 친구가 말하였다.

"그렇게 구석진 곳에 잘 보이지 않는 인물 하나를 그려 내느라 왜 그 고생을 하는가? 도대체 누가 안단 말인가?"

그러자 미켈란젤로는 "누구긴, 바로 내가 아네."라고 말하였다.

'천지창조'를 그린 성당은 약 180평 되는 넓이였다. 이렇듯 누가 보든 보지 않든지 간에 자기가 맡은 일에 최선을 다하는 자세가 세계적으로 유명한 미켈란젤로를 만든 것이다.

오늘날 지속성장을 위한 경제 엔진으로 '작지만 강한 기업'이 주목받고 있다. 특히 이탈리아의 장인기업들이 재조명되고 있다.

토즈(Tod's)는 세계적인 가죽 제품을 만드는 기업이다. 1908년 필리포 델라 발레(Filippo Della Valle)에 의해 이탈리아 중부 마르케주 소도시의 조그만 공방에서 출발하였다. 2대손 현 회장인 디에고 델라 벨라 체제하에 신발, 가방, 지갑 등 최고급 가죽 제품을 만드는 하이엔드(High end) 명품 브랜드 기업으로 입지를 구축하였다. 선대부터 내려오던 작은 신발 공방을 리뉴얼 해 1998년 최신식 설비로 교체했으나 100여 명의 장인의 손길을 거치는 전통적 신발 제조기술은 그대로 유지하였다. 장인정신을 충실히 지키면서 완벽한 품질, 창의성을 담은 제품 생산으로 글로벌 명품 소비자들에게 차별화된 브랜드로 자리매김하였다.

마리넬리(Pontifica Fonderia Marinelli)는 교회 종만 전문적으로 제작해 온 장인 기업이다. 11세기 경 설립되어 세계에서 가장 오래된 주조 공장 중 하나이다. 현재 종업원 12명의 작은 규모로 기업을 잇고 있다. 전통방식으로 연간 50개 정도의 종을 생산하여 한국, 아시아, 유럽, 미국, 남미에 수출하고 있다. 남들이 하지 않는 분야지만 한 분야에 대한 집중과 철저한 후계자 교육으로 세계 일류의 종 생산능력을 보유한 가업승계 기업이다.

콜나고(Colnago)는 세계적인 자전거를 만드는 기업이다. 1954년 에르네스토 콜나고(Ernesto Colnago)가 자신의 집 아래층 25제곱미터의 소규모 공방에서 자전거 제작을 시작한 데서 유래되었다. 이탈리아 로드 사이클 대회인 지로 디탈리아(Giro d'Italia)의 출범과 함께 동 분야에 특화된 자전거 제작에 집중하였다. 1987년 명품

자동차의 대명사인 페라리(Ferrari) 엔지니어링팀과 합작하여 항공 분야에서 사용되는 탄소 섬유를 이용한 프레임으로 자전거 개발에 성공하였다. 첨단 기술을 자전거에 접목하여 지금까지 49명의 로드 사이클 대회 챔피언을 배출한 자전거로 명성을 이어가고 있다. 이탈리아 특유의 장인정신과 수작업 중심의 공정이 첨단 소재 및 기술과 만나 고부가가치 복합 산업으로 발전한 것이다.

2015년 중앙일보 김준술 기자에 의하면, 이탈리아의 장인기업은 총 140만 개로 약 290만 명이 장인기업에 종사하고 있다. 장인기업의 95%는 전체 종업원 수 10명 미만의 소규모 형태다. 하지만 이들 장인기업이 이탈리아 전체 GDP의 12%를 생산하고 있으며 유럽의 경제 위기 속에서도 자국경제의 대들보 역할을 하였다.

우리나라의 에코시계는 세라믹 시계 부품 전문기업으로 1986년 설립되었다. 2005년 스위스 바젤 국제 시계 보석 전시회 시계디자인 공모전에서 표창을 받았다. 2008년에는 스위스, 독일, 일본에 세라믹 시계를 수출하였다. 명품시계 산지인 스위스의 위블로(HUBLOT)와 세라믹 부품 공급을 체결하여 2014년 150만 달러 상당, 2015년 250만 달러 상당의 부품을 공급하였다. 또한 지속적인 품질개선을 통해 스위스 시계 업체들이 요구하는 높은 수준의 샘플 테스트를 통과하여 현재 다수의 스위스 명품시계 업체로부터 러브콜을 받고 있다.

장인정신이 담긴 물건은 열정과 애정, 그리고 디테일에 대한 세심한 주의 속에 만들어진다. 한 사람의 장인이 평생에 걸쳐 자신의 경험을 끊임없이 연마하고 정제하는 반복 과정에서 이러한 품질의 차이가 만들어진다. 타이맥스시계와 롤렉스시계가 그렇게 구분된다. 장인적 숙련은 많은 시간을 투자해야 한다. 인내심을 갖고 노력에 노력을 거듭해야 한다. 진정한 장인이 되려면 자기가 몸담고 있는 일을 멈추지 말고 지속적으로 노력해야 한다.

장인정신을 보여주는 예술가로 추사 김정희를 꼽을 수 있다. 그가 글씨를 쓸 때 얼마나 피눈물 나는 장인적 수련과 연찬研鑽을 보였는가는 평범한 사람들의 상상을 초월한다. 추사는 칠십 평생에 벼루 10개를 밑창을 내고, 붓 1,000자루를 몽당붓으로 만들었다. 그런 노력과 수련 속에서 추사체가 나온 것이다.

장인정신은 결국 노력이 따라야 한다. 더불어 중요한 것만 노력할 것이 아니라 경중을 따지지 말고 온 힘을 다해야 한다. 자기 자신을 엄격하게 관리하는 힘이 필요하다. 모든 사람이 장인이 될 수는 없다. 하지만 장인정신을 가질 수는 있다. 무슨 일이든지 포기하지 않고 끝까지 하려는 자세와 노력은 누구든지 가질 수 있고, 또 그렇게 할 수 있다. 모든 일에 최선의 노력을 기울여야 하고 누가 보든 안 보든 간에 자신의 일에 몰입해야 한다. 100만 명 청년 실업의 시대이다. 취업활동을 하지 않는 청년들까지 포함하면 심각한 것을 지나 큰 문제이다. 이 시점에 필요한 것이 장인정신이다.

장인정신은 자신의 일에 자부심과 열정이 있어야 한다. 10년의 세월을 배움과 성장에 몰입할 수 있는 불굴의 의지가 있어야 한다. 밤하늘을 빛나게 하는 것이 별이라면, 인간을 빛나게 하는 것은 의지이다. 어려운 시대일수록 장인정신을 가진 사람이 필요하다.

끈기, 성공이라는 못을 박으려면 인내라는 망치로 내려쳐라

"끈기와 불굴의 의지는 영리함의 무게보다 두 배의 가치를 갖고 있다."(토머스 헉슬리Thomas H. Huxley)

중국의 대표적 시인 이백은 10살 때부터 시와 글에서 신동으로 불릴 만큼 재주가 뛰어났다. 그의 아버지는 이백에게 스승을 붙여 상의산으로 보내 학문을 닦게 하였다. 하지만 이백은 얼마 안 가 공부에 싫증이 나, 스승 몰래 산을 내려와 도망을 쳤다. 산을 내려오는 길에 한 노파가 냇가에서 큰 도끼를 바위에 갈고 있었다. 이를 이상하게 생각한 이백이 노파에게 물었다.

"할머니, 지금 뭐하시고 계신가요?"

그러자 노파가 대답하였다.

"바늘을 만들려고 한단다."

이백은 놀라며 물었다.

"아니, 도끼로 바늘을 언제 만들어요?"

노파는 가만히 이백을 쳐다보며 꾸짖듯 말하였다.

"애야, 비웃을 일이 아니다. 중도에 그만두지 않는다면 언젠가는 이 도끼로 바늘을 만들 수가 있단다."

이 말을 들은 이백은 크게 깨닫고 산으로 돌아가 한눈팔지 않고 글공부를 열심히 하였다. 바로 마부작침磨斧作針의 유래이다.

세상에는 기발하고 멋진 아이디어를 갖고 있는 영특한 사람들이 많다. 하지만 이러한 아이디어들이 모두 현실 세계에 반영되어 성공하지는 않는다. 세상의 인정을 받기까지는 많은 어려움이 따른다. 목표를 성취하는 것의 핵심은 끈기와 불굴의 의지이다. 아무리 훌륭한 재능을 갖고 있어도 인내력을 가지고 노력하지 않으면 성공할 수 없다. 보석도 닦아야 빛이 난다.

당구선수 김행직은 초등학교 때부터 당구 신동으로 소문이 났다. 아버지 김연구 씨는 "내가 전북 익산에서 운영하던 당구장에서 행직이가 3살 때 처음으로 큐를 잡았다. 중2 때 전국 성인 대회에서 우승했다."고 말하였다. 고등학교 1학년 때인 2007년 스페인에서 열린 세계 주니어 선수권 대회에서 우승을 하여 세상을 깜짝 놀라게 하였다. 이후 2010년부터 3년 연속 이 대회 정상에 오르며 사상 최초로 4회 우승의 대기록을 세웠다. 김행직은 2011년 독일 분데스리가 1부리그 1위팀 호스터 에크에 입단하였다.

"고등학교를 졸업한 뒤 더 넓은 무대를 경험하고 싶었어요. 대신 대학은 포기했습니다. 대학 가는 게 중요하다고 생각하지 않았거든요. 운이 좋게도 응원해 주시던 지인분 중 한 명이 직접 구단을 소개해 줬어요. 그게 호스터 에크였죠. 워낙 뛰어난 선수가 많아 1년 정도는 예비선수로 뛰었어요. 첫 1년 동안 정말 밥 먹고 당구만 치면서 기회를 노렸습니다. 그 결과 2년 차에는 팀의 주전선수로 뛸 수 있었죠."라고 김행직은 말하였다.

김행직은 2017년 7월 포르투갈 월드컵 우승을 차지한데 이어 2개 대회 연속 월드컵 우승을 차지하였다. 한국 최초이자 아시아 최초이다. 그래서 한국축구 대표팀 에이스 손흥민에 빗대 '당구계 손흥민'이라 불린다.

그의 아버지는 3살이던 김행직의 고사리 손에 큐를 쥐어주고 당구를 가르쳤다. 김행직은 초등학교 5학년 때부터 본격적인 선수의 길을 선택하였다. 김행직은 전북 익산에서 초, 중학교를 나와 당구를 위해 아무 연고도 없는 수원 매탄고교에 입학하였다. 당구는 20대까지 경험을 쌓은 뒤 30대 이후 꽃을 피우는 종목이다. 그런데 김행직은 일찍 만개하였다. 오른손잡이인 김행직은 왼손잡이 아버지를 따라 훈련을 하다 보니 왼손으로 당구를 친다. 이에 대해 나근주 대한당구연맹 과장은 "복싱의 사우스포처럼 당구도 왼손잡이가 유리하다. 상대 선수가 오른손잡이 기준으로 수비를 하는데, 역으로 왼손잡이 선수에게는 기회가 된다."고 말하였다.

당구는 어느 정도까지는 재미로 즐길 수 있으나 선수의 길을 걷는다면 피나는 훈련이 필요하다. 하루 10시간 이상의 훈련과 동영상 연구 등 자신의 청춘을 다 바쳐야 한다. 김행직의 아버지는 "당구장을 운영하면서 보는 눈이 있었다. 행직이를 보니 끈기와 집중력이 남달라서 키우면 되겠다 싶었다."고 했다. 다른 지역의 당구고수를 찾아가 배우게도 하였다. 수원 매탄고교(당구부)에 스카우트 되었지만 당구를 가르쳐 줄 스승은 없었다.

"자취를 한 곳이 원룸이나 기숙사가 아니었어요. 아는 분이 당구장 안의 작은 공간에서 숙식할 수 있도록 도움을 주셨어요. 일자로

누우면 몸이 꽉 차는 비좁은 공간이었죠. 하루에 반나절 동안은 당구만 쳤어요. 죽도록 힘들었어요. 하지만 돌이켜보면 그때 실력이 많이 늘었던 것 같아요."

그는 하루 6~8시간씩 연습에 매달리며 독학으로 당구를 익혔다. 밥 먹고 당구만 쳤다. 상대편 없이 혼자서 당구를 치면 얼마나 지루하고 힘든지 당구를 쳐본 사람들은 안다.

"저는 성격이 내성적이고 낯도 많이 가려요. 그런 성격이 잘 맞았던 것 같아요. 혼자 하더라도 심심하지도 않고 외롭지도 않고 장시간 연습을 하더라도 재미있었어요. 만약 누가 가르쳐 줬다면 가르쳐 주신 분의 능력 정도밖에 도달하지 못했을 것 같아요. 남이 가르쳐 주는 것은 그것 하나만 알게 되지만 혼자서 하다 보면 그것보다 2~3개를 더 알 수 있었어요."

혼자서 당구를 익히는 것은 대단한 끈기가 없으면 하기 어렵다. 끈기 있는 사람이 성공한다. 끈기는 집요함과 버팀의 덕목이 필요하다. 성공은 재능보다 끈기의 결과물이고 포기를 모르는 근성의 산물이다. 성공하기 위해서는 고통스러워도 정진하는 자세를 멈추지 않아야 한다. 반드시 해야 할 일을 멈추거나 포기하면 그 결과는 초라하다. 어떤 포기든 포기는 좌절이며 도피다. 작은 일도 포기하지 않고 성공하려면 희망을 잡고 끝까지 집요하게 물고 늘어져야 한다. 밟아도 뿌리를 뻗는 야생초처럼 집요한 열정이 필요하다. 빙하 속에서도 움직이는 수초처럼 강인해야 한다. 김행직은 슬럼프에 빠지면 더 많은 시간을 연습한다. 때로는 10시간 또는 15시간씩 공을 친다. 슬럼프에 빠지면 자신을 더욱 몰아붙이는 것이다. 그러다 보면 다시 원래 컨디션으로 돌아온다고 김행직은 말하였다.

김행직은 23세의 나이로 한국 최연소 국내 랭킹 1위이다.

김행직의 이름 '행직'은 바르고 곧게 자라라는 뜻을 담고 있다. "시합에서 상대방이 못 쳐서 이기는 것보다는 상대도 잘 치고 제가 그보다 잘 쳐서 이기는 걸 원한다."고 말할 정도로 자세가 돋보인다. "지금의 제가 있을 수 있었던 것은 어렸을 때 일찍부터 많은 실패를 경험했기 때문입니다. 상대가 잘 칠 때면 웃음이 나옵니다. 작년에 조재호 선배에게 큰 점수 차로 진 적이 있습니다. 그때 선배에게 제가 '웃으면서 잘 배웠다'고 문자를 보낸 적이 있습니다." 이 말에서 그의 겸손한 자세와 배움에 대한 열정을 느낄 수 있다. 김행직은 앞으로의 목표에 대해 "대체 불가능한 선수가 되고 싶습니다. 축구로 치면 펠레, 농구로 치면 마이클 조던 같은 선수요. 지금처럼 계속 연습해서 세계에서 가장 많이 우승을 하는 선수가 되고 싶어요."라고 말하였다.

전북 완주군의 차사순 할머니는 960번의 도전 끝에 운전면허를 취득하였다. 5년간 960번을 떨어져도 집념과 끈기를 가지고 도전하였다.

꿈을 실현하려면 인내심이 있어야 한다. 인내심은 성공의 절대 요소이다. 무슨 일에서나 성공하기 위해서는 인내심과 끈기가 절대적으로 필요하다. 인내심의 기초가 되는 것은 의지의 힘이다. 의지와 욕망이 결합되었을 때 어떤 일에도 굽히지 않는 강력한 힘이 생겨난다. 대개 성공하는 사람들을 보면 남다른 재주나 특별한 능력이 있어서라기보다는 뛰어난 인내력을 가지고 있음을 알 수 있다. 많은 사람들이 쉽게 포기하므로 재능이 있어도 그 재능을 다 발휘하지 못한다. 그래서 오늘날은 재능이 많은 것만으로는 성공하지 못한다. 용기가 있는 것만으로도 성공하지 못한다. 인내가 없기 때문이다. 참을성이 없어 도중에 포기하기 때문이다.

산이 높을수록 바람이 거세고 선구적인 일일수록 고난과 비난도 거세다. 고통이 클수록 굳세게 버티면 영광도 크다. 일이 고될수록 밝은 생각과 굳센 행동을 선택하고, 감정이 상할수록 법과 이성을 선택해야 한다. 미국의 사업가 강철왕 카네기는 승부를 가리는 데 있어서 가장 중요한 것은 인내라고 말하였다. 참고 있으면 기회는 생긴다. 생존경쟁에서 남보다 앞서기 위해서는 무엇보다 인내가 필요하다. 마음과 삶에 인내라는 뿌리가 내리면 성공이라는 풍성한 열매를 맺을 수 있다. 시간이 흐른 뒤에 결국 중요한 것은 얼마나 많이 실패했느냐가 아니라 얼마나 끈기 있게 노력했느냐 하는 점이다. 물은 99도(℃)에서 끓지 않고 100도에서 끓는다. 사람은 1도 차이로 폭발적인 변화의 모습을 보이는 사람과 그렇지 못한 사람으로 나뉜다. 한 걸음의 차이가 인생의 실패를 좌우한다. 인내를 통해 삶은 성숙해진다.

"빛을 내려면 불타는 것을 견뎌야 한다."(빅터 프랭클Viktor Frankl)

회복탄력성이 중요하다

화투 패의 비광(雨光)에는 '포기하지 않는 자세'를 강조하는 깊은 뜻이 담겨 있다. 비광에 등장하는 인물인 오노 도후(小野道風, 894~966년)는 일본 서체의 전형인 조다이요(上代樣) 서체를 완성한 사람이다. 서예를 배우면서 늘 스승에게 혼나기만 했던 오노 도후는 서예가로 성공하겠다는 꿈을 포기하고 자신의 짐과 우산을 챙겨 떠났다. 그는 길을 가던 중 버드나무 아래서 버들잎을 잡기 위해 뛰어오르고 있는 개구리를 발견하였다. 오노 도후는 개구리가 버들잎을 잡기 위해 뛰어오르지만 계속 실패만 하고 있는 모습이 마치 자기 같다고 생각하였다. 순간 개구리가 뛰어올라 버들잎을 잡는 것을 보고 자신을 반성하며 발길을 돌려 서예에 매진하였다. 그리고 마침내 서예가로 성공하였다. 오노 도후에 관한 이야기는 일본의 초등학교 교과서에 실려 있다.

동아닷컴(dongA.com) 이세연 기자의 '키 90cm, 몸무게 20kg은 날 설명하는 2%일 뿐'이란 기사를 접하였다.

숀 스티븐슨은 키 90cm, 몸무게 20kg이다. 뼈가 계란껍질처럼 쉽게 부서지고 골절되는 희귀 유전질환인 '골형성 부전증'을 안고 태어났다. 출산 과정에서 눌린 그의 머리는 찰흙 반죽 덩어리를 구겨놓은 듯 일그러져 "24시간 안에 죽는 편이 낫다"는 절망적인 진단을 받았다. 기침만 해도 갈비뼈가 덜그럭거렸고 살짝 부딪치기만 해도 뼈가 부러졌다. 스티븐슨은 성인이 될 때까지 200번이 넘는 골절과 고통을 견뎌냈다. 늘 깁스를 한 채 휠체어에 앉아 있어야 하는 삶은 그를 예민하고 우울한 소년으로 만들었다. 좌절에 빠져 있던 그를 바꾼 것은 10살 때 그에게 들려준 어머니의 한마디였다. "너의 병은 인생의 짐이 될 수도, 축복의 선물이 될 수도 있단다."라고 말하는 어머니의 한마디에 그는 희망을 발견하였다.

또한 가족의 격려와 지원도 그가 긍정적인 삶을 살아가는 데 큰 힘이 되었다. 그의 부모는 계란 삶기용 초시계를 이용하여 그가 자기 연민에 빠지는 시간을 하루 15분으로 제한하였다. 핼러윈 파티 때마다 "너의 외모는 최고의 분장"이라고 격려하며 자신감을 불어넣었다. 또 그가 고통에 시달릴 때마다 좋은 기억들만 떠올리도록 옆에서 돕고, 그가 할 수 있는 일에만 집중할 수 있도록 물심양면으로 도왔다. 스티븐슨은 가족의 지원으로 11세부터 골형성부전증 환자를 위한 대변인으로 활동하였다. 이제 그는 미국 전역의 장애인에게 희망을 불어넣는 스타 강연자로 우뚝 섰다. 그는 육체적 장애를 극복한 자신의 경험을 나누며 격려하는 희망전도사로 바쁘게 돌아다니는 한편, 장애아를 위한 특수 보육원과 여름 캠프를 세우는 활동도 하고 있다. 또한 그는 심리치료사이자 박사과정을 밟는 학생으로서 자신의 미래를 위한 준비도 착실히 해 나가고 있다.

스티븐슨은 강연을 할 때 "차이를 인정하고 이해하는 것이 사람의 삶을 변화시키는 가장 강력한 무기"라고 강조한다. 그는 자신의 걷는 모습이 펭귄 같다고 하고 지팡이가 없으면 승강기(elevator) 버튼도 못 누르지만 항상 웃는다. 그는 "90cm의 난쟁이 외형은 나를 설명하는 2%밖에 되지 않는다. 나는 내 능력 이상으로 통 크게 노는 사람"이라고 말한다.

"저는 제 신체 조건을 짐이라고 해석할 수도 있었어요. 그러면

제가 어떻게 반응했을까요? '불쌍한 나…' 하고 내 자신을 동정하고 '내 삶이 너무 싫어', '죽고 싶어' 이랬겠죠. 그게 저를 어떻게 만들었을까요? '세상에도', '가족에게도' 도움이 되지 못했을 거고, 제 자신을 돕지도 못했을 거예요. 행복은 선택이에요. 행복은 당신에게 그냥 떨어지는 것이 아니라, 당신에게 일어난 일을 어떻게 받아들이고 대처하는지에 달려 있습니다."

그는 mbc 스페셜 프로그램에 출연하여 "안녕하세요. 저는 스티븐슨입니다. 저는 당신이 천재인지 묻고 싶어요. 만약 당신이 '아니오'라고 답한다면 당신은 틀렸을 수도 있습니다. 저는 어떤 점이 천재인가를 깨닫게 되었습니다. 저는 자기 표현능력을 타고났어요. 저는 다른 사람들과 아주 자연스럽게 어울릴 수가 있어요. 여러분이 책을 많이 못 봐서, 정규교육을 못 받았다고 해서 천재가 아닐 거라고 생각하지 마세요. 당신은 천재가 맞아요. 다만 당신이 무엇에 천재성이 있는지 찾아야 할 뿐이에요. 당신의 천재성을 찾으세요."라고 하였다.

회복탄력성은 영어 'Resilience'의 번역어다. 다양한 역경과 시련을 극복하고 도약의 발판으로 삼아 더 높이 튀어 오르는 마음의 근력을 의미한다. 어떤 불행한 사건이나 역경에 대해 어떤 의미를 부여하느냐에 따라 불행해지기도 하고 행복해지기도 한다. 숀 스티븐슨은 일반인 같으면 상상도 못하는 삶을 살아간다. 그런데 오히려 많은 사람들에게 삶의 희망을 갖고 도전하게 한다. 인생의 바닥에서 그 바닥을 치고 올라올 수 있는 힘이 더욱 중요하다. 밑바닥까지 떨어져도 꿋꿋하게 튀어 오르는 비인지적 능력이 우리에게는 필요하다.

위키백과에 보면 회복탄력성 지수는 모두 53개 문항으로 구성되는데, 스스로의 감정과 충동을 잘 통제할 수 있는 자기조절력, 주변 사람과 건강한 인간관계를 맺을 수 있는 대인관계력, 긍정적 정서를 유발하는 습관인 긍정성이라는 세 가지 요소로 이루어져 있다. 그리고 이들은 각각 3가지 하위요소를 지닌다. 위즈덤하우스에서 검사를 받을 수 있다. 우리나라 사람들의 평균점수는 195점이다. 170점 이하라면 조그마한 불행에도 쉽게 상처를 받고 쉽게 치유하기가 어렵다. 자그마한 부정적 사건에도 영향을 받는 나약한 존재다. 삶을 활기차고 행복하게 살아가려면 회복탄력성을 길러야 한다.

기업도 마찬가지다. 불확실성의 시대이고, 경제 위기는 이제 일상이다. 영리한 기업들은 어떤 수단을 쓰더라도 모든 위기를 완벽히 예측하는 것은 불가능하다는 사실을 안다. 과거처럼 매뉴얼을 만드는 식으로는 경영환경 변화에 적응할 수 없다. 예상 밖의 어떤 위기에 부딪히더라도 어떻게든 극복해내는 창의적인 조직으로 만들어야 한다. 그래서 중요한 것이 복원력이다. 복원력이 강한 조직은 복원력이 있는 인재로부터 출발한다. 회복탄력성을 갖춘 기업들은 공통적으로 인지력, 극복력, 행동력의 3가지 핵심 역량이 조직에 내재되어 있다. 인지력은 집단지성과 리더의 통찰력을 발현하는 능력이고, 극복력은 핵심역량에 집중하여 위기를 기회로 전환시키는 능력이며, 행동력은 혁신적인 아이디어를 과감하고 민첩하게 실행하는 능력이다.

한경비즈니스를 보면 노키아 관련 기사(2014. 05)가 있다. 노키아의 몰락에도 불구하고 흔들림 없이 스타트업 강국으로 떠오른 핀란드의 성공 비결은 무엇일까? 답은 젊은이들의 창업문화, 대학·정부 플랫폼, 전문성을 가진 기업가들의 조합이 만들어낸 창업 생태계에서 찾을 수 있다. 핀란드 국내총생산(GDP)의 4분의 1 가량을 노키아 1개 기업이 담당하였으므로, 노키아의 몰락은 핀란드 경제에 치명타였다. 그러나 핀란드는 이 같은 위기를 기회로 삼았다. 핀란드 정부는 노키아 출신 엔지니어들을 스타트업 생태계로 불러들였다. 리우코넨 홍보 담당자는 "실제로 노키아의 몰락을 계기로 핀란드에는 스타트업 기업이 급증했다."고 말하였다. 핀란드 정부는 창업 지원을 위해 대학 개편도 단행하였다. 100년이 넘는 전통을 가진 헬싱키공대, 헬싱키경제대, 헬싱키예술디자인대 등 3개 대학을 통합하여 '알토대'를 만들었다. 대학을 벤처 육성의 '요람'으로 만든 것이다.

절대 포기하지 않는 용기와 인내가 노키아 부활의 원동력이다. 이것은 탱탱볼과 같이 다시 튀어 오르는 회복탄력성에서 출발한다. 대표적인 기업이 클래시 오브 클랜, 클래시 로얄 등의 모바일 게임으로 잘 알려진 슈퍼셀이다. 슈퍼셀은 노키아 몰락 후 정부의 지원을 받아 2010년 일카 파나넨 대표가 5명의 동료와 함께 허름한 사무실에서 창업하였다. 현재 회사의 구성원은 핀란드에 모여 있는 개발자 80여 명 등 전세계 지사까지 합쳐 모두 180여 명에 불과하다. 지난해 총매출은 20억 2,900만 달러, 영업이익은 8억 1,000만 달러(약 8천 740억 원)를 기록하였다. 슈퍼셀을 만든 9할은 실패였다. 14개의 게임에서 실패했지만 굴하지 않고 당당하게 일어섰다. "모든 실패는 매우 특별한 배움의 기회를 주고, 결국 필요한 일을 할 수 있는 능력을 기를 수 있습니다."라고 파나덴 대표는 말한다. 슈퍼셀은 이처럼 '실패'를 해도 받아들일 수 있는 회사 문화를 만드는 데 투자했고, 마침내 서비스게임 4개가 연달아 홈런을 치는 엄청난 성과를 만들어냈다.

역경과 부딪혔을 때 스스로의 역량을 재창조하여 역경에서 벗어나는 그 힘이 중요하다. 위기는 파도와 같이 끊임없이 몰아친다. 그렇기 때문에 살면서 어떤 식으로든 위기를 겪는다. 모든 사람이 아무 문제없는 순탄한 삶을 살기를 바란다지만, 정작 그 꿈을 이루어 아무 문제가 없는 사람은 이미 죽은 사람뿐이다. 아무리 스펙이 좋고 자산이 많더라도 위기를 이겨내지 못한다면 어느 순간 소리 없이 사라질 수밖에 없다. 성공한 것처럼 보이는 사람들이 한순간의 고통을 극복하지 못하고 자신의 삶을 정리하는 것을 종종 보게 된다. 그들의 성공은 파도가 닿는 자리에 지은 모래성이나 마찬가지였던 것이다. 결국 위기를 극복할 줄 아는 사람만이 성공에 이르게 된다. 이젠 IQ와 같이 인지적 요소보다 회복탄력성과 같은 비인지적 요소들이 더욱 중요한 시대이다.

독서, 삶의 품격을 높이다

"삶의 지혜는 종종 듣는 데서 비롯되고, 삶의 후회는 대개 말하는 데서 비롯된다."

독서는 삼독이다. 먼저 텍스트를 읽고 다음으로 필자를 읽어야 한다. 그리고 최종적으로는 독자 자신을 읽어야 한다. 책 속에 길이 있다. 책을 읽는 이유는 길을 찾기 위해서이기도 하고, 지금 가고 있는 길에서 벗어나기 위해서이기도 하다. 현명하게 길을 읽고 길 밖에서 또 다른 길의 가능성을 찾기 위해서다.

책을 많이 읽는 것은 첫째, 정서지수(EQ: Emotional Quotient)를 높이기 위해서이다. 한미가정연구원의 차호원 박사는 IQ가 성공과 행복한 삶에 기여하는 정도는 20% 남짓 밖에 안 되지만, EQ를 중심으로 한 다른 요소, 즉 정서안정, 내적 자신감, 신앙적 신념은 약 80%를 차지한다고 하였다. IQ가 높을 필요는 없다. IQ가 높아서 성공하는 사람은 별로 없다. IQ가 높은 사람은 소혜小慧라고 한다. 작은 재주는 결국 자기 몸을 죽인다. 정서지수가 높다는 말은 인격적으로 성숙하다는 뜻이다. 교육적인 지식이 몸에 배어 있어서 내면에 교양이 있다. 덕성德性이 있다. 항상 남을 배려하고 돕고, 남을 이해하고 수용하며 경청하는 자세를 가지고 있다. 그러다 보니 사회지수(SQ)가 높다. 이런 사람을 일러 인격적으로 성숙되었다고 한다.

둘째, 언어능력을 확대하기 위해서이다. 얼마나 많은 언어를 구사하느냐, 얼마나 많은 단어를 알고 있느냐가 그 사람의 언어능력이다. 주위에서 "저 사람은 아는 것은 많은데 말은 못한다."고 하는 것은 틀린 말이다. 단어를 모르기 때문에 말을 못하는 것이다. 일상생활에서 쓰는 생활언어는 5,000개에서 10,000개 정도면 된다. 그러나 깊은 사유, 고도의 추상, 심오한 철학, 패러다임을 나타내는 말은 고급언어를 구사할 수 있어야 한다. 일반적으로 시 300편을 외우고 소설 300권, 역사책 200권, 철학책(전기) 100권을 읽으면 문리가 터진다고 한다.

『독서자본』의 작가 이상민은 "독서의 세계는 고요하지 않다. 충격과 환희의 세계가 펼쳐진다."고 독서의 의미를 정의한다. 유대인들은 15세부터 7년 동안 집중적으로 『탈무드』를 읽고서, 평생 동안 그것을 인생의 등불로 삼아 살아간다. 그는 우리에게도 유대인처럼 집중적인 독서 기간이 필요하다고 주장한다. "독서를 할 때 책의 권수만 헤아리는 방향으로 읽기보다, 진정한 독서는 마음에 드는 책을 발견했을 때 그 책을 읽고 또 읽어 거듭 천천히 곱씹듯 해야 한다. 바람이 스쳐 지나가듯 가볍게 책장을 넘기기만 하는 독서는 큰 의미가 없다."고 이상민 작가는 말한다.

책쓰기연구소의 대표이기도 한 이상민 작가는 10년차 전업 작가로, 유럽 여러 나라에 대한민국을 대표하는 30대 청년작가로 알려져 있다. 그는 젊은 나이에 4,000권의 독서와 4천 편의 다큐멘터리를 섭렵하고 문리가 트였다. 지난 10년 동안 20여 권의 책을 집필했으며 그중 70%가 좋은 내용의 책으로 공신력 있는 단체에서 인정받았다. 이 작가가 운영하는 책쓰기 수업은 기획출판이 무려 97%나 된다. 지난 1년 동안 무려 3,000명이 넘는 사람들이 그의 수업을 듣고 많은 사람들이 책을 집필하였다. 그는 "아침저녁 지하철 출퇴근 시간에 힘들게 출근하니까 자기가 열심히 살고 있다고 생각을 하고, 회사에서 직장 상사가 뭐라 하는 걸 듣고 있으니까 열심히 살고 있다고 생각을 한다. 그러나 남들도 그 정도는 하고 있다. 그 수준을 확 뛰어넘어서 열심히 해야 뭔가를 이루어 낼 수 있다."고 책을 쓰는 자세에 대하여 말한다.

책은 인간을 만들고 인간은 책을 만든다. 자서전은 한 사람이 평생 살아온 내용을 한 권의 책으로 엮은 것이다. 다른 사람이 한평생 살면서 깨달은 것을 책 한 권을 통해서 익힌다는 것은 엄청 수지맞는 일이다.

얼마 전 연희동에서 김형석 교수를 만났다. 연세가 100세 되신 분이라 나름대로 상상을 했는데, 말씀하시는 것과 외모에서 도저히 100세라고 느낄 수 없었다. 특히 까만 눈동자와 본인 치아를 보니 더더욱 그랬다.

김형석 교수는 평안남도 대동군에서 태어났다. 숭실학교에서 시인 윤동주와 함께 도산 안창호 선생에게 가르침을 받았고, 일본 조치대학교 철학과를 나와 연세대학교에서 강의하였다. 정진석 추기경이 그에게서 배웠다. 2016년에 펴낸 책『백년을 살아보니』는 10만 부가 팔렸고, 지금도 강의를 한다. 이번에는 광주로 강의를 다녀왔다고 한다.

"아침 6시에 일어나 밤 11시에 자고, 일주일에 세 번 수영장에 가고 대중교통을 이용한다."고 말하는 그는, "늙은 사람에게는 생활 자체가 운동을 동반하는 습관이어야 한다. 내 방은 2층이고 하루에도 몇 번씩 층계를 오르내린다."고 했다. 어려서부터 건강이 나빠 "20살까지만 사는 것을 봤으면 좋겠다."고 그의 어머니께서 말씀하셨다고 한다. 건강이 안 좋아 항상 조심하고 산 것이 오히려 장수하게 된 것이다. 이야기 중에 제일 많이 하는 말이 "사람은 인격이 좋아야 한다."는 말이었다. 인격적으로 성숙하려면 책을 가까이해야 한다. 100세가 되어서도 강의를 준비하고 전국으로 강연을 다니며 항상 책을 손에서 놓지 않고 배움을 가까이하는 김형석 교수의 모습에 정말 고개가 숙여진다.

그는 덕담으로 "60세부터 제2의 마라톤을 시작하세요. 공부도 좋고 취미도 좋아요. 90세까지는 자신을 가지고 뛰세요. 80에 끝나더라도 할 수 없고요. 나더러 어떻게 살아왔느냐고 묻는다면, 고달팠지만 행복했다. 다른 사람에게 행복을 줄 수 있어 행복했다고 말하겠습니다. 남을 위해 살면 행복해집니다. 여러분도 행복하세요."라고 하셨다. 한 시간 정도의 미팅이 끝나고, 다음 약속장소까지 모셔드리겠다고 했지만 한사코 손사래를 치며 대중교통을 이용하겠다고 걸어가는 뒷모습이 거인 같았다.

남다른 독서가 남다른 인생을 만든다. 윈스턴 처칠은 유년 시절에 가정교사에게 책을 읽을 줄 모르는 아이로 낙인 찍혔다. 실제로 그는 초등학교부터 고등학교까지 전교 꼴찌를 도맡아 하였다. 그런 처칠에게 그의 어머니는 하루도 빼놓지 않고 매일 5시간씩 독서를 하도록 시켰다. 독서법의 핵심은 두 권 중 한 권은 철학 고전을 읽는 것이었다. 10년이 지나자 처칠은 자신을 놀려대던 친구들이 흉내 내지 못할 정도로 입체적 사고 능력을 갖게 되었다. 그리고 20대 중반에 국회의원에 당선되어 국회를 장악하더니 결국 영국의 수상이 되었다.

천재적인 과학자 알베르트 아인슈타인도 초등학교 때 저능아 판정을 받았다. 그 후 어머니에게 독서 교육을 받은 그는 15세가 되기 전에 기본적인 철학 고전을 섭렵하였다. 그는 젊은 시절 책을 토론하는 독서 클럽을 만들었을 정도로 열렬한 독서 실천가였다.

책 속에는 지식의 나무가 자란다. 나무에 나이테가 있듯이 책 속에도 지식의 나이테가 있다. 그 나이테에서 나이의 의미를 생각한다. '나이'는 '나 이제' 스스로 생각할 수 있다는 의미이다. 책장을 넘기면 마음의 근육도 단련시켜 준다.

책 속에는 미래를 내다볼 수 있는 망원경도 있고 현재를 들여다보는 현미경도 있다. 과거를 돌이켜 볼 수 있는 투시경도 있으며, 변화무쌍함을 감상할 수 있는 만화경도 있다. 무엇보다 책 속에는 다양한 요지경도 있다. 요즘 많은 사람들이 '욱' 하고 참을성이 없는 것은 사색하지 않기 때문이다. 책을 읽고 사색하는 힘을 길러야 한다. 스마트폰만 봐서는 안 된다. 사색은 하지 않고 검색만 하니 생각의 힘이 없다. 책을 통하여 인격적으로 성숙한 사람이 되어야 한다.

이젠 평생교육이 답이다

지금 세계는 4차 산업혁명의 출반선상에 놓여 있다. 4차 산업혁명은 2016년 세계경제포럼(World Economic Forum)에서 언급된 용어이다. 클라우스 슈밥(Klaus Schwab)은 저서 『4차 산업혁명(The Fourth Industrial Revolution)』에서 디지털과 바이오산업, 물리학 등 3개 분야의 융합된 기술들이 경제체제와 사회구조를 급격히 변화시키는데 이 기술혁명이 바로 4차 산업혁명이라고 정의한다. 그것은 지능정보기술 기반의 새로운 산업시대를 의미한다.

지능정보기술은 '지능과 정보'가 종합적으로 결합된 형태를 말한다. 지능은 인공지능(Artificial Intelligence)을, 정보는 ICBM, 즉 사물 인터넷(Internet of Things), 클라우딩 컴퓨팅(Cloud Computing), 빅데이터(Big Data), 모바일(Mobile) 등을 의미한다. 지능정보기술은 인공지능, 로봇공학, 사물인터넷, 무인운송수단, 3D프린팅(Three Dimensional Printing), 나노기술 등과 같은 6대 분야의 기술혁신을 낳고 있다.

4차 산업혁명은 초연결(Hyperconnectivity)과 초지능(Superintelligence)을 특징으로 하기 때문에 기존의 산업혁명에 비해 더 넓은 범위와 더 빠른 속도로 더 크게 영향을 끼치고 있다. 사회가 빠른 속도로 변화하고 있어서 학교에서 배운 지식의 효용기간이 짧아질 수밖에 없다. 직업을 가진 사람들도 계속 직업 전환교육이나 연결교육을 받지 않으면 퇴보될 수밖에 없기 때문에 세계 강국들은 평생교육 체계를 갖추고 있다. 그리고 정보통신의 발달로 누구나 마음만 먹으면 최첨단 지식과 정보를 접할 수 있다. e러닝, 원격강의, 웹 기반 교육, 온라인 강의, 원격 화상수업, 사이버 학습 등 장소와 시간에 국한되지 않고 얼마든지 배움의 길이 있다. 교실은 더 이상 지식을 전달하는 곳이 아니다. 교사는 지식을 전달하는 중간도매상이 되어서도 안 된다. 이젠 평생교육 시대로 들어섰다. 자기 스스로 배우고 익히는 자기주도 학습이 중요해지고 있다.

정보화시대의 교육의 목적은 무언가를 알게 하는 것이 아니고 뭔가 할 수 있는 능력을 부여하는 것이다. '알고 있다'가 아니라 '할 수 있다'가 중요한 세상이 되었다. 10년 이내에 초등학교 학생들의 65%는 현재 존재하지 않는 직업에 종사하게 될 만큼 노동시장이 빠르게 변화하고 있다.

'인더스트리 4.0' 전문가인 독일 뮌헨공과대학의 클라우스 마인츠 석좌교수는 "현재 우리 교육은 4차 산업혁명에 맞지 않다. 미스매치가 발생할 수밖에 없다. 현재 대학 교육은 중간직의 대량 공급만 이뤄지고 있다. 학교마다 비슷한 수준으로 가르치고 있고, 직업훈련도 마찬가지다. 지금의 청년실업 문제가 발생하는 것도 이미 4차 산업혁명의 시작을 알리는 전조라고 본다. 기업은 정보통신기술(ICT) 인재가 없다고 아우성치고 있는데 … 독일도 인더스트리 4.0을 시작할 때 기업 등에서 이 같은 고민을 하였다. 뮌헨 BMW에서 뮌헨공과대학과 스마트공장 등의 실험을 시도하였다. 이 과정에서 스마트공장에서 필요한 고급 기술의 인재를 학교에서 육성해 투입했다."고 다보스포럼 토론에서 말하였다.

이제는 발달된 기술을 활용할 줄 아는 고급 인력이 적은 시간에도 더 많은 일을 할 수 있게 되고 남은 시간을 활용하려는 고민이 생긴다. 1차, 2차, 3차 산업혁명의 경우 기술이 발달하면서 경제적 흐름에 변화를 주었고, 결국 교육 시스템이 변화하는 수순을 밟았다. 미리 교육을 받고 기술을 가진 사람이 막강한 권력과 부를 갖게 되었다. 4차 산업혁명은 과거와 달리 우리에게 다가올 시대에 대하여 미리 예고하고 있다. 먼저 교육을 받고 기술력을 갖춘 인재가 되어야 한다. 다보스포럼 인력개발팀 라르센 팀장은 "4차 산업혁명은 준비한 나라와 그렇지 않은 나라의 기술 격차로 국가 간 일자리 미스매칭이 발생할 수 있다. 가령 STEM(과학, 기술, 공학, 수학) 교육을 보자. 중국과 인도에선 STEM 교육에 미리 집중했다. 덕분에 관련 분야 인재들이 구글이나 페이스북 등 세계적 IT 기업들의 대부분을 점령하고 있다."고 말하였다. 한국은 IT, SW 교육이 세계적인 경쟁력을 갖추고 있다. 세계의 제조업과 연결된다면 예상하지 못할 결과를 가져올 수 있다.

기업과 학교의 협업도 필요하다. 독일이 청년일자리를 해소하고 새롭게 안정되고 강한 국가로 거듭날 수 있었던 것도 평생교육의 틀을 갖추었기 때문이다. 독일의 대학 진학률은 20%에도 못 미친다. 우리나라의 4분의 1도 안 된다. 하지만 독일의 강점은 마이스터 같은 전문학교가 많이 운영된다는 점이다. 글로만 배우는 수업이 아니라 기업의 인턴을 경험하게 한다. 그 결과 청년들은 흥미를 가지게 되고 자신의 일에 더 깊이 몰입할 수 있게 된다.

유네스코는 21세기 평생교육시대의 4대 교육방향으로 '알기 위한 학습(Learning to Know)', '행동하기 위한 학습(Learning to do)', '더불어 살기 위한 학습(Learning to live Together)', '자아실현을 위한 학습(Learning to be)'을 제시하고 있다. 학습은 자아실천이고, 자아실현이고, 더불어 살아가는 밑거름이다.

한국에서는 소프트웨어, 코딩 등 4차 산업혁명과 관련된 교육의 필요성이 알려지면서 초·중등학교에서 의무교육을 시행한다. 하지만 잘못된 교육열로 사교육 시장이 더 확대되고 있다. 이런 부분에 대하여 마인츠 교수는 "사교육은 절대 하면 안 된다. 아이들이 수학을 싫어하는 이유가 어디에 있는가? 원리를 알려주고 자유롭게 확대 재생산시켜야 하는데 학교에선 암기 위주로 알려주다 보니 아이들이 흥미를 잃게 된 것이다. 4차 산업혁명시대에 가장 중요한 역할을 할 사람은 선생님이다. 4차 산업혁명시대에 가장 주요한 자산은 SW나 AI가 아니라 사람이라는 것을 알려줘야 하기 때문이다. 각자가 갖고 있는 능력을 4차 산업혁명시대에 효율적으로 활용하는 방법을 고민하도록 유도해야 한다."고 말하였다.

저출산과 고령화, 4차 산업혁명시대는 한국 교육에 재구조화를 요구하고 있다. 우리 교육이 안고 있는 문제점은 과도한 사교육 의존, 주입식·암기식 교육, 지나친 경쟁 등이다. 이젠 평생교육의 관점에서 한국 교육을 재구조화해야 한다. 평생교육과 평생학습 사회를 구현해야 한다. 평생학습 사회에서 진정한 실력은 남보다 얼마나 더 뛰었는가에 있다기보다는 남과 얼마나 함께할 수 있는가에 달려 있다. 즉 소통과 협업에 달려 있다.

기술이 끊임없이 진화하므로 4차 산업혁명시대에는 평생교육의 중요성이 더 커졌다. 그러나 핵심은 사람이 중심이 되어야 한다는 점이다. 많은 사람들이 사람을 대신하는 기술 때문에 일자리는 사라지고, 기술을 확보하지 않으면 도태될 것이라고 걱정을 한다. 앤 마리 앙토프트 라르센(다보스포럼 인력개발팀장)은 "3D 프린터나 로봇 등이 등장하면서 분명히 일자리를 잃는 사람이 많을 것이다. 대신 업무시간은 남게 된다. 우리가 시간을 어떻게 쓰고 어떤 의미를 부여할 수 있는지 준비해야 하는 시대가 온 것이다. 그 과정에서 기존에 생각하지 못했던 일자리들이 만들어질 것이다."라고 말하였다.

한국의 교육열은 100미터 단거리 선수가 스타트할 때 뿜어내는 폭발력과 비슷하다. 평생교육 시대를 맞이하여 100미터를 10초 이내로 달리는 경주가 아니라 42.195km를 뛰어야 하는 마라톤 경주로 바뀌었다. 대학 입시 위주로 단기 목표를 두고 공부한 학생은 평생교육 시대에는 맞지 않다. 중도 탈락하게 될 것이다. 명문대학 입학은 고작 100미터를 달리는 것과 같다. 평생교육은 장기전이므로 체질을 바꾸고 연습을 다르게 해야 한다. 평생학습 사회는 누구나 생애에 걸친 학습을 통하여 개인의 자아실현을 해야 한다. 배움은 학교에서만 이루어지는 것이 아니라 삶(Education Life)이다.

인성, 인공지능이 못하는 인성이 중요한 시대이다

우리는 자녀들에게 '훌륭한 사람이 되라'고 하기보다는 '훌륭한 일을 하는 사람이 되라'고 가르쳐야 한다. 학생들의 꿈도 '어떤 사람이 되고 싶다'보다는 '어떤 일을 하는 사람이 되자'가 되어야 한다. 인성은 더불어 잘 살 수 있는 능력이다. 특히 요즘 같은 집단지성 시대에는 타인과의 관계 조율이 중요하다. 폭력사태, 교내 왕따, 미투, 세월호사건, 갑질논란 등은 자기중심적이고 이기적인 마음과 행동에 기인한 것이다.

2012년 중앙일보에 젓갈을 팔아 23억 원을 기부한 유양선 씨의 이야기가 나온다.

서울 노량진 수산시장에서 젓갈 장사를 하는 유양선 씨는 '기부천사'로 유명하다. 그녀는 수십 년간 모은 재산 23억 원을 장학금과 도서 등으로 학교와 불우이웃 등에게 기부해 왔다. 또 고향 충남 서산의 한서대학에 19억 4,000만 원을 기부하였다. 유양선 씨는 "어렸을 때부터 친정 부모님이 '남한테 받기보다는 주는 사람이 되라'고 가르치셨다. 내가 초등학교만 겨우 마쳐서 그런지 열심히 공부하는 학생들을 보면 도와주고 싶었다."고 하였다.

제2회 국민추천포상 수상자로 선정되어 국민훈장 동백장을 받는 것도 "아휴, 그냥 조금 기부한 건데 상을 준다니 얼굴이 화끈거

리네요."라며 어쩔 줄 몰라 하였다. 남의 입장을 고려하는 것이 배려이고, 배려하는 마음을 실천하는 것이 베풂이다. 베풂은 타인의 니즈(needs)를 만족시키는 서비스 또는 봉사이기도 하다. 따라서 인성은 배려, 베풂, 봉사, 서비스를 하는 것이다. 인성은 남의 입장에서 생각하고 행동하는 능력이다.

"한 아이를 기르는 데는 온 마을이 필요하다."는 아프리카의 속담처럼, 한 사람의 성장을 위해서는 가정과 사회의 역할이 매우 중요하다. 가정은 자녀의 성장 토양이다. 부모는 자녀의 인격형성과 발달에 지대한 영향을 미친다. 최근 학교폭력, 청소년 자살사건 세계 1위, 사이버 따돌림 등으로 청소년의 문제 행동이 심각한 사회 문제로 대두되고 있다. 한국교육개발원이 전국의 성인 1,800여 명을 대상으로 설문조사를 하였다. '정부가 가장 시급히 해결해야 할 교육문제'로 응답자의 38.5%가 "학생의 인성, 도덕성 약화"를 꼽았다. 일선의 교사들이 "중학생들은 대화가 욕으로 시작해서 욕으로 끝난다", "학교에서 선생님한테 함부로 행동해도 방법이 없다"고 하소연한다.

누구의 잘잘못을 가릴 것 없이 모두의 책임이다. 이제 인성교육 강화가 중요한 교육과제로 드러났다. 부모의 인성이 자녀의 인성이다. 성산효대학원대학교 연문희 교수는 "부모와 교사들이 함께 인성교육에 관심을 가져야 자녀의 인성교육이 성공할 수 있다. 가정에서 상급학교 진학을 위한 지식교육에 지나치게 치중하고 인성교육은 소홀히 하고 있는 것이 현실"이라며 우려하였다. 4차 산업혁명시대에는 인성이 최고의 실력이다.

구글의 인사담당 수석부사장인 라즈로 복은 "구글은 영리하기만 한 게 아니라 겸손하고 성실한 지원자를 원한다."고 하였다. 구글은 인재를 뽑을 때 바른 품성을 가장 중시한다. 라즐로 복은 2014년 2월 뉴욕타임스와의 인터뷰에서 '지적 겸손' 등 구글이 중시하는 인재상을 제시하였다. 단순히 머리가 좋거나 스펙이 뛰어난 사람보다는 책임감 있고, 문제해결을 위해 적극적으로 노력하면서 다른 사람의 아이디어를 존중할 줄 아는 사람이 구글이 원하는 인재다. 라즐로 복은 "5가지 기준 중 전문지식은 가장 덜 중요하다. 머리에 있는 지식보다 필요한 정보를 한군데로 모으고, 새로운 것을 배우는 학습능력이 우선"이라고 말하였다.

특히 '나도 틀릴 수 있다'는 생각, 타인의 의견을 받아들이는 '지적 겸손'이 매우 중요하다. 만일 똑똑한 사람이 '지적 겸손'을 갖추지 못한다면, 실패할 경우 그 책임을 다른 팀원이나 상사 탓으로 돌리는 경우가 많다. 자신의 분야에서 전문성을 갖추는 것도 중요하지만 다른 사람과 협업하고 시너지를 내는 일이 더 중요하다. 그러기 위해서는 마음이 열려 있고, 상대를 배려하고 존중할 줄 알아야 한다. 앞으로 다가올 사회에서는 똑똑함, 스펙보다는 협업과 공감, 예절과 같은 인성역량이 중요하다. 즉 4차 산업혁명시대에는 인성을 갖추는 것이 필수 능력이다. 수학적 사고능력, 논리와 추론능력과 같은 지식은 더 이상 인공지능(AI)을 따라갈 수 없기 때문이다. 주입식 교육과 일방적으로 습득한 지식은 더 이상 쓸모가 없게 된다. 대신 인공지능이 할 수 없는 것들, 옳고 그름을 판별하고 타인에게 공감할 줄 아는 인성역량이 중요하게 된다. 인간이 말과 달리기 경주를 해서는 이길 수 없다. 이기려면 말 위에 올라타야 한다. 인공지능을 만든 사람에게 기대는 것이 아니다. 인공지능을 컨트롤할 만한 능력이 인간에게 있느냐는 것이 중요하다.

알파고와 이세돌의 바둑대결을 보며 많은 사람들이 놀라워하면서도 미래에 대해 두려움을 갖게 되었다. TV '알쓸신잡' 프로그램에서 정재승 박사는 "절대로 인공지능이 인간을 지배하지 못한다."고 말하였다. 그 근거로 AI가 자신을 의식해야 하고, 지배하고 싶은 욕망이 있어야 하며, 또한 인간에게 적대감을 가져야 한다고 보았다. 인공지능이 우리가 원하는 대로 착해지고 인간과 공생공존하기를 원한다면 인간이 먼저 그런 마음을 가져야 한다. 인공지능도 결국 만드는 사람의 의도가 들어가기 때문이다. 인공지능은 인공지능을 만드는 사람을 닮아갈 것이다. 제임스 러브룩의 '가이아 이론'에 의하면, 지구상의 수많은 생명체를 괴롭히는 것은 인간이다. 인간이 바로 지구를 파괴하는 존재인 것이다. 깨어 있는 모든 지식인이 지구온난화에 대하여 경고하지만 이기적인 마음 때문에 지구는 점점 병들어 가고 있다.

인성은 인간에게만 있는 고유한 영역이다. 앞으로 인성은 권장만 하는 덕목이 아니라 필수로 갖춰야 할 중점적인 실력이다. 페이스북의 CEO인 마크 저커버그는 자기 재산의 99%(52조 원)를 사회에 환원하겠다고 말하였다. 저커버그는 빌 게이츠와 함께 '착한 부자'로 불린다. 저커버그는 능력이 뛰어날 뿐 아니라 바른 성품까지 갖추었다. 그가 이런 성품을 갖춘 것은 필립스 엑스터 아카데미에서 배운 교육의 영향이 컸다.

필립스 엑스터 아카데미는 '고교판 하버드'로 불리는 미국 최고의 명문고교 중 하나다. 학교의 수업과 생활의 밑바탕에는 모두 인성교육이 깔려 있으며, 학교 철학이 "지식이 없는 선함은 약하고, 선하지 않은 지식은 위험하다"이다. 교육학에서도 교육은 자아실현을 목적으로 한다고 말한다. 나 자신을 위해서 공부하는 것이 아니라 이웃과 민족, 국가, 나아가서 인류를 위해서 공부한다고 말한다. 자연스럽게 인격교육에 초점이 맞추어져 있다. 학교 졸업자 35명 중 한 명꼴로 미국의 인명사전에 올라 있고, 초일류대학 진학률도 최고이며, 백만장자가 되는 비율도 가장 높다. 그럼에도 학교 곳곳에는 '자신만을 위하지 않는'이란 뜻의 라틴어인 'Non sibi sed omnibus'가 쓰여 있다. 교사들도 늘 지식보다 "항상 타인을 존중하고 배려하는 이타적 인재가 되라."고 가르친다. 공부에 대한 정의도 '남에게 뭔가를 배우는 게 아니라 지식을 함께 나누며 지혜를 키우는 것'이라고 내린다. 공부의 목적이 배워서 남을 주는 것이다. 학생들은 자연스럽게 협동을 하고 타인을 존중하고 배려하는 법을 배우게 된다.

우리는 인성, 배려, 협동하는 좋은 문화를 바탕으로 하고 있는 동방예의지국이란 말까지 들었던 민족이다. 반세기 만에 주입식 교육과 줄 세우기 입시가 판을 치고, 이기적인 사람들을 만들었다. 정권이 바뀔 때마다 교육정책이 바뀌고, 교육현장도 정치판이 되었다. 이혼율 세계 1위 국가로 불행한 가정이 결국 청소년 인성형성에 악영향을 끼친다. 미래에 필요한 건 인성역량인데 역행하고 있는 것이다.

돈이 많아서 행복한 것은 아니다. 최근 불거지고 있는 기업 오너(가족)들의 갑질은 인성형성이 잘못되었기 때문이다. 물론 기업가들을 무조건 나쁘다고 몰아가는 것도 잘못이다. 김형석 교수는 이 문제를 두고 "존경받는 기업인이 되어야 한다."고 말하였다. 빌 게이츠, 마크 저커버그와 같이 착한 기업인이 되도록 가르쳐야 한다. 얼마 전에 만난 문국현 대표는 우리 현실에 대해 "지금 우리나라는, 부자는 가만히 있어도 더 큰 부자가 되고 가난한 사람은 더 이상 부자가 되기 어렵다."고 하였다.

머리가 아무리 똑똑하고 학력이 높다 해도 모든 것은 일단 사람이 된 후에야 빛을 발한다. 올바른 인성을 기르는 지혜는 인간에게서 인간으로 전달된다. 청소년들에게 지식 전달자보다 '지혜 전달자'가 필요하다.

참고 및 인용 자료

나무위키, 위키백과

『유대인의 생각하는 힘』, 이상민

『월간 산』 2월호

『10대 너의 배움에 주인이 되어라』, 양희규

『어머니 저는 해냈어요』, 김규환

『4차 산업혁명과 평생 학습시대』, 강치원

『인재혁명』, 조벽

정보통신연구진흥원자료

Sciencetimes(이성규 기사)

Weekend Interview(이영욱 기사)

중앙일보(윤석만, 이도은 기사)

chosun.com(2017. 1. 25)

한겨레신문(전민정, 김대섭, 권오성 기사)

서울신문(유영규 기사)

국민일보 미션라이프(최기영 기사)

청주연합뉴스(박재천 기사)

매일경제(김민경 기사)

BUSINESS POST(남희헌 기자)

이데일리(정태선 기사)

머니투데이(최민지 기사)

고도원의 아침편지 내용 중

김경원 디큐브시티 대표 칼럼

유영만 교수의 SNS 계정

지은이 **서근석**

중소기업경영평가원 이사

아주대학교 경영대학원을 졸업하였으며, 이화여대 최고명강사과정, 부산대학원 CEO과정, 한국지도자아카데미, 단국대학교 문화예술최고위과정 등을 수료하였다.

(주)대교 상무이사, (주)한국청소년리더십센터 대표, 아강모포럼 부회장 등을 역임하였다.

동국대학교, 보건복지부, 산업인력관리공단, 행자부 등에서 강의하였으며, 지은 책으로 『비전으로 도전하고 열정으로 승부하라』, 『낙동강』(시집) 등이 있다.

이젠 모범생이 아니라 모험생이 답이다!

초판 1쇄 인쇄 2018년 11월 13일 | **초판 1쇄 발행** 2018년 11월 20일
지은이 서근석 | 펴낸이 김시열
펴낸곳 도서출판 자유문고

(02832) 서울시 성북구 동소문로 67-1 성심빌딩 3층

전화 (02) 2637-8988 | 팩스 (02) 2676-9759

ISBN 978-89-7030-134-1 03370 값 14,800원

http://cafe.daum.net/jayumungo (도서출판 자유문고)